BRUCE
TULGAN

GENERATION-X-MANAGEMENT

BRUCE TULGAN

GENERATION -X- MANAGEMENT

1963–1981

EINE GENERATION AUF DEM WEG VON McJOBS ZU BigJOBS

Aus dem Englischen von Elisabeth Maravic

SIGNUM

DIESES BUCH IST DEBBY APPLEGATE GEWIDMET

Published 1996 by: Capstone Publishing Limited
Oxford Centre for Innovation
Mill Street, Oxford OX2 0JX, United Kingdom

First published by Merritt Publishing, Santa Monica,
California, USA

Die Deutsche Bibliothek – CIP-Einheitsaufnahme

Tulgan, Bruce:
Generation-X-Management : 1963–1981 – eine Generation auf dem
Weg von McJobs zu BigJobs / Bruce Tulgan. [Aus dem Engl. von
Elisabeth Maravic]. – Wien : Signum-Verl., 1997
(Business)
Einheitssacht.: Managing generation X <dt.>
ISBN: 3-85436-209-9

Cover: Heinz Linhart
Umschlagfoto: © THE IMAGE BANK / David Vance
Typografie: Kurt Lackner
Druck: Walla, 1050 Wien
ISBN 3-85436-209-9

Wien 1997

INHALT

VORWORT DES VERLEGERS

Warum ist eines der unangenehmsten Worte, die ich kenne. So leicht ausgesprochen, aber so schwer zufriedenstellend zu beantworten. Und das gilt ganz besonders für den Umgang mit Xern, zumindest ist das meine persönliche Erfahrung.

Warum ich dieses Vorwort schreibe, ist – keine Regel ohne Ausnahme – leicht erklärt. Dieses Buch richtet sich nicht nur an Xer, sondern auch an alle „Nicht-mehr-Xer" – und als deren Vertreter möchte ich ein paar Worte an Sie, werter Leser, richten.

Ich kann mich noch sehr gut an meine Sturm-und-Drang-Zeit erinnern und weiß, wie frustrierend oft die Gespräche mit Vorgesetzten waren – wenn es überhaupt Gespräche gab und es sich nicht nur um – kraft Position mögliche – Anordnungen, ja Befehle handelte. Gewiß, die Umstände waren damals, in der offensichtlich nicht so guten alten Zeit, einfach andere. Der Frust, die Enttäuschung, das Unverstandensein waren jedoch gleich.

Warum sollte man sich Zeit nehmen, junge, zu starkem Engagement bereite, aber auch unbequeme Mitarbeiter zu fördern, zu führen? Auch hier ist die Antwort leicht: weil nur so der Nachwuchs einmal unseren Platz einnehmen kann, nur so immer wieder neue Wege gefunden werden können, nur so Wirtschaftswachstum möglich ist. Denken Sie an das japanische Sprichwort „Schenke mir keinen Fisch, lehre mich zu fischen." Die Alternative, den einfachen Weg zu gehen, keine Förder- und Führungsarbeit bei den Xern zu leisten, führt zu einer Negativauslese bei den Mitarbeitern, oder überspitzt formuliert, zu einer Generation von Jasagern, denen im Prinzip alles egal ist, die bereits innerlich gekündigt haben.

Warum Sie dieses Buch lesen sollten, möchte ich mit einem Satz beantworten: Weil es mit dem Klischee, das Xern anhaftet, gründlich aufräumt, einen tiefen Einblick in die Arbeitseinstellung von Xern bietet und daher eine hervorragende Hilfe dafür ist, das enorme Potential der Xer im eigenen Unternehmen zu nützen – bevor Xer ihr eigenes (Konkurrenz-)Unternehmen gründen.

Warum sollten Sie sich diese Chance entgehen lassen?

Robert Großmann
Verlagsleiter

VORWORT ZUR DEUTSCHEN AUSGABE

Ich praktizierte vierhundertundachtundzwanzig Tage als Rechtsanwalt, und dann, vor drei Jahren, im Alter von sechsundzwanzig Jahren, zog ich mich aus meinem Beruf zurück und schrieb dieses Buch.

Mit „Generation-X-Management" möchte ich den Slacker-Mythos ein für allemal auf den Mond kicken und beweisen, daß die Generation X perfekt dafür geeignet ist, am Arbeitsplatz der Zukunft groß herauszukommen.

Die Generation X ist durch vier Schlüsseltrends definiert:

1) die im Wandel befindliche Beziehung zwischen Einzelpersonen und Institutionen;
2) die Informations- und Technologieflut der Ära des Wissens;
3) das zunehmende Selbstbewußtsein des einzelnen Individuums;
4) die Notwendigkeit, die Veränderungen innerhalb einer Gesellschaft zu überwachen, in der rapide Veränderung und Unmittelbarkeit die Triebfedern sind.

Während diese Trends von älteren Generationen als „einschneidende Änderungen" erlebt werden, kennen Xer seit jeher nichts anderes.

Diese prägenden Einflüsse haben die Bedürfnisse, Erwartungen und Wesensart der Generation X geformt. Da wir uns nicht auf Institutionen verlassen können, streben Xer enge Beziehungen zu Einzelpersonen an. Xer erwarten Veränderung, daher sind wir flexibel und anpassungsfähig. Xer wissen bereits, wie man in der Ära des Wissens denkt, lernt und kommuniziert. Wir Xer sind militant unabhängige, selbstbewußte Problemlöser und treue Verfechter unseres eigenen Arbeitsstils. Xer überwachen Feedback genau, um festzustellen, wo sich etwas ändert, wo alles bleibt wie gehabt, was funktioniert und was nicht.

Während viele Angehörige älterer Generationen diese Attitudes als Illoyalität, kurze Aufmerksamkeitsspanne, Arroganz, Verlangen nach unmittelbarer Zufriedenstellung und Weigerung, sich hochzudienen mißinterpretieren, werden diese Verhaltensweisen definitiv notwendig sein, um unter den rasch wechselnden Bedingungen am Arbeitsplatz von morgen überhaupt bestehen zu können.

Auf das erste Erscheinen von „Generation-X-Management" in den USA im November 1995 folgte ein gewaltiges Medienecho, das bis heute anhält: Wir wurden in Hunderten Zeitschriften, Zeitungen, Fachmagazinen, Radioshows, TV-Sendungen und Online-Sites besprochen. Unsere Arbeit wurde von der Geschäftswelt äußerst positiv aufgenommen. Ich sprach vor Tausenden Managern, Unternehmensleitern, Verbandsmitgliedern, Studenten und jungen Arbeitern überall auf der Welt.

Als die ersten Einladungen zu Vorträgen und schriftlichen Kommentaren aus Großbritannien, Deutschland und sogar Südkorea eingingen, begann ich mich zu fragen: „Wie kann die Generation X in Deutschland, England oder Südkorea dieselbe sein wie in den USA?" In einer Hinsicht muß die Antwort natürlich lauten: „Sie kann nicht dieselbe sein."

Jede dieser Nationen ist ja durch die eigene demographische Geschichte, den sozialen Sittenkodex, die kulturellen Kräfte und die wirtschaftlichen Gegebenheiten in ihrer Art einzigartig. Zur Zeit des amerikanischen Babybooms in den frühen fünfziger Jahren, zum Beispiel, wütete in Korea ein verheerender Krieg, während sich England und Deutschland noch immer vom Zweiten Weltkrieg erholten. Als die siebziger Jahre Einzug hielten, befand sich die Wirtschaft Deutschlands und Südkoreas in einer enormen Expansionsphase, während sich die britische Wirtschaft dahinschleppte und Amerika unter dem Sorgenberg einer hohen Inflationsrate, hoher Zinssätze und eines post-Vietnam-Traumas begraben war.

Wieso ist es also sinnvoll, die Generation X als weltweites Phänomen zu betrachten?

1) Wir arbeiten alle in einer globalisierten Wirtschaft. Multinationale Unternehmen forcieren die Globalisierung seit Jahrzehnten. Die Fortschritte am Sektor der Kommunikations- und Transporttechnologie haben nun bereits die meisten internationalen Handelsschranken beseitigt – auch die noch verbleibenden Schranken bröckeln aufgrund des Drucks der geopolitischen Kräfte sukzessive ab.

2) Im Kulturbereich läßt die Globalisierung die Welt mehr und mehr zusammenrücken. Wir sehen dieselben CNN- und MTV-Sendungen. Wir klicken dieselben Web-Sites im Internet an.

3) Rapide Veränderung und Unsicherheit sind weltweit die definierenden Charakterzüge der heutigen Wirtschaft.

4) Was junge Berufseinsteiger überall auf der Welt heute gemeinsam haben, ist die zwingende Notwendigkeit, sich auf uns selbst anstatt auf etablierte Institutionen zu verlassen, um ein gewisses Maß an Erfolg und Sicherheit in unserem Leben schaffen zu können. Wir Xer sind, unabhängig davon, wo wir geboren und aufgewachsen, die Alleineigentümer unserer Fachkenntnisse und Fähigkeiten. Egal wo wir sind oder was wir tun, wir sind unsere eigenen Unternehmer. Je öfter ich mit jungen Menschen auf der ganzen Welt sprach, desto mehr begriff ich, daß Xer Pioniere eines vollständig neuen Karriereparadigmas sind. Die X-Karriere angelt nicht auf einem einzigen Job, einer einzigen Firma oder einer einzigen Industrie. Xer schaffen selbstentworfene, selbstgemanagte Karrieren und entdecken eine Menge an neuen Karrierestrategien, die in der heutigen Wirtschaft funktionieren.

In meinem neuen Buch, an dem ich gerade schreibe, geht es darum, meinen Altersgenossen diese Strategien darzulegen. Es trägt den Titel

„Work This Way: A Career Guide for the Workforce of the Future" und wird in den USA im Jänner 1998 bei Hyperion erscheinen. Im folgenden eine kleine Kostprobe der Strategien, die ich jungen Menschen für den Beginn ihres Arbeitslebens empfehle:

1) Werden Sie zum alleinigen Eigentümer Ihrer Fachkenntnisse und Fähigkeiten, unabhängig von Ort oder Art Ihrer Arbeit. Planen Sie Ihre eigene maßgeschneiderte Karriere, in der Sie Ihre Position ständig anpassen und neu ausrichten können, um tagtäglich Wertvolles zu leisten.

2) Nehmen Sie jede neue Karrierestation zum Anlaß, dynamisch neue Fachkenntnisse zu erwerben, neue Leute kennenzulernen und kreative Herausforderungen in Angriff zu nehmen.

3) Entwickeln Sie sich zu einem wahren Lernfreak, denn alles, was Sie lernen, definiert Ihre Fähigkeit, etwas von Wert beizutragen.

4) Vertrauen Sie darauf, daß alles, was Sie lernen, vermarktet werden kann, und fokussieren Sie sich auf Gebiete, die Ihnen etwas bedeuten.

5) Fokussieren Sie sich darauf, Beziehungen zu Einzelpersonen anstatt zu Institutionen aufzubauen.

6) Belassen Sie es nicht bei einfachem Networking: Gehen Sie in jede neue Beziehung mit genauen Vorstellungen hinein, was Sie zu bieten haben.

7) Finden Sie einen Mentor, der Ihnen in kürzester Zeit Dinge lehren kann, für die Sie ansonsten Jahre brauchen würden.

8) Seien Sie selbst Mentor für jemanden, der über weniger Erfahrung, Wissen und Überblick verfügt als Sie.

9) Wo auch immer Sie arbeiten sollten, lernen Sie, Ihren Boß zu managen: Bestehen Sie auf konkreten Zielvorgaben und klaren Deadlines für jede Aufgabe; nehmen Sie Ihre Zeitplanung selbst in die Hand, indem Sie Ihre Arbeitszeit zumindest zwei Wochen im voraus einteilen und allen Ihren Managern und Bossen Kopien Ihres Zeitplans vorlegen; lassen Sie Memos zirkulieren, die detaillierte Angaben zu Ihren Projekten enthalten, und verteilen Sie Exemplare Ihrer Endprodukte; holen Sie Feedback ein, indem Sie (selbstentworfene) Feedback-Formulare den Exemplaren Ihrer Endprodukte beilegen; weigern Sie sich, Mißbrauch von seiten der Manager hinzunehmen.

10) Solange Sie in derselben Organisation bleiben wollen, sollten Sie darauf vorbereitet sein, sich selbst und Ihre Rolle ständig neu zu erfinden. Sehen Sie sich in Ihrer Organisation nach Möglichkeiten um, Ihre Dienste auch anderen Leuten anzubieten, und geben Sie sich nicht damit zufrieden, nur für einen Boß zu arbeiten. Zeigen Sie Interesse, sich auf neue Verantwortungs- und Fachkenntnisbereiche zu verlagern. Definieren Sie Probleme, und lösen Sie sie. Wenn ein Projekt ausläuft, fangen Sie sofort an, den nächsten notwendigen Schritt zu ermitteln, und entwerfen Sie einen Vorschlag für das nächste Projekt, an dem Sie arbeiten wollen.

11) Finden Sie die richtige Balance zwischen Ihrem Arbeits- und Ihrem Privatleben. Setzen Sie Prioritäten, und halten Sie diese strikt ein. Das bedeutet eine Maximierung der neuen Technologien auf dem Gebiet der Heim-/Telearbeit zur Flexibilisierung Ihres Zeitplanes. Das bedeutet auch, daß Sie vielleicht zeitweise auf den Spruch zurückgreifen müssen, der unserer Generation zur Genüge eingetrichert worden ist: „Just say NO".

12) Verschreiben Sie sich einer flexiblen Planung und einem dynamischen Zeitmanagement. Setzen Sie langfristige Ziele fest, um Ihre ad-hoc-Entscheidungskompetenz zu optimieren. Planen Sie Ihre konkreten Handlungen so, daß Sie damit jeden Tag Ihrem anvisierten langfristigen Ziel einen Schritt näher kommen. Verfolgen Sie das Feedback, das Sie von Ihrer Umwelt empfangen, und revidieren Sie beziehungsweise passen Sie Ihre langfristigen Ziele so oft wie nötig dementsprechend an. Revidieren Sie einfach Ihre konkreten Aktionspläne, und denken Sie immer in Richtung Zukunft.

Bruce Tulgan, im Jänner 1997

X

*1991 sagten die Medien: „Es werde X!" –
und die Generation X war geboren.*

Wieso wurde unserer Generation ausgerechnet die mathematische Variable „X" als Etikett aufgedrückt? Die professionelle Meinungsmache war im Erklärungsnotstand und verkaufte im Blitzestempo eine Karikatur der Generation X als neues Produkt, bevor jemand auch nur die Chance hatte, unsere wahre Identität zu untersuchen. Sie mußten uns irgendwie nennen und wollten nichts falsch machen – also einigten sie sich auf das änigmatisch-rätselhafte „X".

Seit unserer „Taufe" hat man uns wiederholt analysiert und untersucht, ständig auf der Suche nach typischen Eigenschaften, mit denen man uns festnageln kann.

Das von uns erstellte Porträt ist nichts anderes als eine Karikatur: wir sollen die Babybuster sein, die verlorene Generation, Slacker mit kurzer Aufmerksamkeitsspanne und ohne Berufsethik, nicht gewillt, das Rat-Race, die Pöstchenjägerei, mitzumachen. Viel lieber lassen wir uns von den Eltern aushalten oder schlagen uns mehr schlecht als recht mit unterbezahlten, wenig prestigeträchtigen Kurzzeit-McJobs durchs Leben.

Die Wahrheit ist, daß die Generation X am Arbeitsmarkt immer stärker präsent wird. Während einige aus der Tretmühle des Rat-Race aussteigen und andere ihm entkommen, indem sie eigene Unternehmen gründen, versucht die große Mehrheit immer noch, über Mainstream-Jobs in Mainstream-Firmen erfolgreich zu sein. Das Problem ist, daß diese hart arbeitenden Xer demselben Slacker-Stereotyp zum Opfer fallen, das wir in den Medien stets zu sehen bekommen. Wir fühlen uns am Arbeitsplatz unverstanden und daher oft falsch gemanagt.

Bevor Manager den Slacker-Mythos nicht ad acta legen und Xer als Menschen aus Fleisch und Blut kennenlernen, die in einer Welt voller Herausforderungen bestehen wollen, wird der Generationskonflikt am Arbeitsplatz von heute weiter schwelen und sich äußerst negativ auf alle Beteiligten auswirken.

Stellen Sie sich doch einmal die Welt aus der Sicht des bisherigen Generation-Xer-Lebens vor:

Unmittelbarkeit. Aufgewachsen in einer Kultur der Unmittelbarkeit und Unsicherheit, erwarten wir Xer von der Welt blitzschnelle Reaktionen auf unseren Input. Wir durchleuchten Ergebnisse mit solcher Penetranz, weil wir Feedback wollen – Feedback, das uns hilft, Erfolge richtig bewerten und dementsprechende Neujustierungen unseres Approachs vornehmen zu können.

Information. Xer lernten in einem Umfeld zu denken und zu kommunizieren, in dem eine rasant anwachsende Flut von Information zur Verfügung stand und immer ausgefeiltere Technologien diese Information für uns immer leichter abruf- und manipulierbar machten. Aus diesem Grund verarbeiten Xer Information ganz anders als frühere Generationen. Zum Glück ist es gerade diese Leichtigkeit im Umgang mit Information und Technologie, die in der Arbeitswelt des einundzwanzigsten Jahrhunderts zur Überlebensfrage werden wird.

Unabhängigkeit. Xer waren die Schlüsselkinder in einer Welt zunehmender Gefahren, zu einer Zeit, als unsere Gesellschaft sich immer mehr atomisierte. Im Gegensatz zu früheren Generationen waren unsere Eltern mit größerer Wahrscheinlichkeit geschieden, beide berufstätig oder zumindest liberaler. Demzufolge sind wir Xer es gewohnt, uns Problemen allein zu stellen, und wir haben großes Vertrauen in unsere Fähigkeit, alleine zurechtzukommen.

Institutionen. Im Laufe unseres Lebens mußten wir erkennen, daß etablierte Institutionen uns keine langfristige Sicherheit mehr bieten können. Daher überlegen wir uns sehr genau, wie viel wir in Bindungen mit unseren Arbeitgebern oder großen Institutionen im allgemeinen investieren sollen.

Das große Thema, das unsere Generation definiert, ist der Versuch, in einer Wirtschaft zu überleben, die durch Job- und Pensionssicherheitsschwund charakterisiert ist.

Niemand dieser Generation gibt sich dem Glauben hin, seine Karriere auf einem langfristigen Arbeitsverhältnis mit einem einzigen Arbeitgeber aufbauen zu können. Wir Xer wissen, daß Institutionen keine wirtschaftliche Sicherheit garantieren können. Wir müssen sie uns selbst schaffen.

Wir geben der sich rasant ändernden Wirtschaft keine Chance, uns in die Enge zu treiben, sondern positionieren uns statt dessen als freie Anbieter, als Alleineigentümer unseres kreativen Potentials. Wir Xer wechseln nicht ständig den Job, weil wir ruhelos sind. Wir wissen genau, wonach wir suchen – nach Chancen, wertvolle Beiträge zu leisten und gleichzeitig unsere Fähigkeiten zu erweitern. Ambitionierten Xern auf die Karriereleiter zu helfen bedeutet, alles, was nötig ist, zu tun, um Möglichkeiten zur Profilierung zu bieten (und die Rahmenbedingungen zu sichern, damit diese Chancen maximal genutzt werden können).

Für die meisten von uns Xern bedeutet die alleinige Verwaltung unserer Fähigkeiten, jede Jobchance, so wenig Zukunftsaussichten sie auch bietet, optimal zu nützen, aus jeder nur erdenklichen Quelle Wissen zu schöpfen, neue Herausforderungen anzunehmen, No-Future-Jobs in Chancen umzuwandeln, unser Repertoire an Fähigkeiten zu erweitern, neue Leute kennenzulernen und zu beeindrucken, greifbare Endresultate hervorzubringen, anderen zu beweisen und uns selbst zu bestätigen, daß unser Wert als „Players" auf dem Arbeitsmarkt ständig steigt.

Das alte Karrieremodell hat ausgedient, im wahrsten Sinne des Wortes, denn Xer dienen sich nicht mehr hoch. Sie machen nicht mehr die einsame Knochenarbeit und zollen der Unternehmenshierarchie Tribut – zumindest nicht auf Basis eines vagen, langfristigen Versprechens. Geben Sie nicht uns die Schuld! Wir spielen möglicherweise ein neues Spiel, aber die Regeln haben andere geändert.

Es ist nicht wahr, daß Xer nicht lang, hart und engagiert arbeiten wollen, ihren Unternehmergeist nicht auf Ziele fokussieren wollen, die das Management setzt. Wir wollen wertvolle Beiträge zum Wohle der Firma liefern. Wir sind sozusagen „ready, willing and able". Aber wir müssen ein neues Modell beim Aufbau unserer Karriere verfolgen – kurzfristige Investition von kreativer Energie im Austausch für Ausbildung, kreative Verantwortlichkeit und entsprechende Anerkennung. Wenn wir Xer schon keine Job- und Pensionsgarantien erwarten dürfen, so halten wir eben nach Arbeitgebern Ausschau, die uns genau diese Unterstützung sowie die Chance auf ernstgemeinte Mitbestimmung bei der Sicherung unserer wirtschaftlichen Zukunft bieten können.

DANKSAGUNG

An alle Xer, die tiefgehenden Interviews zugestimmt haben und in Focus-Groups und weniger formellen Diskussionen ihre Meinung geäußert haben: Danke, daß ihr mir gesagt habt, wie es wirklich ist, und daß ich so viel über unsere Generation lernen durfte.

Für wertvolle Ratschläge in verschiedenen Stadien meines Projekts möchte ich folgenden Leuten danken: Andrew Boose, Douglas Brinkley, Stephen Fox, Judy Glockner, David Hendin, Sidney Kirkpatrick, Timothy Seldes, Peter Shepard und Robin Straus.

Für Beratung, Unterstützung und Freundschaft im Verlauf dieser Arbeit möchte ich folgenden Leuten danken: Jeff Coombs, Cathy Cronin, Marc DelGreco, Evan Dobelle, Eilhys England, David Finkelstein, John Gable, Pat Gable, Frank Gorman, David („Hack") Hackworth, Steve Katz, Jeff Katz, Pam Covington Katz, Judy Katz und dem Rest der Familie Katz, Mark Kurber, Evelyn Letfus, Joe Livecchi, Jay Nussbaum, Carlo Rotella, „The Victory Team", Dan Tritter, Tim Walter und Tom Zablocki.

Spezieller Dank an Evan und Hack für ihre freundlichen Worte über dieses Buch.

Ich möchte Merritt Publishing und allen bei Merritt danken: Mein Lektor, Jim Walsh, selbst ein Star-Xer, hat seinen Job mit der brillanten Lässigkeit erledigt, die eines Xers würdig ist. Er hat mein Buch besser und mir mein Leben leichter gemacht – darum bin ich ihm dankbar. Ich betrachte ihn als Freund. Ich möchte Cynthia Chaillie, ebenfalls bei Merritt, für ihren persönlichen Einsatz für den Erfolg dieses Buches danken. Und Dank gebührt auch meiner Verlegerin Jan King, die an dieses Projekt glaubte, noch bevor sie mich überhaupt getroffen hatte. Zu guter Letzt möchte ich Ericka Weeks für all ihre harte Arbeit im Endstadium danken.

Es darf nicht unerwähnt bleiben, wie sehr ich in der Schuld meiner Schwester Ronna Tulgan Ostheimer stehe. Ronna war maßgeblich für die Entstehung dieses Projekts verantwortlich. Sie war ein wichtiger Einfluß auf mein Denken, ein wertvolles Forum, eine Quelle des Rates und Vertrauens und ein verläßlicher Experte auf dem Gebiet der Verhaltenspsychologie und bei Fragen des Selbstwertgefühls.

Natürlich wäre nichts ohne meine ganze Familie möglich – die wundervolle Grundlage meiner Existenz. Meinem Bruder Jim, Schwester Ronna, Schwägerin Terri, Schwager Tom; meinen Nichten Elisa, Perry und Erin und meinem Neffen Joey; meiner Großmutter Gertrude; der Familie meiner Frau, den Applegates, Julie, Paul, Shan und Tanya; und meinen Eltern Norma und Henry: Danke – ihr seid die tollste Familie der Welt. Ich liebe euch.

Spezieller Dank ergeht an meine Eltern: Eurer unerschöpflichen Liebe, Freundschaft und Unterstützung verdanke ich alles, was ich heute bin.

An Debby Applegate: Du warst die erste, die an dieses Projekt glaubte, und Dein Glaube war meine größte Inspiration. Du warst die erste, die sich dieses Thema als Buch vorstellen konnte. Du warst immer mein wichtigster Rückhalt und mein strengster Kritiker, mein stärkster kreativer Einfluß und meine tiefste Quelle der Ermutigung. Du warst auch diejenige, die mir zu verstehen gab, daß mein erster Entwurf „ziemlich genau das war: ein erster Entwurf" – und mich zu einem zweiten Anlauf trieb. Du hast jedes Wort des ersten Entwurfs gelesen und detaillierte Kommentare und Vorschläge gemacht. Damit hast Du entscheidend dazu beigetragen, dieses Buch zu Ende zu bringen. Deine Brillanz und Weisheit sind erstaunlich – Dein Herz und Deine Seele sensationell. Allein der Gedanke an Dich würde mir selbst im Chaos eines Erdbebens ein Lächeln entlocken. Dieses Buch ist Dir gewidmet, weil ich mir nicht vorstellen kann, daß ich es ohne Dich geschrieben hätte. Ich bin Dir unendlich dankbar. Ich liebe Dich.

EINLEITUNG

MANAGEMENT UND ARBEITSPLATZ AUS DEM BLICKWINKEL EINES Xers

X Im Spannungsfeld zwischen WALL STREET UND MTV

Nach meinem Rechtsstudium und der Anwaltsprüfung begann ich im Sommer 1992 bei einer Anwaltsfirma an der Wall Street zu arbeiten. Es traf mich wie ein Schlag: die dienstälteren Anwälte, mit wenigen Ausnahmen, hatten nicht die blasseste Ahnung, wie man Leute meines Alters zu managen hat.

Sie gehörten zu den besten Anwälten weit und breit, und vielen von ihnen war ich wirklich persönlich zugetan. Sie wußten bloß nicht, wie man das Beste aus den für sie arbeitenden Xern – den Angehörigen der auf die Babyboomer folgenden Generation X – herausholen sollte. Dieses Problem war nicht zu unterschätzen, fielen doch zumindest zwanzig Prozent der Anwälte und ein großer Anteil der übrigen Belegschaft in die Altersgruppe unter dreißig. (Diese zwanzig Prozent können übrigens, statistisch gesehen, als ungefährer Richtwert für alle großen Anwaltsfirmen im Amerika Mitte der neunziger Jahre herangezogen werden, ganz zu schweigen von der Mehrzahl großer Firmen anderer Branchen, und der Prozentsatz wird mit der Zeit noch steigen.)

Ich glaube nicht, daß die dienstälteren Anwälte ihre jüngeren Angestellten absichtlich nachlässig behandelten. Es bereitete ihnen eher anscheinend großes Kopfzerbrechen, unsere besonderen Bedürfnisse und Erwartungen zu interpretieren – und noch mehr Kopfzerbrechen, sich einzugestehen, daß das Management einer neuen Generation möglicherweise ein Über-Bord-Werfen traditioneller Methoden zugunsten flexiblerer Ansätze erforderlich machen könnte. Das einzige, woraus zu schließen war, daß sie uns als ein speziell anzugehendes Managementproblem betrachteten, war ihre Aktion, uns an die Babyboomer abzuschieben, die in unserem Verhalten partout eine Parallele zu ihrer eigenen unbefriedigten Jugend sehen wollten.

X Die Ansichten von Xern und Boomern sind LICHTJAHRE voneinander entfernt

Meine Alterskollegen und ich litten in jener Anwaltsfirma unter dem ungesunden Managementverhältnis, das aus dem starken Gefühl des Unverstandenseins resultierte. Natürlich war das Verhältnis zu unseren Vorgesetzten beim Mittagessen das Gesprächsthema Nummer eins. Wir lachten über einen der Seniorpartner, der seine jungen Assistenten stets mit einem knappen Drei-Worte-Befehl telefonisch in sein Zimmer zu zitieren pflegte: „Sofort zu mir."

Eine Freundin von mir war über das ihr entgegengebrachte Verhalten so verärgert, daß sie über die beleidigenden Bemerkungen, die sie jeden Tag über sich ergehen lassen mußte, genau Buch führte und die Aufzeichnungen in ihrer obersten Schreibtischlade verwahrte – kurze Zeit später verließ sie die Firma.

Einige Partner erwarteten von uns, ohne oder mit minimaler Einschulung große Verantwortung zu übernehmen, während andere uns so kurz hielten, daß wir unmöglich unsere Arbeit erledigen konnten.

Während einer dreitägigen Dienstreise nach Dallas arbeitete ich an einem Geschäftsabschluß mit einem der Seniorpartner, der es nicht lassen konnte, ständig in meinen Tätigkeitsbereich hineinzupfuschen, so daß wir im Konferenzraum, in dem wir arbeiteten, praktisch ständig übereinanderstolperten. Ich erinnere mich, daß ich spät abends im Hotel vor dem Schlafengehen fast damit rechnete, daß er aufkreuzen würde, um mir zu erklären, wie man sich die Zähne putzt.

Diese Art von Interaktion wirkte sich dramatisch auf die Moral in der Firma aus, sie beeinträchtigte die Qualität unserer Arbeit, verminderte Loyalität und Engagement und hatte eine hohe Arbeitskräftefluktuation zur Folge.

Viele meiner Alterskollegen außerhalb der Firma wußten ähnliche Geschichten zu berichten. Egal in welcher Branche sie arbeiteten, im Rechts-, Gesundheits- oder Bankwesen, in der Werbung, Technik, im Marketing, Verkauf oder Versicherungswesen – im Amerika des harten Business oder am Non-Profit-Sektor – das Gros der jungen Leute, mit denen ich sprach, war mit ihren Jobs nicht zufrieden. Statt einer Stätte des Lernens, des Wachstums und der persönlichen Erfüllung fanden wir Bedingungen vor, die Unsicherheit auslösten und unsere Selbstachtung herabsetzten. Während Xer hofften, sich in einer Welt der Ziellosigkeit und der Gefahren einen Hafen der Geborgenheit schaffen zu können, fühlten sie sich launischen Managern ausgeliefert. Bei ihrer Suche nach Chancen, ihr einziges Kapital, die kreative Energie, in ihren Job zu investieren, trafen sie auf Manager, die nicht gewillt waren, Xern Unterstützung bei der Entfaltung ihrer Karriere zu bieten. Da sie das Gefühl hatten, am Arbeitsplatz nicht willkommen zu sein und von den Managern unterbewertet zu werden, hielten Xer ihre kreative Energie zurück – ihr einziges Investitionskapital, das sie bei ihren Managern in unwürdigen Händen zu wissen glaubten.

Ich begann mich zu fragen, wie all diese Unzufriedenheit auf der einen Seite und die in den Medien weitverbreiteten Vorurteile über meine Generation auf der anderen Seite zusammenhängen. War das, was man sich über die Generation X erzählte, die Wahrheit?

Sind Xer zynisch, jammern sie über ihre Jobs, und sind sie tatsächlich nicht gewillt, sich hochzudienen? Passen wir tatsächlich in diesen Klischeetopf, in den uns die Meinungsmache geworfen hat? Ist es wahr, daß Xer eine kurze Aufmerksamkeitsspanne haben und sich einfach nicht lange genug konzentrieren können, um in der Arbeitswelt erfolgreich zu sein? Verlangen wir zuviel von unseren Managern? Erwarten wir zuviel von unserer Arbeit? Ist es wahr, daß Xer ausschließlich auf sofortige Belohnung und Befriedigung ihrer Bedürfnisse aus sind? Sind wir Nihilisten?

X Die Klischees sind UNHALTBAR

Diese Fragen paßten nicht zu den mir bekannten Bedürfnissen und Erwartungen von Leuten meines Alters. Jene, die über ihren Job klagten, waren alles andere als „Slacker". Ich wußte, daß sie intelligent und kreativ waren und harte Arbeit nicht scheuten – Menschen, die an Herausforderungen wuchsen und bei Chancen auf Erfolg erst aufblühten. Es ist nicht so lange her, daß wir zusammen die Schulbank drückten, gute Noten schrieben, bis spät in die Nacht lernten und mit Begeisterung über unsere Karrierepläne sprachen. Da wir die Mediendarstellung vom Finanzaufschwung in den achtziger Jahren, sowohl als Fakt als auch als Fiktion, hautnah miterlebten, waren unsere Vorstellungen stets auf unseren späteren Lebensunterhalt ausgerichtet. Als Schlüsselkinder von frühester Jugend an auf Selbständigkeit konditioniert, gingen wir Xer davon aus, auf unsere naturgegebenen Unternehmerqualitäten angewiesen zu sein, um in einer unsicheren Zukunft ein gewisses Maß an Sicherheit zu erreichen. Sogar als wir Zeuge wurden, wie es mit dem Überfluß der achtziger Jahre den Bach runterging, waren wir Xer weiterhin fest entschlossen, mittels Einsatz und Erweiterung unseres kreativen Potentials Bequemlichkeit und Wohlstand zu erlangen, und planten die Schaffung eines Pools an wertvollem Wissen und Fähigkeiten.

X Star-Xer definieren die MANAGEMENTHERAUSFORDERUNG

Die meisten Xer, die ich kenne, sind durchschlagende Erfolgstypen, die effektive Resultate mit beeindruckender Schnelligkeit hervorbringen können – wenn sie richtig motiviert werden. Mehr noch, wenn man das Arbeitskräftepotential von heute untersucht, sind darunter Millionen und Abermillionen von „successful young professionals", die in bedeutenden Positionen bedeutende Arbeit leisten – ich nenne diese Leute Star-Xer. Star-Xer arbeiten in den besten Anwaltsfirmen, Gesundheitseinrichtungen, Investmentbanken, Werbeagenturen, Verlagen, als Wirtschaftsprüfer, Regierungsangestellte, Politiker und in öffentlichen Dienstleistungsorganisationen, Stiftungen, kleinen Firmen oder Industrieriesen jeder Branche. Star-Xer sind die Leistungsträger, die aufsteigenden Verantwortungsträger, die Wasserträger der Arbeitswelt und gleichzeitig der Schlüssel zur Zukunft der Weltwirtschaft.

Wenn Xer eine so wertvolle Ressource sind, wieso setzen Manager dann nicht alles daran, unser Potential optimal auszuschöpfen? Was hat es mit Xern auf sich, daß sie für Manager oft ein Fragezeichen bleiben? Warum werden so viele Xer von ihren Arbeitgebern falsch gemanagt? Gibt es da draußen auch Xer, die gut gemanagt werden? Können Manager von Erfolgsstories nicht genausoviel lernen wie von Geschichten über Fehlschläge? Diese Fragen schienen mir am besten geeignet zu sein, um die Managementbeziehungen von Xern zu untersuchen. Weiters wollte ich mehr über die Managementbeziehungen aus der Sicht der Xer, also der Gemanagten, lernen, anstatt standardmäßig die Manager als einzige Informationsquelle über Management zu nutzen.

X Der Plan: MIT DEN Xern SELBST REDEN

Ich kaufte mir einen Laptop und begann Interviews mit Star-Xern anzusetzen, die in einer weiten Branchenpalette Managementbeziehungen erleben. Ich begann mit Star-Xern, die ich persönlich kannte, und forstete mich dann durch die Adreßbücher meiner großzügigeren Interviewpartner. Ich bemühte mich nach besten Kräften, einen möglichst breitgefächerten Korpus an Interviewpartnern zu schaffen, was Rasse, ethnische Herkunft, geographische Zuordnung und Arbeitserfahrung betrifft. Meine Interviewpartner waren zwischen einundzwanzig und einunddreißig Jahre alt. (Ich interviewte auch einige Rand-Xer, die zwischen 1961 und 1963 geboren wurden.) Viele der Interviewten haben hohe akademische Grade. Alle haben ein Collegestudium absolviert. Die meisten hatten schon in mehr als einem Job gearbeitet. Ich garantierte meinen Interviewpartnern und den Arbeitgebern, über die sie sprachen, absolute Anonymität, um möglichst freie und offene Antworten zu bekommen.

Meine Fragestellung war einfach: „Wie werden Sie gemanagt?" und „Wie beeinflußt das Ihre Arbeit?" Jedes dieser Interviews dauerte zwischen dreißig Minuten und drei Stunden. Alles in allem sind Wortmeldungen von fünfundachtzig meiner Interviewpartner in diesem Buch zu finden. Jedes einzelne Interview war für mich eine wertvolle Lektion, und die zeitaufwendige Recherche war die größte Lernerfahrung meines Lebens.

Die kollektive Weisheit der Xer war für mich erstaunlich. Sie wußten, was die schlechten Manager falsch und die guten Manager richtig machten. Obwohl viele unglücklich waren, gab es nur wenige, die die speziellen Managementpraktiken, die diese Unzufriedenheit auslösten, nicht identifizieren konnten. Was mich noch mehr beeindruckte, war die Treffsicherheit und Schnelligkeit, mit der Xer die Praktiken ihrer besten Manager auf den Punkt brachten, und sie wünschten sich für alle Manager eine solche Effektivität. Wie sie mir im Verlauf der Gespräche klarmachten, ging es ihnen nicht darum, sich einfach nur zu beklagen, sondern eine detaillierte Evaluierung ihrer Manager zu bieten und verschiedene Managementstile und -techniken, ob gut oder schlecht, aufschlußreich zu beurteilen. Diese Xer konnten es gar nicht erwarten, in guten Managementbeziehungen ihr Bestes zu geben. Mehr noch, sie waren auch bereit, Managern beizubringen, wie man das Beste aus ihnen herausholen könnte. Es hatte sie bisher nur noch niemand gefragt. Genau das habe ich jetzt getan. Die Lektionen in diesem Buch möchte ich nun mit Ihnen teilen.

X Manager können die Lektionen der Xer NUTZEN

Die „Generation-X-Management"-Lektionen sind wichtig für Manager, da Xer bedeutende Arbeit in bedeutenden Positionen leisten.

In Investmentbanken bekleiden Xer die Posten von Analysten, Associates und Vizepräsidenten und sind die maßgebliche Triebkraft hinter finanziellen Transaktionen von globaler Tragweite. Junge Wertpapierhändler schließen jede Minute Deals ab, die Vermögenswerte in Milliarden Dollar Höhe bewegen.

Xer nehmen im Rechts- und Gesundheitswesen eine exponierte Stellung ein. Junge Associates in Anwaltsfirmen sind für einen Großteil der juristischen Recherchen verantwortlich und setzen viele der Rechtsdokumente auf, die bei Firmentransaktionen, Grundstücksplanungen und Rechtsstreitigkeiten von entscheidender Bedeutung sind. Xer sind die Assistenzärzte mit Post-Graduate-Ausbildung, die überall in Amerika Millionen von Patienten in der Notaufnahme erstversorgen, während Xer in der Gesundheitsverwaltung und als Junior Executives in Versicherungen und pharmazeutischen Unternehmen die finanzielle Seite der Medizin zu regeln versuchen.

Organisationen jeder Größe und Struktur beschäftigen Xer als Forschungsbeauftragte, Analysten, Rechnungsprüfer, Consultants, Mitarbeiter im Marketing, Verkauf und in der Geschäftsleitung. Xer-Wissenschaftler und -Ingenieure geben das Tempo für die neuen Entwicklungen am Technologiesektor an, die der Motor für die Wirtschaft des nächsten Jahrtausends sein werden. Junge Offiziere der Armee sind für Training und Stationierung von Truppeneinheiten und die Nutzung von Milliarden Dollar teurem Gerät sowie die Durchführung von äußerst bedeutsamen militärischen Aktionen verantwortlich.

In Werbeagenturen und Public-Relations-Firmen haben Xer beträchtlichen Einfluß auf die Werbekampagnen, mit denen wir tagtäglich bombardiert werden. Xer sind Zeitschriftenverleger und stellvertretende Verlagsleiter, die bestimmen, was wir am Kiosk und im Buchladen zu kaufen vorfinden.

Xer-Lehrer unterrichten an unseren Schulen die nächste Generation. In Public-Interest- und Non-Profit-Stiftungen, öffentlichen Dienstleistungsorganisationen, Regierungsbehörden und den betriebsamen Büros einiger der mächtigsten Politiker des Landes haben Xer bereits begonnen, ihren Einfluß auf Politik und deren Spielregeln geltend zu machen.

X Diese Generation bringt den postmodernen ARBEITSPLATZ in Schwung

Es läßt sich nicht leugnen, daß der Stellenwert der Generation X in jedem Bereich des postmodernen Arbeitsplatzes ständig im Steigen begriffen ist. Zu viele Xer werden schlecht gemanagt, und es steht zu viel auf dem Spiel, als daß man dieses Problem vernachlässigen könnte. Wenn Manager nicht fähig sind, die Bedürfnisse und Erwartungen von Xern zu verstehen, und daher nicht in der Lage sind, Xer effektiv zu managen, schwächen sie damit eine der wertvollsten Ressourcen, die sie zur Verfügung haben. Diese Manager müssen von den smarten Managern lernen, die sich Zeit nehmen, Xer als das, was wir sind, zu begreifen, von jenen Managern, die das Beste aus der Generation X herausholen können – und unsere einzigartige kreative Kraft für sich erschließen.

Mit Hilfe der Star-Xer, die ich Ihnen vorstellen werde, will ich ein für allemal mit den vielen Mißverständnissen über unsere Generation aufräumen.

Erstens werden Sie erkennen, daß wir Xer nicht illoyal sind und die Unbeteiligten mimen, wie so viele behaupten, sondern daß wir gelernt haben, in einer Welt, in der uns Institutionen nicht viel bieten können, mit unserem Kapital behutsam umzugehen.

Zweitens möchte ich jenes falsche Bild zurechtrücken, daß Xer eine kurze Aufmerksamkeitsspanne haben. Wir Xer wollen in Blitzestempo so viele Antworten auf so viele Fragen aus so vielen Quellen, weil unsere Lern- und Kommunikationsfähigkeit durch die Informationsrevolution geprägt wurde.

Drittens werden Sie feststellen, daß das auffällige Verhalten, das so viele Xer an den Tag legen, nichts mit Arroganz zu tun hat, sondern Ausdruck des starken Unabhängigkeitsgefühls ist und aus der Lebenserfahrung erwächst, daß wir uns in dieser gefährlichen und unsicheren geschichtlichen Epoche nur auf uns selbst verlassen können.

Viertens werde ich darauf hinweisen, daß das Hochdienen in einer Firma ein überholtes Konzept für Xer ist, die am Arbeitsmarkt erleben, daß es keinerlei Hoffnung auf Sicherheit in einem langfristigen Arbeitsverhältnis mit einem einzigen Arbeitgeber mehr gibt. Hinter dem ungeduldigen Herbeisehnen sofortiger Belohnung steht die Suche nach einer neuen Art von Sicherheit am Arbeitsplatz, die auf Selbstwertsteigerung basiert.

X Mißinterpretieren Sie populäre Vorstellungen NICHT

Die Manager, die den X-Stil falsch auffassen und in uns Illoyalität, mangelnde Einsatzbereitschaft, kurze Aufmerksamkeitsspannen, Arroganz und Gier nach Belohnung zu erkennen glauben, sind genau jene Führungskräfte, die die schlechteste Seite der Xer zum Vorschein bringen. In diesem Buch reden Xer über inakzeptable Managementbeziehungen, die unsere Motivation und Produktivität abtöten, uns unkooperativ, ärgerlich und reizbar machen, die Moral am Arbeitsplatz untergraben und uns schließlich zur Kündigung treiben, um uns Manager von anderem Schlag zu suchen. Sie werden erfahren, wie Xer reagieren, wenn Manager unsere Arbeit unterbewerten, sich weigern, uns zu führen und zu unterweisen und uns keine Herausforderungen, Chancen und Belohnungen bieten. Sie werden die Worte von frustrierten Xern lesen, denen von ineffizienten Managern Steine in den Weg gelegt werden, jenen Managern, die auf diese Weise die Zukunft beider Seiten zunichtemachen.

Meine Interviewpartner gaben liebend gerne Geschichten über Manager zum Besten, die sie hassen und haßten. Wie andere Xer, die ich kannte, beschrieben meine Interviewpartner mit bitterem Vergnügen ihre Abneigung Managern gegenüber, die kleinkrämerisch, unfair, beleidigend oder aufdringlich sind, die die Fragen von Xern nicht beantworten oder keine Orientierung bieten wollen, die es verabsäumen, Xer zu belohnen und die ihnen für erzielte Resultate gebührende Anerkennung zu zollen. Aus demselben Grund, weshalb Xer auch untereinander Probleme am Arbeitsplatz besprechen, war es ihnen ein Bedürfnis, auch mit mir über schlechte Manager zu reden. Sie investieren ungeheure Mengen an Zeit und kreativer Energie, um den Charakter von schlechten Managementbeziehungen zu analysieren, weil sie ihre kreativen Talente nicht optimal in ihre Arbeit einbringen können.

EIN BEWÄLTIGUNGSMECHANISMUS: HERUMSITZEN UND REDEN

Man redete miteinander. Wir saßen herum und redeten darüber, was für komplette Trottel manche Manager waren. Irgendeiner sagte: „Hör' dir mal an, was dieses Arschloch heute wieder gemacht hat." Das war sowas wie der Witz zum Tag. Einige Manager kannten wir nicht einmal, wir hatten jedoch festgesetzte Meinungen über sie, weil solche Geschichten die Runde machten.

Programmanalytiker

Indem sie ihre Erfahrungen gemeinsam aufarbeiten, versuchen Xer zu lernen, besser mit schlechten Managern umzugehen und sie in Zukunft zu meiden.

X Die Wahrheit über SCHLECHTES MANAGEMENT

Indem Xer über schlechte Manager reden, wollen sie wahrscheinlich hauptsächlich voneinander erfahren, inwieweit ihre eigenen Eindrücke der Wahrheit entsprechen – und Bestätigung erhalten, daß sie mit ihren Erfahrungen nicht allein sind. In diesem Buch werden Sie aus direkter Quelle hören, wovon Xer hinter vorgehaltener Hand am Arbeitsplatz sprechen.

Weiters werde ich Sie an den Erfolgsstories teilhaben lassen, an denen mich Xer teilhaben ließen – Erfolgsstories, die Vorbilder für effiziente Managementbeziehungen mit Xern sind. Es wird Ihnen vor Augen geführt, wie smarte Manager, die die wahren Bedürfnisse und Erwartungen von Xern verstehen, das Beste aus der Generation X herausholen können. Xer beschreiben Manager, die durch die Wertschätzung unserer Person und unserer Arbeit Loyalität und Engagement der Generation X für sich gewinnen können.

Diese Manager bilden Teams, die Xer als Persönlichkeiten unterstützen. Sie erleichtern Xern das Learning-on-the-job und verstehen es, unser spezielles Verhältnis zur Information optimal zu nutzen. Sie unterstützen die Unabhängigkeit von Xern, indem sie unsere naturgegebene Unternehmerqualität und Kreativität bestärken. Weiters schaffen sie kosteneffiziente Belohnungssysteme, die die Produktivität von Xern erhöhen und gleichzeitig Gelegenheit zur Selbstwertsteigerung bieten – die einzige Form von Sicherheit, die in der Arbeitswelt von heute noch existiert.

Egal ob es sich um erfolgreiche oder gescheiterte Managementbeziehungen handelt, es sind nicht meine Geschichten, die in diesem Buch erzählt werden. Es sind die Geschichten der Star-Xer, die ich interviewte. Sie sind ein Teil dieser Star-Xer wie auch meiner Leser. Sowohl als Manager von Xern, als auch als gemanagte Xer werden Sie in diesem Buch Geschichten wie die Ihre lesen. Egal ob Sie sich auf diesen Seiten wiederfinden oder nicht, ich hoffe, daß Ihnen neue Perspektiven eröffnet werden, wenn Sie Ihre Situation mit jener der hier Porträtierten vergleichen, deren Managementbeziehungen Ihren eigenen mehr oder weniger ähnlich sind. Diese Porträts sind lebendige Beschreibungen der Regeln und Richtlinien für das Managen der Generation X.

X Wo dieses Buch im KANON DER MANAGEMENTLITERATUR einzureihen ist

Ich glaube, daß dieses Buch eine notwendige Ergänzung zu der wachsenden Anzahl von Ratgebern zum Thema menschliche Ressourcen ist. Die menschliche Ressource der Generation X stellt an Manager ganz spezifische Anforderungen.

Das Managementbuch-Genre ist ein Ableger einer nach dem Zweiten Weltkrieg entstandenen Literatur, zu einer Zeit, als Beobachter immer mehr zu der Ansicht gelangten, daß die Hauptressource, die es am Arbeitsplatz des späten zwanzigsten Jahrhunderts zu managen gilt, der Mensch selbst sein wird. Einige Management-Theoretiker bauten Menschen in ihre Aufstellungen und Graphiken ein, so wie sie es mit unbelebten Ressourcen wie Gebäuden, Maschinen und Rohmaterialien machten – für diese Theoretiker sind Menschen eine schrecklich ineffiziente Ressource, da unsere Reaktionsmuster nicht automatisiert sind.

In den fünfziger Jahren kam eine überzeugendere und einflußreichere Richtung der Managementtheorie auf, die auf den Lehren der Verhaltenspsychologie begründet war und einen humanistischeren Ansatz zum Management bot. Die humanistische Managementtheorie zielte darauf ab, jene Generation zu managen, die dadurch gekennzeichnet war, daß sie die Belange der Organisationen, denen sie diente, über alles stellte – das waren vor allem die Depressionbabies, also die Eltern der Babyboomer und Großeltern der Generation X. Bahnbrechend bei dieser Theorie war die neue Sichtweise der Management-Themen als Gegenstand menschlicher Beziehungen.

Kaum verwunderlich, begann dann als Reaktion auf die desaströse Wirtschaft der siebziger Jahre der Siegeszug der Motivations-Managementtheorie als Rettung für Manager, die sich mit unmotivierten, von der Arbeitswelt bereits enttäuschten Babyboomern abmühten.

X Motivationstheorie und Verhaltenspsychologie: HAUPTTHEMEN DER BOOMER

Die Anhänger der Motivationstheorie, die auch Anleihen bei Verhaltenspsychologie und Verhaltenswissenschaft nahmen, stellten fest, daß die Schlüsselfaktoren in punkto Mitarbeitermotivation nicht Geld, Arbeitszeit und Arbeitsbedingungen sind, sondern der respektvolle Umgang mit den Mitarbeitern und die Schaffung von Voraussetzungen zur Entwicklung eigener Fähigkeiten. Weiters spielt die Arbeit mit und Wertschätzung durch ein eingeschweißtes Team eine entscheidende Rolle. Natürlich spiegelten diese Theorien genau die Mitarbeitermotivationsprobleme wider, mit denen sich die Manager der siebziger Jahre konfrontiert sahen, als mißmutige Boomer die Arbeitswelt dominierten.

Die Dominanz des Boomer-Ethos reichte bis in die achtziger Jahre hinein und fand auch im vielleicht berühmtesten Managementbuch des Jahrzehnts Eingang, „Auf der Suche nach Spitzenleistungen" von Tom Peters und Robert H. Waterman. „Auf der Suche nach Spitzenleistungen" zeigte auch den starken Einfluß der Verhaltenspsychologie, indem Manager aufgefordert wurden, als Teil einer Strategie zur Entwicklung einer „Innovationsfähigkeit des Unternehmens" am Arbeitsplatz „Champions zu unterstützen".

Peters und Waterman zogen ihre Schlußfolgerungen für das Management aus der Untersuchung von dreiundvierzig „Spitzen"-Unternehmen, die der Definition nach ihre Konkurrenten über einen Zeitraum von zwanzig Jahren hinweg ohne Unterbrechung finanziell übertrumpft hatten.

Bis 1987 waren bereits zwei Drittel der „Spitzen"-Unternehmen nach Peters und Waterman ins Trudeln geraten. Das dezimierte die Anzahl der Firmen, auf die das Prädikat „Spitzenleistung" noch zutraf, auf schwache vierzehn. Der Niedergang von neunundzwanzig „Spitzen"-Unternehmen untergräbt nicht per se Peters' und Watermans' Management-Lektionen. Es stellt jedoch die Methodik in Frage, Führungstechnik aus der Perspektive des Unternehmens allein zu untersuchen – aus dem Blickwinkel des Managers, und nicht des Gemanagten.

X Eine neue Generation trat auf den Plan, seit Peters und Waterman nach SPITZENLEISTUNGEN suchten

Als „Auf der Suche nach Spitzenleistungen" zum ersten Mal erschien, waren natürlich die ältesten Angehörigen der Generation X noch nicht einmal mit dem College fertig. In der Tat hat bisher noch niemand ein Buch veröffentlicht, das die speziellen Anforderungen des Generation-X-Managements anspricht. Ist es notwendig, ein ganzes Buch den Managementerfordernissen einer neuen Generation zu widmen? Ganz allgemein sind viele der Ratschläge älterer Managementexperten durchaus auch auf die Generation X anzuwenden: Forderung nach persönlicher Verantwortlichkeit, Bildung zielorientierter Teams, Entfaltung des Potentials jedes einzelnen Mitarbeiters, Förderung von Champions, Belohnung von Innovation, Feiern von Erfolgen.

Ziel dieses Buches ist es, die speziellen Bedürfnisse und Erwartungen von Personen meines Alters, deren Rolle in der Arbeitswelt zunehmend von entscheidender Bedeutung wird, in den Vordergrund zu stellen, im besonderen im Zusammenhang mit den Star-Xern, die Sie in diesem Buch kennenlernen werden. Weiters habe ich es mir zum Vorsatz gemacht, tunlichst den verstaubten Ansatz zu vermeiden, Führungstechnik aus der Sicht des Managers zu untersuchen. Ich wollte Management an der Quelle untersuchen – direkt berichten, wie Xer gemanagt werden und wie das unsere Arbeit beeinflußt.

Mein Instinkt führte mich zu einem Ansatz, der am ehesten der journalistischen Soziologie entspricht – ich beschloß, mein Buch auf Interviews mit Xern selbst aufzubauen. Das Buch ist so angelegt, daß der Leser seine Information aus den tatsächlichen Worten der interviewten Xer bezieht und aus der direktesten Quelle viel Kluges und Wissenswertes über die Auswirkungen verschiedener Managementtechniken auf die Arbeit von Xern und ihre Einstellung zur Arbeit erfährt.

Die Managementlektionen, die dieses Buch bietet, stimmen weitgehend mit den bisherigen Lehren der humanistischen und motivationsorientierten Managementtheorie überein. Wie Sie jedoch im ersten Kapitel lesen werden, sind die Erwartungen, die Xer in ihre Arbeit setzen, andere als jene früherer Generationen, was bedeutet, daß unsere Anforderungen an Manager ebenfalls andere sind.

Wie die Xer im dritten Kapitel bestätigen, sind viele Manager nicht in der Lage, den speziellen Herausforderungen, die das Managen von Xern an sie stellt, gerecht zu werden. Unfähig, das Beste aus den für sie arbeitenden Xern herauszuholen, verschwenden diese Manager eine ihrer wertvollsten Ressourcen.

Dieses Buch bietet als echte Novität – denn das gab es bisher noch in keinem Managementbuch – eine Nahaufnahme der Managementbeziehungen, die Xer am Arbeitsplatz tagtäglich erleben. „Generation-X-Management" zeigt einen Führungsansatz, der auf den Beurteilungen von Managern sowie den Managementratschlägen und -empfehlungen für Arbeitgeber basiert, die wir aus erster Hand von Xern selbst erfahren.

„Generation-X-Management" ist ein Forum, in dem Star-Xer zu ihresgleichen über die Einstellung zur Arbeit und über ihre Erfahrungen als Gemanagte reden. Es ist für den Leser auch eine Gelegenheit, den Menschen hinter dem Star-Xer kennenzulernen und direkt von Xern zu hören, wie verschiedene Managementtechniken unsere Arbeit beeinflussen. Dieses Buch ist ein Leitfaden für Manager zur Maximierung der X-Variablen, damit die Gleichung unterm Strich für alle stimmt.

X VIER IMMER WIEDERKEHRENDE THEMEN kristallisierten sich heraus

In fast allen Geschichten, die jene Xer erzählen, tauchen immer wieder dieselben Themen auf:

- Zugehörigkeit – ist dies ein Team, für das ich eine Bereicherung sein kann?
- Lernen – habe ich ausreichenden Zugang zu Information?
- Unternehmertum – läßt mir meine Arbeit Raum, um Probleme zu definieren, Lösungen im von mir bestimmten Zeitplan zu entwickeln und zu eigenen Resultaten zu gelangen?
- Sicherheit – bin ich in der Lage, die Erfolgsrate meiner Leistung, meinen Status am Arbeitsplatz und die Gegenleistung für meine Investition zu kontrollieren?

In der großen Mehrzahl der Managementbeziehungen, die mir in den Interviews mit Xern beschrieben wurden, war die Antwort auf die meisten dieser Fragen ein lautes und vernehmliches „Nein".

Einige werden vielleicht vorschnell darauf hinweisen, daß es einfacher ist, den Staus quo zu kritisieren als spezifische Änderungen vorzuschlagen – wenn man weiterdenkt, können Fehler gleichzeitig auch großartige Lernerfahrungen sein. Ich hoffe, hier zeigen zu können, daß ich sowohl Erfolg als auch Mißerfolg als Lernbasis heranziehen will, indem ich ebenfalls einen Schwerpunkt bei Geschichten von Xern setze, die durch effiziente Manager dazu inspiriert wurden, ihr Bestes zu geben.

X Einige Worte zur EINFÜHRUNG in die nachfolgenden Kapitel

Ich hoffe, daß Sie bei der Lektüre dieses Buches nie vergessen, wo wir Xer heute in der Geschichte stehen. Aufgewachsen im tiefen Bewußtsein finanzieller Unsicherheit, sind wir ganz besonders vorsichtig im Umgang mit unseren wertvollen Fähigkeiten, die wir nicht dort investieren wollen, wo man sie möglicherweise nicht zu schätzen weiß.

Da Xer quasi schon von Geburt an skeptisch den Wert von institutionellen Beziehungen beurteilen, können Manager, die uns unterschätzen, diese Skepsis nur noch verstärken und damit erreichen, daß wir weder Loyalität zeigen noch unser Bestes geben. Zudem ergibt sich aus der Tatsache, daß unsere harte Arbeit nicht automatisch durch einen sicheren Job belohnt wird, die Notwendigkeit der Selbstverwaltung unserer Fähigkeiten – wir Xer müssen in unserer Arbeit Gelegenheit zur Investition in uns selbst und zum Aufbau von Persönlichkeitswerten finden.

Daher ist es für Xer so frustrierend, in einem Umfeld zu arbeiten, das Lernen und Wachsen verunmöglicht, unsere Selbstachtung verletzt, in dem die geleistete Arbeit nicht als unser Eigentum betrachtet wird und unsere kreativen Fähigkeiten nicht zur Entfaltung kommen können, in dem wir keine eigenen Resultate hervorbringen können und harte Arbeit kaum belohnt wird.

In einer Zeit, in der der Arbeitsmarkt mit einer Fülle von arbeitswilligen jungen Leuten überschwemmt ist, geben sich Manager leicht der Vorstellung hin, daß sie die Bedürfnisse ihrer Angestellten nicht beachten müssen – wer bettelt, darf nicht wählerisch sein. Lassen Sie sich nicht ins Boxhorn jagen. Wie auch immer die Arbeitsmarktlage sein mag, lasches Management wird immer zu sinkender Moral, hoher Arbeitskräftefluktuation, erhöhter Ineffizienz und verminderter Qualität führen. Zudem reagieren Xer ganz besonders heftig auf schlechtes Management.

Wenn Manager sich nicht direkter auf die speziellen Managementerfordernisse von Xern konzentrieren, werden Unternehmen weiterhin die bittere Pille schlucken müssen und sowohl Talent als auch Innovationsfähigkeit einer ganzen Generation verlieren. Für jene aber, die sich Mühe geben zu verstehen, steht eine Welt voll ungeahnter Möglichkeiten offen.

1

WER SIND DIESE Xer IN IHREM BÜRO ... UND WAS WOLLEN WIR?

X Eine Gruppe unter STÄNDIGER BEOBACHTUNG

Die Generation X, jene Gruppe von Amerikanern, die zwischen 1963 und 1981 geboren wurde, ist in den letzten Jahren immer mehr zum Gegenstand einer öffentlichen, sehr diskriminierend geführten Diskussion geworden. In der breiten Öffentlichkeit hält sich hartnäckig der Irrtum, daß wir Xer großteils Slacker sind und aus dem Rat-Race aussteigen, um uns von unseren Eltern aushalten zu lassen oder uns mehr schlecht als recht mit unterbezahlten, wenig prestigeträchtigen Kurzzeit-McJobs durchzuschlagen.

Die Wahrheit ist, daß es Millionen von Star-Xern gibt, die in bedeutenden Positionen auf jedem nur erdenklichen Gebiet entscheidende Arbeit leisten. Trotzdem wird das Wesen dieser Star-Xer in vielen Punkten genauso mißverstanden wie das unserer Alterskollegen, die sich dafür entscheiden, das Rat-Race auszusitzen, weil es sich einfach nicht lohnt, mitzumachen. Schuld an dieser Negativkampagne sind zum großen Teil jene Manager, die die Arbeitsweise von Xern nicht verstehen und diese daher nicht effektiv managen können.

Vor 1990 hatte noch nie jemand etwas von der Generation X gehört. In den frühen achtziger Jahren gab es eine eher unbedeutende Punk-Rock-Band, die so hieß. Ein paar Jahre später kreierte Xer Douglas Coupland einen hippen Cartoon für eine kanadische Zeitung, den er „Generation X" nannte. 1991 erschien Couplands gleichnamiger Roman über eine Gruppe überdrüssiger Twentysomethings, die aus dem Rat-Race ausgestiegen waren, weil die Babyboomer den ganzen Spaß verbraucht hatten und für die Xer nichts als McJobs und Lessness übrigließen. Im selben Jahr veröffentlichten die Autoren William Strauss und Neil Howe ein Sachbuch mit dem Titel „Generations", das die demographischen Unterschiede zwischen dem durchschaubaren

Babyboom und dem weniger durchschaubaren post-Babyboom gegenüberstellte.

Zu dieser Zeit hatte der Begriff Generation X in der Werbewirtschaft bereits Fuß gefaßt, die ihn als Codewort für rund fünfzig Millionen Menschen, eine bis dahin schwer zu schubladisierende Zielgruppe, benutzte.

1993 war es dann offiziell: die Nachfolger des Babybooms wurden von „Time", „Newsweek", „Business Week" und „Fortune" „X" genannt.

Wieso ist das änigmatische Etikett „X" an unserer Generation haftengeblieben? Einige bezeichneten Xer als verlorene Generation und behaupteten, wir verfügten nicht über genau definierbare, einem historischen Kontext zuordenbare Eigenschaften, durch welche sich vorangegangene Generationen wie die Babyboomer und die Depressionbabies auszeichneten. Ein Beobachter forderte sogar eine „neue Sprache", nur um uns zu beschreiben. Wieder andere sind davon überzeugt, daß es hoffnungslos ist, die Generation X mit immer größerem Aufwand knacken zu wollen.

X DIE MASSENMEDIEN stempelten X sofort ab

Trotz der angeblichen Undefinierbarkeit der X-Generation hatten die Medien keine Schwierigkeiten, sich auf Klischees für die Xer zu einigen. Seit der Begriff Generation X zum ersten Mal auftauchte, fand man für uns in den Mainstream-Medien Attribute wie „zynische Trübsalbläser", „mürrisch und verächtlich", „angriffslustig", „naiv", „arrogant", „materialistisch" und „charakterisiert durch eine kurze Aufmerksamkeitsspanne", ohne die zahlreichen, praktisch gleichbedeutenden und ebenso wenig schmeichelhaften Variationen zu erwähnen.

Eine Studie über das Image der Generation X in den Printmedien, die von Studenten der University of Rochester unter Leitung von Medienberaterin Nancy Woodhull durchgeführt wurde, ergab, daß die Generation X unangemessen negativ porträtiert worden ist. Diese Porträtversuche werden von den Xern sehr schlecht aufgenommen, was viele Beobachter zu der weiteren Schlußfolgerung veranlaßt, daß Xer es überhaupt hassen, schubladisiert zu werden.

Es stellt sich natürlich die Frage, ob es eigentlich möglich ist, das Wesen einer Generation nur anhand einer Reihe von Adjektiven zu erfassen. Trotzdem versuchen immer mehr Menschen, das X irgendwo in ihre Gleichung einzufügen, da Xer sich nun als Generation herausmausern und eine Rolle in der Gesellschaft einnehmen, die zunehmend an Bedeutung gewinnt.

X Warum jeder Xer SCHUBLADISIEREN will

Die Werbeindustrie stürzte sich als erste auf uns, da die Dollars winkten und fünfzig Millionen Xer ein Markt sind, den man einfach nicht ignorieren kann. In der Politik wurde die wachsende Bedeutung von Xern während des Präsidentschaftswahlkampfes von 1992 klar ersichtlich, als Bill Clinton (ein Babyboomer) sich Sonnengläser aufstülpte und in der „Arsenio Hall Show" das Saxophon für uns blies. In der „Washington Post" wurden die Xer-Stimmen unter die vier Schlüsselfaktoren für den Wahlsieg Präsident Clintons eingereiht.

Wie passen Xer nach der Meinung von Managern in den Raster des Arbeitsplatzes? Untersuchungen über Babyboomer, die Xer in Bürojobs verschiedenster Branchen managen, darunter eine in der Zeitschrift „Fortune" zitierte Untersuchung, zeigen, daß Boomermanager Xer für illoyal halten, Xer Autorität gegenüber angeblich nicht genügend Respekt zollen, eine kurze Aufmerksamkeitsspanne haben, zu wenig Arbeitseinsatz zeigen, arrogant sind, sich nicht ins Zeug legen wollen, sich nicht hochdienen wollen und viel zu viel Gewicht darauf legen, Spaß zu haben und persönliche Erfüllung in der Arbeit zu finden. Diese Mißverständnisse untergraben die Fähigkeit von Managern, den potentiellen Wert von Xern am Arbeitsplatz optimal zu nutzen.

X Was DIESES BUCH erreichen will

Die vordringlichste Aufgabe dieses Buches ist es, die Irrtümer und Mißinterpretationen über die Generation X aufzudecken. Der Hauptgrund, warum so viele Manager Xer nicht verstehen, ist darin zu sehen, daß ihr Bild von Verhalten und Einstellung der Xer mehr oder weniger durch Babyboomer geprägt worden ist. Erstens sind Boomermanager die Autoritätspersonen am Arbeitsplatz, die altersmäßig den Xern am nächsten sind – darum übertragen die meisten Firmen Boomern die Verantwortung für die Xer und übernehmen die Tips der Boomer, wie man die Xer managen soll, großteils in ihr Managementrepertoire. Zweitens glauben Babyboomer fälschlicherweise, ein Spiegelbild ihrer eigenen Jugend in den Xern, die sie managen, zu entdecken. Drittens erinnern sich ältere Manager daran, daß die Boomer bei deren Eintritt in die Arbeitswelt ebenfalls ein ziemlich mißmutiges Pack von Twentysomethings waren, und nehmen daher an, daß die Punkte, die uns beunruhigen und die Attitudes, die sie in uns sehen, mit denen der Boomer vor zwanzig Jahren so in etwa übereinstimmen.

Sowohl Boomermanager als auch ältere Manager glauben in Xern dieselben Tendenzen zu erkennen, die Babyboomer in ihren Zwanzigern zeigten. Sie glauben, daß der Xer Unzufriedenheit jugendlicher Naivität entspringt und nur eine vorübergehende Phase ist. Befürworter dieses Standpunktes denken, daß wir Xer, so wie die Babyboomer, irgendwann doch gewiß erwachsen werden und realisieren müssen, daß wir das Spiel nicht nach unseren Regeln spielen können.

Es fällt nicht schwer, sich vorzustellen, warum diese Erklärung sich gut anhört für Leute, die mit den archetypischen Ereignissen im Leben der Babyboomer vertraut sind. Immerhin waren die Boomer ja die Generation, die zu Yuppies mutierte Hippies hervorbrachte. Boomer spielten eine Hauptrolle in den Bürgerrechtsmärschen, Anti-Kriegs-Protesten, LSD-Parties und Love-Ins der antimaterialistischen, anti-establishment eingestellten sechziger Jahre. Die brutale Realität der siebziger Jahre, sich in einer inflationsgebeutelten Wirtschaft durchbeißen zu müssen, brachte die Boomer so sehr zur Ernüchterung, daß sie zu Beginn der achtziger Jahre bereit waren, eine neue Hauptrolle zu übernehmen – dieses Mal als Werkzeuge in der Arbeitswelt des Jahrzehnts der Habgier. Für Boomer wandelte sich der Anti-Establishment-Geist der siebziger Jahre im Laufe der Zeit zu einem konservativen „Realismus".

Selbst Boomer, die die kontrakulturelle Revolution nur von außen erlebten, blicken auf ihre eigene jugendliche Rebellion mit einer Mischung aus idealistischer Nostalgie und leiser Mißbilligung zurück. Nun, da diese Boomer selbst Manager sind, warten sie und ihre älteren Kollegen darauf, daß wir Xer zur Besinnung kommen, damit wir alle bald wieder zur Tagesordnung übergehen können.

X Wenn auf der Verpackung ZWANZIG draufsteht

Die erste entscheidende Lektion dieses Buches ist, daß Xer vielleicht wie Boomer in ihren Zwanzigern aussehen mögen, das psychologische Profil beider Generationen aber durch ihre grundverschiedenen geschichtlichen Erfahrungen ein komplett anderes ist und diese Divergenz auch unsere Bedürfnisse und Erwartungen in bezug auf Manager nachhaltig beeinflußt. Die hartnäckigen Versuche, die Generation X zu definieren und zu verstehen, sind nicht ausschließlich auf die Werbeindustrie zurückzuführen, sondern eher durch die subtilen, aber existierenden geschichtlichen Unterschiede motiviert, die Xer und Boomer fast wie Tag und Nacht erscheinen lassen. Manager werden nie herausfinden, wo Xer in ihre Gleichung passen, wenn sie nicht erkennen, daß wir Xer zwar im Boomerlifestyle geboren und erzogen wurden, unser Berufsleben aber während der Talfahrt der US-Wirtschaft in den post-achtziger-Jahren begannen.

Xer sind nicht wie die Blumenkinder, die ewig brauchten, um erwachsen zu werden, aber wir wurden von ihnen beeinflußt. Der Gegensatz zwischen Boomern und Xern hat einiges zu sagen. Der Babyboom dauerte von 1946 bis in die frühen sechziger Jahre, als Boomer selbst begannen, Kinder in die Welt zu setzen. Während Xer in eine Periode des stetigen Machtverlustes der USA hineingeboren wurden (die mit dem Vietnam-Krieg begann und durch das Geiseldrama im Iran noch verstärkt wurde), wurden Babyboomer in einer Ära geboren, die durch die seit dem Zweiten Weltkrieg andauernde Weltvorherrschaft der USA gekennzeichnet war.

X Die Welt mit den Augen von BOOMERN

Nach dem Zweiten Weltkrieg, als ein Großteil von Europa und Asien in Trümmern lag, erlebten die USA einen noch nie dagewesenen Wachstums- und Wohlstandsschub: Das Pro-Kopf-Einkommen stieg in den fünfziger Jahren um achtundvierzig Prozent, die Anzahl der Eigenheime um fünfzig Prozent, das Arbeitskräftevolumen nahm ständig zu und bereits sechzig Prozent gehörten zur wirtschaftlichen Kategorie der „Mittelklasse". Boomer wuchsen in der Erwartung eines hohen, ständig steigenden Lebensstandards auf. In der Zwischenzeit wurden die Rollen, die von Boomern am Arbeitsplatz eingenommen werden sollten, immer komplexer und verlangten nach immer mehr Ausbildung und Training.

Zum Glück ging es ihren Eltern einigermaßen gut, so daß sie es sich leisten konnten, den Babyboomern die an Jahren längste Ausbildung aller bisherigen Generationen zu bieten. Sie schufen damit die Voraussetzungen für jene Studentenschaft, die die radikalen Revolutionen der späten sechziger Jahre entscheidend mittrug. Da die Eltern der Mittelklasse-Boomer mehr Geld und Zeit in die Ausbildung (und den zukünftigen Lebensstandard) ihrer Kinder investierten, zog sich die Kindheit dieser Babyboomer oft bis weit in ihre Zwanziger hinein – länger hatte keine Generation vor ihnen gebraucht, um heranzureifen, während wiederum im scharfen Gegensatz dazu die Kindheit von Xern stark eingeschränkt war, weil sie schon in jüngsten Jahren der Realität des Erwachsenenlebens ausgesetzt waren.

Als die Babyboomer die Universitäten verließen, um so spät wie noch keine andere Generation zuvor in die Arbeitswelt einzutreten, präsentierte sich die Wirtschaftslage nicht mehr so freundlich, wie sie noch in ihrer Jugend ausgesehen hatte. Der jährliche Zuwachs an Arbeitskräften verdoppelte sich mit Eintritt der Boomer und löste am Jobmarkt einen harten Konkurrenzkampf aus. Zwischen 1964 und 1974, als die erste Welle von Boomern über die Arbeitswelt hereinbrach, betrug der durchschnittliche Zuwachs 1,74 Millionen, im Vergleich zu durchschnittlich 0,88 Millionen zwischen 1953 und 1964. Die internationale Konkurrenz wurde durch die Wiederaufnahme einer heftigen Produktionstätigkeit in Japan und Europa angeheizt, die die faulen Riesen der amerikanischen Industrie aus ihrem Dornröschenschlaf riß. In den siebziger Jahren übten Ölembargos und die Militärbudgets der Kriegs- und Nachkriegsjahre großen inflationären Druck auf die amerikanische Wirtschaft aus – der erste Eindruck von Wirtschaft für Generation-Xer, jedoch ein tiefer Schlag für Babyboomer. Anstatt den Lebensstandard ihrer Eltern noch zu übertreffen, wie sie es ohne Zweifel vorgehabt hatten, waren die Collegeabgänger der siebziger Jahre die ersten in der Geschichte, die mit Abschluß ihrer Ausbildung einen Einkommensrückgang im Vergleich zu ihren Eltern hinnehmen mußten.

Die wirtschaftlichen Erwartungen waren nur eine der Hoffnungen, die für Babyboomer enttäuscht wurden. Die Ideale der Boomer-Kindheit, geprägt von Familienleben, kaltem-Krieg-Nationalismus und idealistischem Patriotismus, hatten sich durch tiefgreifende kulturelle Änderungen gewandelt – die Serie von Attentaten hatte den Glauben an die moralische Ordnung zerstört, Vietnam und Watergate die politische Ordnung aufgerieben und Bürgerrechts- sowie Jugendbewegung und Feminismus sogar die intimsten Aspekte der sozialen Ordnung neu definiert.

X Boomer wenden sich NACH INNEN

Kein Wunder, daß Boomer die siebziger Jahre zum „Ich"-Jahrzehnt erklärten. Boomer hatten die Tendenz der fünfziger Jahre zu Institutionen und institutionellen Werten abgelehnt und sich dem Experimentieren mit radikalen, universellen sozialen Änderungen verschrieben. Als sich der Kommunalismus der sechziger Jahre als Fehlschlag erwies und die Boomergeneration begann, die zuvor verachteten Zügel der Status-quo-Macht in die Hand zu nehmen, fingen sie an, sich auf die Schaffung eines sehr persönlichen, obwohl noch immer theoretischen Gefühl des

Wohlbefindens zu konzentrieren, das für sie ein Weg war, sich auf die Verantwortungen des Erwachsenenlebens einzustellen.

Dann kam Reagan, der den darniederliegenden amerikanischen Traum verkörperte und versprach, ihn wiederaufleben zu lassen. Für die Babyboomer sollte laut Reagan ein neuer Morgen anbrechen. Das Geniale an Reagan war wahrscheinlich seine Fähigkeit, den Generationskoller der Babyboomer zu beenden, indem er für die achtziger Jahre die Party-Parole ausgab, auf die sie seit den fünfziger Jahren so sehr gewartet hatten. Die Vergangenheit der Boomer rückt die Tatsache, daß dermaßen viele von ihnen den Habgier-Ethos der achtziger Jahre so anstandslos akzeptierten und sich zu eigen machten, in die richtige Perspektive. Erstens war Karriere an sich sowieso nie der Angelpunkt ihrer Rebellion gewesen. Zweitens stellten viele Boomer die entscheidenden Themen ihrer Jugend (Bürgerrechte, Vietnam, Feminismus, sexuelle Freiheit) in Frage, als die achtziger Jahre anrollten. Drittens waren die meisten Boomer nach dem Existenzkampf der siebziger Jahre wieder bereit, noch einmal auf Institutionen zu setzen (vor allem auf solche, die ihnen helfen konnten, ihre Rechnungen zu bezahlen).

Die Welt mit den Augen von Xern

Der immense Unterschied im Erleben dieser Ethos-Verschiebung von den siebziger zu den achtziger Jahren zwischen Xern und Boomern ist für das Verständnis der einzigartigen Perspektive der Generation X von entscheidender Bedeutung. Xer haben die desillusionierte Stimmung des späten zwanzigsten Jahrhunderts von den Boomern geerbt, ohne je die Gelegenheit zu jugendlichem Idealismus gehabt zu haben.

Wenige Xer waren alt genug, um die Verschwendungssucht der achtziger Jahre mitzuerleben, sie waren aber interessierte Zuschauer. Die siebziger Jahre hatten nicht mit sehr vielen Helden aufzuwarten – ältere Xer wüßten zu berichten, daß wir in einer zweitklassigen Imitation der sechziger Jahre aufgewachsen sind, und für jüngere Xer waren die sechziger Jahre kaum mehr als längst vergangene Zeiten. Als Ikone der achtziger Jahre bot Reagan unserer Generation nur einen kurzen Idealismusersatz.

Die ältesten Xer, die alt genug waren, um für die US-Wahlen 1984 wahlberechtigt zu sein, waren die neu hinzugekommene Wählergruppe mit der geringsten Wahlbeteiligung in der Geschichte. Jene, die den Gang zur Wahlurne doch getan hatten, stimmten hingegen zu überwiegender Mehrheit für Reagan. Die Aufbruchstimmung des „Morgens" in Amerika hatte doch mehr Anziehungskraft als die kulturelle Schlappe der siebziger Jahre, Bewußtseinssteigerung inklusive. Aber die Befürchtungen der republikanischen Meinungsforscher, daß wir ein flatterhafter Wählerblock sein könnten, bewahrheiteten sich 1988, als wir unsere Stimmen gleichmäßig auf die Parteien aufteilten, und uns dann, als es sich nicht mehr leugnen ließ, daß die achtziger Jahre ein übler Scherz gewesen waren, 1992 in großer Zahl auf die Seite von Clinton schlugen. Jobs und das finanzielle Dilemma waren die primären Themen, die das politische Klima 1992 beeinflußten – oder im Jargon der Zeit: „Das liegt an der Wirtschaft, Dummkopf." 1994 blieben viele Xer zu Hause, um ihre politische Zugehörigkeit neu zu überdenken. 1996 war unsere Wahlbeteiligung grundsätzlich wieder gering. Aus Gründen des politischen Gleichgewichts gab der Großteil bei den Präsidentschaftswahlen Clinton seine Stimme, bei den Kongreßwahlen wurden jedoch die Republikaner favorisiert.

X Xer wenden sich PARADOXA zu

Die Flatterhaftigkeit von uns Xern hinsichtlich unserer politischen Zugehörigkeit ist ein Beispiel unserer Unsicherheit in bezug auf den Wert institutioneller Beziehungen. Aufgewachsen in einem Umfeld rapider Veränderung und sozialer Aufspaltung, ohne den dahinterstehenden Idealismus der fünfziger und sechziger Jahre, hatten Xer nur wenig Gelegenheit, dauerhafte Bindungen, ob sozialer, geographischer, religiöser oder politischer Natur, zu erleben oder selbst zu erfahren. Unsere eigenen Familienstrukturen und die unserer Alterskohorte waren alles andere als solide. Mit geringer Wahrscheinlichkeit haben wir unsere Kindheit an einem einzigen Ort verbracht – und selbst wenn, war diese Kindheit von der Vororte-Diaspora und der zunehmenden Bedeutungslosigkeit von Gemeindezentren geprägt. Aus diesen Gründen waren sogar unsere Freundschaftskreise einem ständigen Wechsel unterworfen, einem Kommen und Gehen, das sich unserer Kontrolle entzog.

Mit jener Regelmäßigkeit, mit der wir uns an neue Freunde, ein neues Zuhause, neue Schulen gewöhnten, erlebten wir soziale, wirtschaftliche und politische Veränderungen als flimmernde Bilder, während wir durch eine wachsende Anzahl von TV-Kanälen surften. Unsere soziale Attitude entwickelte sich inmitten der heftigen Diskurse über Familienwerte und Gay Pride, Prime-Time-Sex und AIDS-Awareness, den Kampf gegen Drogensucht und die in den Medien breitgetretenen Drogenprobleme von Sport-Heroes. Wie sollten wir uns zwischen all dem nicht verletzlich fühlen? Xer wußten ganz genau über die atomare Bedrohung Bescheid, die Zerstörung unserer Umwelt und all die akuten Gefahren, die in einer pervertierten Welt auf Kinder lauerten.

Xer lernten, sich Sorgen um die Zukunft der Wirtschaft zu machen, als sie zusehen mußten, wie die Politiker mit der Staatsschuld Schindluder trieben – die wirtschaftlichen Probleme der siebziger Jahre schienen urplötzlich durch irgendeinen Voodoo-Zauber verschwunden zu sein, die Verschwendungssucht der achtziger Jahre verpuffte zu Geldnot, als Amerika seinen Kreditrahmen sprengte.

X POLITIK UND KULTUR als Managementratgeber

Xer entwickelten ihr politisches Bewußtsein in einer Atmosphäre, in der Helden, und sogar ganze Reiche, im wirklichen Leben schneller geschaffen und wieder demontiert wurden als in unserem einstündigen Lieblings-TV-Drama. Trotz des „kulturellen Antriebs" von Ronald Reagan, wollten die meisten Xer ihre wertvolle Zeit und Energie nicht gerade in die Politik investieren – und als Forum zur Präsentation unserer Individualität schien sie uns noch viel weniger tauglich zu sein.

Wenn US-Präsidenten durch ihre Amtsführung den Stil ihrer Ära prägen, wird klar, daß nur wenige Xer sich überhaupt an eine Zeit erinnern können, in der Politik nicht mit Korruption (Nixon), Demütigung (Carter), Surrealismus (Reagan), Ineffizienz (Bush) oder Enttäuschung (Clinton) assoziiert wurde. Das ist ein Grund, wieso wahlberechtigte Xer zu einem geringeren Prozentsatz zur Wahl gehen als jede andere Generation vor ihnen und warum uns von so vielen Politikverdrossenheit attestiert wird.

Während gewisse politische Themen (die Staatsschuld, Umweltverschmutzung und AIDS) ganz sicher sehr wichtig für Xer sind, sehen wir unsere Karrieren als die Hauptanstrengung, die in unseren Zwanzigern und frühen Dreißigern vor uns liegt. Der wesentlichste Bestandteil unserer Eigendefinition liegt, im Gegensatz zu den Babyboomern, für uns darin, daß wir für unseren Lebensunterhalt und nicht für soziale Gerechtigkeit arbeiten.

Wir haben wenig Grund, idealistisch zu sein – nichts im Leben eines Xers blieb lange genug konstant, um unseren bedingungslosen Glauben zu rechtfertigen. Woran wir am stärksten glauben, ist Veränderung und Unsicherheit. Die Verletzlichkeit, die unsere sich ständig verändernde Umgebung in sich birgt, hat uns darauf konditioniert, zuerst an unser Wohlergehen zu denken, was wenig Zeit für abstrakte Werte, wie zum Beispiel eine Ideologie, übrigläßt. Um uns persönlich sicher zu fühlen, verlassen wir uns auf uns selbst und nicht auf abgehobene politische Führer (denen wir kaum vertrauen) – so haben wir es immer getan haben.

X Wir haben WENIG VERTRAUEN in Einflüsse von außen

In einer Welt, in der sich alles Äußerliche so schnell wandelt, war es immer schwierig für Xer, überhaupt auf äußere Einflüsse vertrauen zu können, ganz zu schweigen davon, sich damit identifizieren zu können. Daher haben wir Xer gelernt, uns über unsere kreativen Fähigkeiten zu definieren. Seit unserer Kindheit fanden wir unsere Existenzberechtigung in der Definition und Lösung von Problemen des täglichen Lebens, zum Beispiel wie man Fertiggerichte in der Mikrowelle zubereitet, wenn unsere Eltern einmal lange arbeiten mußten, wie man in einer neuen Schule Freundschaften schließt, wenn unsere Eltern umzogen, oder wie man den Tücken eines neues Videogames auf die Schliche kommt, wenn wir allein waren und uns die Zeit vertreiben mußten.

Als unsere Alltagsprobleme immer komplexer wurden, entwickelten wir neue Problemlösungsstrategien, unser Repertoire vergrößerte sich synchron zur fortschreitenden Informationsrevolution. Bis heute sind unsere Wendigkeit und unsere Unbeschwertheit im Umgang mit neuen Technologien unsere dicksten Verbündeten in einer unsicheren Welt geblieben, mit der wir fertigwerden müssen.

X KREATIVITÄT bedeutet Sicherheit für X

Für uns Xer sind Möglichkeiten, uns kreativ auszudrücken eine psychologisch wichtige und sehr praktische Bestätigung, daß wir in der Welt des einundzwanzigsten Jahrhunderts überleben werden. Für den Lebensunterhalt zu arbeiten ist für Xer daher der natürlichste Weg, sich eine sichere Position in einer Welt voller Gefahren zu schaffen.

Die Neigung von Xern, Sicherheit in der Arbeit zu suchen, hat nicht nur mit Eigendefinition zu tun. Sie ist auch sehr pragmatisch. Wir fingen an, über Arbeit für den Lebensunterhalt nachzudenken, als die schlaffen Bilder der siebziger Jahre durch die Medienschilderungen von enormem finanziellen Erfolg und Materialismus abgelöst wurden.

Als diese andere Ikone der achtziger Jahre, Michael J. Fox, in unsere Wohnzimmer Einzug hielt, beurteilten Xer seine Darstellung von kaltschnäuzigem Materialismus, sachlichem Konservativismus und trockenem Humor als neu und cool, aber nicht ironisch. Genau wie Reagans Aufbruchstimmung mehr Anziehungskraft auf Xer hatte als Carters Bredouille, so besaß die Erfolgsorientierung der Yuppie-Kultur, für die die Fox-Figur „Alex Keaton" eine Metapher war, mehr Anziehungskraft als die sich durchs Leben schlagenden Exzentriker der siebziger Jahre – wie beispielsweise die Charaktere, die von John Travolta in „Welcome Back Kotter" („Welcome back Kotter") oder Jimmie Walker in „Good Times" verkörpert wurden.

Die Yuppie-Kultur der achtziger Jahre durchzog die Jugend der Xer, aber wir sahen das Lohnende daran nur aus weiter Ferne. Meistens konnten wir es auf dem Fernsehschirm verfolgen, und immer, immer wieder war da das leise, nachhallende Echo, daß die Politiker uns mit diesen unvorstellbar großen Schulden zurückließen. Als dieser Schuldenberg in der Realität die Wirtschaft der achtziger Jahre einholte, waren wir Xer gerade dabei, in die Berufswelt einzutreten. Der ironische Unterton, der der Generation X nachgesagt wird, hat seinen Ursprung in den Ungereimtheiten dieser parallel stattfindenden wirtschaftlichen und kulturellen Wandlungen.

Das Erfassen dieses Übergangs von der Schlaffheit der siebziger zum leeren Versprechen der achtziger und zur brutalen Realität der neunziger Jahre ist für alle, die die Generation X verstehen wollen, von entscheidender Bedeutung.

X Xer haben bereits Einfluß auf das UNTERM-STRICH-ERGEBNIS

Aufgrund unserer sozialen, wirtschaftlichen und kulturellen Vorgeschichte sind wir Xer schon von Kindesbeinen an immer komplett auf Karriere ausgerichtet gewesen. Unsere Sorgen über die scheinbar sehr zweifelhaften Aussichten, in einer unsicheren Wirtschaft unser Auskommen zu finden, wurden durch unsere bisherigen Erfahrungen bestätigt – und gipfelten vorläufig in einer Periode der Geldnot, in der keiner sich dessen sicher sein kann. Es entspricht natürlich der Wahrheit, daß viele Xer in McJobs hängengeblieben sind – eine schmerzliche Realität in einer Gesellschaft mit sinkendem Lebensstandard. Es entspricht auch der Wahrheit, daß Xer in großer Anzahl aus dem Rat-Race aussteigen – viele haben für sich entschieden, daß das Lohnende an gewissen Jobs, speziell auf einem Käufermarkt, in keiner vernünftigen Relation mehr zu den Anforderungen steht. Einige Drop-out-Xer leben jetzt möglicherweise bei ihren Eltern oder bei Freunden, während sie sich regruppieren. Wieder andere Xer, die bereits ausgestiegen und sich erfolgreich wieder regruppiert haben, schwimmen nun auf der neuen Unternehmerwelle der neunziger Jahre, indem sie eigene Firmen gründen.

Dieses Buch will nicht über jene Xer berichten, die ausgestiegen sind. Die Hauptpersonen sind ganz im Gegenteil jene Xer, die das Rat-Race weiter mitmachen, und zwar nicht in McJobs, sondern in hochrangigen Positionen im Rechts-, Gesundheits- oder Bankwesen, in der wissenschaftlichen Forschung, am Versicherungs-, Erziehungs- und Non-Profit-Sektor, im Verkauf, der Rechnungsprüfung, in der Politik, dem Regierungsdienst, beim Militär, in der Forschung, in der High-Tech-Dienstleistungsindustrie und in der Güterproduktion. Einige werden gut, der Großteil aber schlecht gemanagt. Generation-X-Mißmanagement entsteht, davon haben mich die in diesem Buch gesammelten Aussagen der Xer überzeugt, dadurch, daß viele Manager Xer nicht ernst nehmen. Führungskräfte, die Xer nicht als ebenbürtig betrachten und der Xer Unzufriedenheit am Arbeitsplatz mit einer Handbewegung abtun, sitzen einem elementaren Mißverständnis auf: Sie glauben, unser Stil entspringt jugendlicher Naivität statt frühreifer Scharfsinnigkeit.

DIE GELDHOCHBURGEN SIND BEREITS AUF Xer ANGEWIESEN

Ich kenne einen Finanzriesen, der mehr als man sich vorstellen kann auf eine kleine Truppe super-ehrgeiziger Twentysomethings angewiesen ist. Diese Leute leisten die entscheidende Arbeit bei den größten Deals der internationalen Geschäftswelt.

Associate einer großen Investmentbank

X DER WERT DER GENERATION X in der Managementgleichung

Wenn Manager Xer ernst nehmen wollen, müssen sie den Menschen hinter dem Xer kennenlernen – erkennen, daß wir erwachsen, klug und in jeder Beziehung wertvoll sind, wenn wir gut gemanagt werden. Der erste Schritt dazu ist die Richtigstellung einiger falscher Interpretationen.

Erstens sind wir nicht illoyal, wie es für einige Manager den Anschein hat. Wir sind sogar mehr als bereit, dauerhafte Beiträge für Institutionen zu leisten, die unsere Investition mit Freuden annehmen und schätzen. Aber Manager müssen realisieren, daß Xer in der Vermutung aufwuchsen, daß die meisten institutionellen Beziehungen nur von kurzer Dauer sind. Jobstabilität, die Vorstellung einer lebenslangen Bindung an einen Arbeitgeber, ist ja per se eine Idee, die wir nur vom Hörensagen kennen, da wir solche Verhältnisse sicherlich nie selbst erleben werden.

Das Verschwinden von langfristigen institutionellen Beziehungen ist nur ein Aspekt eines globalen Umfelds rapider Veränderung, in dem wir Xer unsere grundlegenden Lebensbewältigungsmechanismen entwickelt haben. Hinter der scheinbaren Ruhelosigkeit und Illoyalität von Xern steckt die einzigartige Fähigkeit, sich Veränderungen anzupassen. Dies sollte von Managern als unsere stärkste Ressource eingesetzt werden. Wenn Sie genau lesen, was Xer in diesem Buch zu sagen haben, werden Sie erkennen, daß wir fantastische Teamfähigkeiten einbringen können, wenn wir zu unseren Bedingungen akzeptiert werden.

Zweitens haben Xer keine kurze Aufmerksamkeitsspanne, wie so viele Manager zu denken scheinen. Wir sind vielmehr Lernfreaks und lieben es, Unmengen von Information im Eiltempo zu sortieren und zu verarbeiten. Manager, die Xer verstehen wollen, müssen einsehen, daß die Art, wie wir mit Information in Interaktion treten, aus unserem totalen Eintauchen in die Informationsrevolution zu erklären ist.

Erinnern Sie sich, Xer haben eine andere Beziehung zu den Mechanismen der Informationsrevolution als ältere Generationen. Wir mußten uns nie daran gewöhnen, neue Technologien in unseren Berufsalltag zu integrieren. Unsere Art zu lernen ist von der Informationstechnologie bestimmt. Was für viele Manager wie eine kurze Aufmerksamkeitsspanne aussehen mag, ist in Wahrheit ein Informationskonsum im Schnellfeuerstil, der Xer für den Arbeitsplatz der Zukunft einmalig prädestiniert. Wenn Sie genau lesen, was Xer im sechsten Kapitel zu sagen haben, werden Sie erkennen, daß unsere angeblich kurze Aufmerksamkeitsspanne nur eine Mär ist, wir hingegen dann am glücklichsten sind, wenn unsere Arbeit ein konstanter Lernprozeß ist.

Drittens sind Xer nicht arrogant oder anmaßend. Wenn wir anständig gemanagt werden, sind wir auch gewillt, uns für unseren Arbeitgeber ins Zeug zu legen. Tatsache ist, daß Xer militant unabhängig sind und erstaunliche Unternehmerqualitäten besitzen. Um diese militante Unabhängigkeit verstehen zu können, müssen Manager begreifen, daß Xer in dem starken Gefühl persönlicher Bedrohung aufgewachsen sind. Wettrüsten, Gewaltverbrechen, Drogen, AIDS und die Staatsschuld waren nur einige der Gefahren, mit denen wir uns ständig konfrontiert sahen – hinzu kamen noch die vielen falschen Sicherheitsbeteuerungen von seiten der Autoritätspersonen.

X Xer streben nicht nach Isolation . . . WIR kommen von dort

Manager müssen sich ins Gedächtnis rufen, daß Xer Schlüsselkinder sind – wir sind es gewohnt, auf uns selbst gestellt zu sein und spezifische Lösungen für vertrackte Probleme zu finden. Was für Manager wie Arroganz aussieht, ist eigentlich eine natürliche Fähigkeit zur Eigenverwaltung unseres kreativen Potentials, das wir während einer Kindheit, in der die elterliche Aufsichtspflicht schmählich vernachlässigt wurde, selbst entwickelten. Sie werden erkennen, daß Xer absolut dazu entschlossen sind, innovativ zu wirken, wenn ihnen von Managern mehr Autonomie gewährt wird.

Viertens ist es unlogisch, zu behaupten, daß Xer nicht gewillt sind, sich hochzudienen, obwohl es stimmt, daß wir ungeduldig Belohnungen oder andere Beweise für die Wertschätzung unserer Arbeit herbeisehnen. Das Konzept des Hochdienens lebt von der Vorstellung, daß man eine Investition in die Zukunft getätigt hat – von der Idee, daß in der Abmachung auch irgendwelche langfristigen Vorteile enthalten sind. Xer haben jedoch wenig Grund, an irgendwelche langfristigen Abmachungen zu glauben.

Der auf globaler Ebene stattfindende wirtschaftliche, ökologische und soziale Verfall bot Xern immer das Bild eines austauschbaren Planeten Erde, während die Konsumkultur der Unmittelbarkeit uns ständig mit dem Kopf auf die Auswirkungen unserer eigenen Wegwerf-Erfahrungen stößt. Wieso sollten wir in der Arbeitswelt ans Hochdienen glauben? Niemand garantiert uns Jobstabilität, den im Hochdienen implizierten Lohn. Es ist unrealistisch, erwarten zu wollen, daß Xer sich im traditionellen Sinn hochdienen, da Arbeitgeber die Abmachung nicht mehr beachten. Daher müssen Manager eine neue Abmachung treffen, ein neues Belohnungssystem und eine neue Art von Sicherheit als Gegenleistung für den Beitrag von Xern formulieren.

Manager müssen realisieren, daß das ungeduldige Herbeisehnen von Lohn und Anerkennung in Wahrheit durch die Karriereinstabilität bedingt ist, die denselben wirtschaftlichen Einflüssen unterworfen ist, welche auch Arbeitgeber in ihrer Handlungsfreiheit einschränken. Wie bei anderen Institutionen, mit denen wir Erfahrungen gemacht haben, vertrauen wir auch bei unseren Arbeitgebern nicht darauf, daß sie uns dauerhafte Beziehungen bieten. Xer sind nicht bereit, in Arbeitgeber zu investieren, die sich nur auf langfristige Belohnungen berufen, da es nichts Langfristiges gibt. Blue-Chip-Arbeitsbeziehungen sind für Xer unerreichbar. Das sollte für Manager Erklärung genug sein, wieso wir immer eine kurzfristige Dividende anstreben. Die Bereitstellung von kurzfristigen Dividenden ist der Schlüssel zum Aufbau eines neuen Belohnungssystems. Es soll Xern das Vertrauen zurückgeben, daß unsere Anstrengungen nicht umsonst sind, weil sie von Managern als wichtige Beiträge geschätzt werden. Diese Dividenden müssen nicht unbedingt finanzieller Natur sein.

CASH IST TOLL . . . ABER ES BEDEUTET NOCH NICHT SICHERHEIT

Geld konnte mich hier eine Weile halten, aber es wird mir nicht das Gefühl geben, Teil des Teams zu sein, es wird auch nicht das Beste aus mir herausholen können. Was ich wirklich will, ist, denke ich mal, für das Team wichtig zu sein, das Gefühl zu haben, daß meine Arbeit irgendeinen bleibenden Wert hat.

Associate einer großen Investmentbank

X Eine neue Generation sucht nach einer NEUEN JOBABMACHUNG

Wenn Manager eine neue Abmachung mit Xern treffen wollen, müssen sie zuerst einen Ersatz für die Langzeitjob-Stabilität finden, die sie ausgelöscht haben. Xer suchen jedoch nach einem viel komplexeren Ersatz als bloß Geld. Dies verkompliziert einerseits die Abmachung, ist aber andererseits für Xer und Manager, die bereit sind, mitzumachen, auch eine gewaltige Chance.

Da Arbeit ein so entscheidender Bestandteil unserer Eigendefinition ist, suchen sich Xer Managementbeziehungen, die uns helfen, als lebenslange Eigentümer unserer kreativen Fähigkeiten in uns selbst zu investieren. Dieser Prozeß, den ich Selbstwertsteigerung nenne, ist für Xer in ihrer Suche nach einer neuen eigengestützten Karrierestabilität von zentraler Bedeutung. Die Bereitstellung von kurzfristigen Dividenden ist ein Baustein im Prozeß der Selbstwertsteigerung von Xern und fordert den persönlichen Einsatz von Managern. Manager können zur Selbstwertsteigerung beitragen, indem sie Feedback geben, das die Wissensaneignung erleichtert – Feedback, das uns hilft, unsere Leistung im Hinblick auf die Zukunft zu verbessern.

Manager können dazu beitragen, indem sie ungehinderten Zugang zu Information schaffen, Gelegenheiten bieten, in Bereichen zu arbeiten, die neue Fachkenntnisse verlangen, und indem sie lehren – alles Instrumentarien, die Xern helfen sollen, ihr Repertoire an wertvollen Fähigkeiten auszubauen. Ebenso tragen Manager dazu bei, wenn sie von Xern fordern, Probleme definieren und lösen zu können, Einfallsreichtum zu beweisen und sich selbst mit innovativen Ergebnissen zu beweisen. Diese und andere Unterstützungen für Xer auf dem Weg zu einer eigengestützten Karrierestabilität sind die wertvollsten kurzfristigen Dividenden, die Manager zur Verfügung stellen können – Dividenden, die uns motivieren, uns voll und ganz in eine Firma einzubringen.

Wenn Sie genau lesen, was Xer im Verlauf dieses Buches zu sagen haben, werden Sie erkennen, daß unser Ehrgeiz uns zu eingefleischten Arbeitstieren werden läßt – alles, was wir dazu brauchen, sind regelmäßige Versicherungen, daß sich unsere Investition bezahlt macht.

2

WEITVERBREITETE MISSVERSTÄNDNISSE IN BEZUG AUF DIE GENERATION X

X Xer sind NICHT ILLOYAL

Macht die uns eigene militante Unabhängigkeit uns zu diesen illoyalen, nicht teamfähigen Xern, die wir für so viele Manager zu sein scheinen? Ist es wahr, daß Xer keine dauerhaften Bindungen eingehen? Diese Fragen kann man so nicht stellen, denn das Konzept von Loyalität, Bindung und Zugehörigkeit zu einem Team hat für Xer eine andere Bedeutung als für vorangegangene Generationen. Sowohl unser Verständnis von der Art und Weise, wie wir unserer Welt begegnen, als auch unser Erleben von Zugehörigkeit zu einer beliebigen Institution sind von einem Umfeld rapider Veränderung geprägt worden, einem Umfeld, das von uns stets blitzschnelle Anpassung an neue Situationen erwartete. Die größte Kontinuität, die Xer wahrscheinlich kennen, ist die Diskontinuität.

Während wir Xer heranwuchsen, hatten wir ständig die verwirrenden Botschaften der postindustriellen Politik im Ohr. Konfrontiert mit Katastrophen wie Watergate, Three Mile Island, Bhopal, dem Iran-Geiseldrama und Iran-Kontra, lernten wir, Verachtung für Institutionen zu empfinden. Im Gegensatz dazu wollten wir mit aller Kraft an den Mythos von Reagans „Morgen" in Amerika glauben. Wir mußten zusehen, wie sich unsere finanzielle Zukunft durch Carters Bredouille und Reagans Verschwendungssucht der achtziger Jahre verfinsterte und in der kompletten Dunkelheit der Geldnot der neunziger Jahre endete.

Als sich Xer in die Weltpolitik einschalteten, wetterte Ronald Reagan gegen das „feindliche Reich", und kaum hatten wir uns umgedreht, brach das sowjetische Reich auseinander. Die Landkarten aus unserer High-School- und College-Zeit sind schon hoffnungslos veraltet. Im Schatten des aussichtslosen Vietnamkrieges sahen Xer mit Fassungslosigkeit, wie die CNN-Version des Golfkriegs einer Videogame-Spielserie glich.

X Was ist ZUGEHÖRIGKEIT im Zeitalter von Wundern und Verwunderung?

Unser kulturelles Bewußtsein erlitt während des Imitationsjahrzehnts (die allzu unsicheren und ziemlich peinlichen siebziger Jahre) einen Fehlstart und wurde während des Habgier-Jahrzehnts (die beschämenden achtziger Jahre) mit falschen Hoffnungen genährt, so daß wir Xer nun, als Erwachsene in den neunziger Jahren, die Bürde der Verantwortung tragen müssen, neue Trends anzuführen, ohne viel Möglichkeiten zu haben, aus unserer Vergangenheit zu schöpfen. Wir wuchsen mit Wiederholungen von „Star Trek" („Raumschiff Enterprise") und „The Odd Couple" („Männerwirtschaft") auf. Wir fanden uns selbst in „The Brady Bunch" („Die Brady-Familie") wieder, dann in „Mork & Mindy" („Mork vom Ork") und zuletzt in „Beverly Hills, 90210". Wir fanden Alltagshelden in „Hill Street Blues" („Polizeirevier Hill Street"), dann „L.A. Law" und nun „Law and Order", Science-Fiction-Helden in „Star Trek: The Next Generation" („Raumschiff Enterprise: Das nächste Jahrhundert"), „Deep Space Nine", und natürlich „X-Files" („Akte X"). Unser kritisch-zynisches Comedy-Verständnis schauten wir von „Saturday Night Live", „In Living Colour" und am meisten von „David Letterman" ab.

Die Musikszene verlagerte sich aufs Video und zersplitterte sich in Millionen Einzelsparten, die sich nur schwer analysieren lassen. Beatles-Songs wurden zu Oldies, und die Rolling Stones flirteten mit der Diskowelle. Julian Lennon trat als Performer aus dem übermächtigen Schatten heraus. Paul Simon sang zusammen mit afrikanischen Stammesmusikern. Hardcore-Rap wurde Mainstream. Kurt Cobain brachte sich um – und seine Witwe wurde zum Star. Jetzt hören wir so unterschiedliche Gruppen wie Pearl Jam und Snoop Doggy Dogg, Stone Temple Pilots und Cranberries.

Neue Technologien bestimmten das Tempo für die Weiterentwicklung der Kultur, und dieses Tempo technologischer Veränderungen während des Xer-Lebens war einfach atemberaubend. Die Vervielfältigungsmaschinen, die Xer noch aus der Grundschule kannten, wandelten sich zu Hochgeschwindigkeitskopierern, als wir in die High School kamen. Rechenmaschinen, die zwei Pfund wogen, wurden von Mini-Rechnern von der Größe einer Kreditkarte abgelöst, Kreditkarten gibt es an jeder Straßenecke und Fernsehgeräte, mit denen man drei Kanäle empfangen konnte, sind jetzt für 75 Kanäle präpariert.

X Unterm Strich gibt es MEHR ALS GELD

Aufgewachsen in einer schnellebigen und sich ständig verändernden Gesellschaft, haben Xer wenig Chancen gehabt, langfristige Bindungen zu dauerhaften Institutionen zu entwickeln. Man bleibt nicht mehr lange derselben Kirche treu, demselben Arzt, derselben politischen Partei oder demselben Job. Scheidung, Multisexualität und Pendlerehen haben unsere Erwartungen in bezug auf Familie und Gemeinschaftsleben neu ausgerichtet.

Soziale Werte, die ältere Generationen für schockierend oder interessant hielten, sind für Xer selbstverständlich – eine große Bandbreite an Familienkonstellationen, Lifestyle-Optionen, sexuellen Vorlieben, Rasse, Geschlecht und politischer und religiöser Orientierung.

Wir wuchsen mit geschiedenen oder alleinerziehenden Elternteilen auf, mit Eltern, die beide arbeiten gehen mußten, um ein Absacken des Lebensstandards zu verhindern. Unsere Freunde und Verwandten werden Vegetarier, outen sich, schließen sich therapeutischen Bewegungen, New-Age-Kirchen und östlichen Religionen an, verlieren ihre Jobs, ihre Gesundheitsversicherung, haben Angst vor AIDS – oder kokettieren damit beziehungsweise sterben daran –, bekommen neue Jobs, kümmern sich um eine bessere Gesundheitsvorsorge und wählen einen Präsidenten, dessen Inaugurationsfeierlichkeiten auch einen MTV-Inaugurationsball miteinschlossen.

X Xer haben keine Angst vor VERÄNDERUNG – darauf verstehen wir uns am besten

Da wir Xer unsere Überlebensinstinkte in einem Umfeld rapider Veränderung und unverläßlicher institutioneller Beziehungen entwickelt haben, sind Zugehörigkeit und die Entstehung von Bindungen anders belegt als bei früheren Generationen. Xer sind generell vorsichtiger in der Wahl der Verbindungen und untersuchen, ob Institutionen bestimmte Vorzüge aufweisen, bevor sie sich zu einer persönlichen Investition entschließen.

Da die meisten Xer nicht zu Loyalität gegenüber Institutionen erzogen wurden, haben sie keine diesbezüglich programmierte Ethik und umgekehrt auch keinen Optimismus, daß Institutionen ihnen gegenüber Loyalität zeigen. Institutionelle Arbeitgeber, die keine Jobstabilität mehr bieten, sind das beste Beispiel dafür. Daher ist es für Xer nicht einfach, sich für langfristige Loyalität, die auf solchen Erwartungen basiert, zu begeistern.

Xer sind hingegen dazu fähig, Loyalität zu Institutionen und Einzelpersonen zu lernen, die aus einer konzentrierteren, unmittelbareren Dynamik erwächst. Xer entwickeln Loyalität zu Institutionen, die unseren eigenen Wert reflektieren – Institutionen, in denen wir anderen beweisen und uns selbst bestätigen können, daß wir imstande sind, wertvolle Beiträge zu leisten.

In einem Arbeitsumfeld, in dem Xer Sicherheit und Eigendefinition über Chancen zur kreativen Verwirklichung anstreben, empfinden wir Zugehörigkeit, mehr als in jedem anderen Umfeld, nur in dem Ausmaß, in dem unsere spezifischen Beiträge zur Kenntnis genommen und geschätzt werden. Die meisten Xer haben nicht unbedingt die Ambition, die wichtigste oder einzig wichtige Person in einer Organisation zu sein, aber wir müssen das Gefühl haben, daß unsere Anwesenheit etwas bedeutet – Xer möchten etwas bewirken.

Es ist aber falsch, zu denken, daß wir uns Menschen und Institutionen gegenüber entfremdet haben – im Gegenteil, wir können uns sehr gut in einen Kreis einfügen, soziale Kontakte pflegen, mit anderen verkehren und uns vertragen. Wir sind sogar anpassungsfähig wie Chamäleons – in der Lage, zu den verschiedensten neuen Leuten und Gruppen blitzschnell eine Verbindung herzustellen. Die Frage, die sich für Xer stellt, ist nicht, ob wir die Fähigkeit besitzen, zu Menschen und Organisationen einen Konnex zu finden, sondern ob wir uns für oder dagegen entscheiden sollen.

Eine der Grundlagen für unser Anpassungsvermögen ist unsere Fähigkeit, dahinterzukommen, welche Bindungen mit größerer Wahrscheinlichkeit unseren eigenen Wert zurückreflektieren und welche nicht. Am Arbeitsplatz ist diese Unterscheidung besonders einfach. Xer drücken ihren Wert in dem Versuch aus, ganz spezifische greifbare Beiträge zu leisten – unseren Wert messen wir dann daran, inwieweit es uns gelungen ist, wertvolle Endprodukte oder Resultate zu schaffen.

Wenn Manager Xer ermutigen, ihre Arbeit auf spezifische Beiträge (wertvolle Endprodukte) auszurichten, reflektieren sie den Wert, den Xer ausdrücken wollen, zurück. Wir Xer wollen unbedingt unsere Initialen in den Baum ritzen: „X war hier!" genügt nicht . . .

„X war hier, weil X einen wertvollen Beitrag geleistet hat!"

DIE DINGE BEIM NAMEN NENNEN

Es ist unheimlich befriedigend, wenn man etwas Bleibendes bewirken kann, das sich dann selbständig macht und sich auf lange Sicht weiterentwickelt.

Strategic Planner einer großen Bekleidungsfirma

ERFOLG HEISST, DASS JEDER SICH AUF IRGENDEINE WEISE BEDEUTEND FÜHLT

Wenn ein Team eine wichtige Aufgabe erfolgreich erledigt und sich jeder als Schlüsselfigur fühlt, jeder sich irgendwie bedeutend fühlt, dann hat man die Voraussetzung für die Bildung eines wirklich starken Teams junger Offiziere.

Offizier der US-Streitkräfte

X Xer sind KEINE ZYNIKER

Manager müssen aufhören, unsere Vorsicht gegenüber Institutionen und die scheinbare Unstetigkeit als Unfähigkeit zu verkennen, dauerhafte Bindungen zu schaffen. Vielmehr benützen wir Xer unser Anpassungsvermögen, um verschiedene Institutionen besser zu durchleuchten, ständig auf der Suche nach jenen Institutionen, denen wir uns zugehörig fühlen könnten – Institutionen, in denen wir etwas bewirken können. Fakt ist, daß der Arbeitsplatz für die meisten Xer wahrscheinlich die kohärenteste soziale Gruppe in Reichweite ist. Wir Xer wünschen uns nichts mehr, als in einem Umfeld zu arbeiten, in dem unsere Beiträge mit Freude angenommen und geschätzt werden – ein Umfeld, das somit unsere Investition rechtfertigt. Wie die Aussagen der Xer in diesem Abschnitt verdeutlichen, haben wir mehr Loyalität zu bieten als so manche anderen, wenn wir nur ernst genommen werden und uns die Gelegenheit geboten wird, unseren Stempel aufzudrücken. Es ist keine geheuchelte Loyalität, wie es bei Pro-forma-Abmachungen üblicherweise der Fall ist, sondern eine begründete Loyalität, die auf der sehr realen Aussicht basiert, unseren Wert durch wertvolle Beiträge bestätigt zu wissen.

„ES IST TEILWEISE MIR ZUZUSCHREIBEN, DASS WIR GEWACHSEN SIND . . .“

Teil von etwas zu sein, das wächst, und zuzusehen, wie es wirklich vorwärtskommt, macht mich sehr glücklich. Als ich hier vor fünfeinhalb Jahren anfing, war die Situation mit der heutigen überhaupt nicht zu vergleichen. Ich fühle, daß es zu einem großen Teil meiner Arbeit zuzuschreiben ist, daß wir gewachsen und so erfolgreich gewesen sind.

Vizepräsident einer großen Investmentbank

Wenn Manager bei der Arbeit von Xern die Verantwortung für spezifische Endresultate ins Zentrum stellen, ist es einfacher für uns Xer, darauf zu vertrauen, daß die Auswirkungen unserer Arbeit auch anerkannt werden. Wir Xer beginnen, uns mit dem Erfolg unserer Arbeitgeber zu identifizieren, wenn wir sehen können, daß die Früchte unserer Arbeit geschätzt werden und eine wichtige Rolle für den Erfolg des Arbeitgebers spielen. Diese Identifikation beruht nicht auf einer notwendigerweise dauerhaften Beziehung zu einem bestimmten Arbeitgeber, sondern auf dem potentiell dauerhaften Wert des Beitrags. Unsere Endresultate sind wie Setzlinge auf dem Feld unserer Arbeitgeber. Jene Manager, die zeigen, daß sie die Setzlinge der Xer gut hegen und pflegen und ihnen einen Platz auf dem Feld reservieren wollen, sind die Manager, die unsere beste Leistung für sich gewinnen können.

EIN TEAM BRINGT ES WIRKLICH ZU ETWAS GROSSEM

Ich war zwar nur kurz mit dabei, aber es hatte was von „wir gegen den Rest der Welt", und unser Team war wirklich am Sprung zu etwas Großem. Kooperation innerhalb des Teams war allen sehr wichtig, so daß sich das fachliche Können jedes einzelnen auf seine Art einfügte. Sie übertrugen mir viel Verantwortlichkeit innerhalb des Teams, was ich aufregend und lohnenswert fand, da mir das während der Zeit, die ich dort verbrachte, erlaubte, einen wesentlichen Beitrag zu leisten.

Forschungswissenschaftler einer Elektronikfirma

X Heldentum im Blitzestempo: Xer möchten ihre Visitenkarte in Form von WERTVOLLEN RESULTATEN hinterlassen

Selbst bei nur kurzer Beschäftigungsdauer bei einer Firma werden Xer die ihnen zur Verfügung stehende Zeit nutzen, um in die Arbeitslandschaft zu investieren – wenn man ihnen die Chance dazu gibt. Kurze Engagements können für Xer reine Zeitverschwendung sein. Aber sie erscheinen wie einmalige Gelegenheiten, wenn wir in Blitzestempo unseren Stempel aufdrücken können. Manager sollten Xer, die nur einen kurzen Zwischenstopp machen, zum Anlaß nehmen, um Kurzzeitprojekte mit sehr greifbaren Endprodukten zum Abschluß zu bringen. Für Xer sind solche Projekte wie hilflose, verängstigte Welpen, die sie adoptieren und dann dazu dressieren, mutig durch brennende Reifen zu springen.

EIN X-IDEAL: INTERAKTIV ARBEITEN, IDEEN BRAINSTORMEN

Wir arbeiten interaktiv, brainstormen Ideen, recherchieren und denken kreativ und strategisch über neue Geschäftsmöglichkeiten für die Firma nach. Dann wird daraus eine Präsentation für den Leiter unserer Gruppe erarbeitet. Ich habe aber auch schon dem Präsidenten der Firma selbst Projekte oder Ideen präsentiert, wenn ich darüber am besten Bescheid wußte. Ich kann Ihnen versichern, das ist ein großer Anreiz, hervorragende Arbeit zu leisten.

Business Development Associate einer großen Unterhaltungsfirma

X

Xer suchen nach Teams mit FREIEM INFORMATIONSFLUSS

Xer blühen in Teams auf, die jeden einzelnen unterstützen. Die Zusammenarbeit funktioniert dann am besten, wenn Information frei fließen kann, Ideen offen ausgetauscht und Zielsetzungen in der Gruppe beschlossen werden. Jeder spricht über Brainstorming. Wenn Brainstorming zu einem Endprodukt führt, auch wenn dieses Endprodukt nur eine Präsentation ist, wissen Xer die Gruppenerfahrung zu schätzen. Xer müssen nicht die Köpfe einer Gruppe sein, um die treibende Kraft zu sein. Wir müssen uns aber in den Erarbeitungsprozeß von Teamzielen eingebunden fühlen und eine konkrete Rolle bei deren Implementierung einnehmen. Ohne diese Kriterien kann es für Xer kein Teamwork geben. Xer wollen nicht auf der Ersatzbank sitzen.

SICH WOHL FÜHLEN IN DER ROLLE DES ZENTRALKOMMANDERS

Mein Manager ruft mich sogar von unterwegs aus an. Er beginnt das Gespräch mit: „Ich bin in meinem Auto" und endet mit „Sie geben die Anordnungen." Wir sind wie eine Kommandozentrale. Das gibt mir das Gefühl, für die Firma unabkömmlich zu sein und läßt jedes meiner Projekte wichtig erscheinen. Sie haben wirklich das Talent, Leuten das Gefühl zu vermitteln, daß sie wichtig für die Firma sind und daß unsere Arbeit wichtig ist.

Analyst einer kleinen Investmentbank

ZUSAMMENARBEIT MACHT ES LEICHTER, RISIKEN EINZUGEHEN

Jeder hat eine große Portion Respekt vor den anderen Mitgliedern des Teams. Wir arbeiten zusammen. Wir sind immer zielorientiert. Ich empfinde keine Hemmungen, in diesem Team zu sagen, was ich

will. Ich habe das Gefühl, daß es sich lohnt, seine Meinung zu vertreten und etwas beizutragen, hier kann ich ohne Probleme Risiken eingehen. Ich kann auf jeden Fall starken Einfluß auf unsere Arbeit nehmen, und es ist ein gutes Gefühl, meine innovativeren Ideen implementiert zu sehen.

Education Policy Aide im Büro eines US-Gouverneurs

X Xer wissen, daß RISIKOFREUDE der Schlüssel zu jeglicher Innovation ist

Perfekt zusammenarbeitende Teams, die zur Teilnahme ermutigen und Chancen zu individueller Leistung bieten, können großartige Innovationsquellen sein. Solche Teams geben uns Xern Raum, neue Ideen in sicherem Umfeld auszutesten. Sicherheit fördert Risikofreude. Risikofreude fördert Innovation. Stellen Sie sich vor, wie viele innovative Ideen der Industrie verlorengehen, weil sie in Gruppendiskussionen aus Angst vor Verletzung des Status quo abgewürgt wurden. Was für ein schrecklicher Gedanke.

WAS IST WISSEN IN EINER IMMERWÄHRENDEN INFORMATIONSREVOLUTION?

Ich möchte in einem Umfeld arbeiten, das mich jeden Tag mit einer neuen Herausforderung konfrontiert, in dem ich ständig lernen kann, das mir die Möglichkeit bietet, die heißesten Entwicklungen im eigenen Schweiße zu erarbeiten und mein Repertoire an Fähigkeiten zu erweitern, so daß ich in punkto Technologie immer up to date bin.

Elektroingenieur

X Xer haben keine kurze AUFMERKSAMKEITSSPANNE

Ein grundlegendes Mißverständnis zwischen Managern und Xern scheint die Art und Weise zu sein, in der Xer mit Information interagieren.Für viele Manager scheinen wir Xer eine schmerzvoll kurze Aufmerksamkeitsspanne zu haben, zu viele Fragen zu stellen, stets mehr wissen zu wollen als wir wissen müssen und Information vorgekaut bekommen zu wollen. Nichts könnte weniger der Wahrheit entsprechen.

Wahr ist, daß Xer wahre Lernmaschinen sind. Wir verschlingen Information, saugen sie wie ein Schwamm auf, sortieren sie, lagern einiges, verwerfen anderes, lassen einiges auf der hinteren Herdplatte vor sich hin köcheln und noch mehr auf der vorderen Platte zum Kochen bringen.

Xer haben einen Schnellfeuerstil in der Interaktion mit Information entwickelt, da die Informationsrevolution unsere Art des Denkens geformt hat. Vergessen Sie nicht, wir hatten keine Zeit, um Lerngewohnheiten der Präinformationsrevolution anzunehmen, da die Informationsrevolution bereits auf Hochtouren lief, als wir lesen lernten. Boomer und ältere Generationen biegen langsam (wenn überhaupt) auf den Information-Highway ein, fädeln sich sozusagen in erster Spur in den Verkehr ein.

X Xer wurden auf der ÜBERHOLSPUR DER INFOBAHN geboren

Diese Generation ist an eine scheinbar unendliche Masse von Information gewöhnt, die uns in rasanter Geschwindigkeit um die Ohren pfeift. Denken Sie an Musikvideos, Miami Vice, VCRs, das Internet, MTV, CNN. Lebende Bilder konstanter Veränderung: Revolution, Krieg, Terrorismus, Diplomatie, Politik von Carter über Reagan bis zu Clinton und von Heath über Wilson zu Thatcher, Hungersnot, Feuer, Erdbeben, Überschwemmungen, Gewaltverbrechen, abnorme Rechtsbrecher, willkürliche Justiz, Unruhen in Großstadtgebieten, Öltankerkatastrophen, Supergaus, New Coke, Coke Classic, Coffeine Free Diet Pepsi, der Fall der Berliner Mauer, die Freilassung von Nelson Mandela, Michael Jackson, Tonya Harding, der Aufbau und die Demontage von Helden, Sinngebungen und -änderungen.

Xer sind die Kinder der Videogames und Computer. Xer lernten mit Hilfe von Textverarbeitungssystemen zu schreiben, mit denen Wörter, Sätze und Paragraphen umgestaltet, gelöscht und ersetzt, Änderungen gemacht und Fehler getilgt werden können – und alles völlig problemlos. Kaum ein Xer hat je eine Zettelkartei gesehen, da man mit Hilfe von Online-Indizes ein Dutzend Büchereien in wenigen Momenten durchsuchen kann. Xer entwickelten ihre Recherchekünste am Computer, der dieselben Aufgabenstellungen, die früher Wochen oder Monate in Anspruch genommen hätten, in wenigen Stunden löst.

X Ein Plus von Xern: eine vollkommen andere PERSPEKTIVE

Wenn wir Xer Jobbewerbungen verfassen, verwenden wir Datenbanken und Mail-Merge-Programme, um unsere Lebensläufe und Begleitbriefe an potentielle Arbeitgeber zu senden. Wir sind ganz unbefangen im Umgang mit E-Mail, Fax, Voice-Mail, Pagern und Handys als Kommunikationsmittel. Als Teenager schufen wir einen eigenen Markt für Telefonanlagen mit Anklopfen/Parken-Funktion und mehr. Die Lebenserfahrung von Xern prädestiniert sie in einzigartiger Weise für das Informationszeitalter, in dem die Fähigkeit, sich an technologische Veränderungen anzupassen, immer wichtiger wird. Dies wiederum prädestiniert Xer in einzigartiger Weise für den Arbeitsplatz der Zukunft und macht uns zu zukünftigen Mitarbeitern von unschätzbarem Wert.

Manager, die meinen, daß Xer eine kurze Aufmerksamkeitsspanne haben, verstehen weder unsere Beziehung zu Information, noch unsere Art zu lernen. Xer haben gelernt, Information schnell und effizient zu bewältigen, da sie seit den Anfängen unseres Denk-Lernprozesses in so großen Mengen auf uns abgefeuert wird. Die Informationsrevolution hat gerade erst begonnen, und wenn Manager nicht den Anschluß verpassen wollen, sollten sie schleunigst einen Platz für Xer in ihrer Gleichung suchen.

X Xer legen großen Wert auf FLEXIBILITÄT

Xer haben es aus gutem Grund so eilig, zu lernen – in einem Zeitalter, in dem technologische Veränderung eine Konstante darstellt, ist die Fähigkeit, blitzschnell Information verarbeiten zu können, ein großer Pluspunkt. Mehr noch, die Fähigkeit, große Mengen an Information blitzschnell zu bewältigen, wird ganz gewiß das Schlüsselkriterium für das Überleben in der Arbeitswelt des einundzwanzigsten Jahrhunderts sein. Xer können es sich nicht leisten, mit dem Lernen aufzuhören. Daher verlangen wir so viel Information und halten in zunehmendem Maße nach Managern Ausschau, die die Rolle von Lehrern übernehmen wollen.

Wie die Aussagen der Xer in diesem Abschnitt verdeutlichen, sind wir alles andere als nur kurz aufnahmefähig und brauchen Manager, die mit unserem unstillbaren Hunger nach Information Schritt halten können, indem sie den Arbeitsplatz unablässig und ohne Unterbrechung mit Herausforderungen, neuen Projekten, neuen Fachkenntnissen, neuen Technologien, neuen Interpretationen und neuem Sinn bereichern und auf Touren bringen. Es ist schließlich einleuchtend, daß Manager, die Lernmöglichkeiten für Xer schaffen, sich unserer tiefsten Loyalität sicher sein können. Der Grund liegt darin, daß Manager, die Xern etwas beibringen wollen, in unsere Selbstwertsteigerung investieren – sie helfen uns Xern, wertvollere Eigentümer unserer kreativen Fähigkeiten zu werden.

Manager, die bereit sind, uns Kenntnisse zu vermitteln, werden zu uns ein Arbeitsverhältnis aufbauen können, das beiden Teilen Vorteile bringt, da wir Xer in diesem Fall hochmotiviert sind, ständig unser Können zu erweitern, und mit geringerer Wahrscheinlichkeit auf die Suche nach neuen Managern gehen. Xer bleiben, solange sie kontinuierlich Neues lernen.

ALLES TUN, UM ZU LERNEN

Ich bin bereit, jede Arbeit zu machen, wenn ich etwas dazulernen kann. Ich muß regelmäßig auf neuen Gebieten arbeiten. Ich möchte in einem Umfeld arbeiten, in dem ich ständig vom Wissen und der Erfahrung anderer lernen und meine Fähigkeiten ausbauen kann.

Human-Ressourcen Department eines Chemieproduzenten

SICHERSTELLEN, DASS WIR WERTVOLLE ERFAHRUNGEN MACHEN

Wenn einem Manager meine Karriere am Herzen liegt, ich ihm als Person am Herzen liege, er sich weiters besonders bemüht, mich ständig am laufenden zu halten, mir Zugang zu einem Maximum an Information zu verschaffen, sicherzustellen, daß ich wertvolle Erfahrungen mache, dann ist das ein Manager, bei dem ich mein Bestes geben will und dem meine uneingeschränkte Loyalität gehört. Bei solchen Managern habe ich immer mehr Initiative ergriffen, mehr Verantwortung übernommen und mehr Anteilnahme an meiner Arbeit gezeigt, und es wirkt sich darauf aus, inwieweit ich bereit bin, hart für jemanden zu arbeiten.

Analyst einer großen Kreditkartenfirma

X Für Xer bringt Information INITIATIVE UND VERANTWORTUNG

Xer bevorzugen Learning-by-doing. Das läuft aber nicht auf die Friß-Vogel-oder-stirb-Methode hinaus. Es bedeutet, Xern klare Endziele vorzugeben und jede nur erdenkliche Informationsressource bereitzustellen, die zum Erreichen des Ziels notwendig ist. Informationsressourcen können Büchereien, ausgewählte Materialien und Online-Quellen sein. Das ist aber nicht genug. Wenn man Xer mit Aufgaben, die neue Fachkenntnisse verlangen, herausfordert, ist mehr Frontalmanagement gefragt. Ist es jedoch diesen Managementeinsatz wert, Xern zu helfen, am Arbeitsplatz zu lernen und zu wachsen? Ausgestattet mit neuen Fachkenntnissen und vom Lernprozeß motiviert, werden Xer mit Freude neue Verantwortungen übernehmen und Herausforderungen mit mehr Initiative begegnen. Solange wir lernen, werden wir – liebend gerne – Wertvolles in Form von greifbaren Endresultaten einbringen.

AUF DER SUCHE NACH NEUEN AUSBILDUNGSMÖGLICHKEITEN

Wenn mein Manager von mir verlangt, auf Gebieten zu arbeiten, auf denen ich bereits Erfahrung habe, werde ich in meinem Wachstum und Lernen behindert. Ich bin ständig auf der Suche nach neuen Ausbildungsmöglichkeiten auf neuen Gebieten. Ich möchte meine Fachkenntnisse erweitern und neue Informationen erhalten, sooft es geht.

Marketing-Manager einer kleinen Firma für Finanzleistungen

„GEBT MIR PROJEKTE, DIE ES MIR ERLAUBEN, DAZUZULERNEN!"

Ein Manager muß mir Arbeit anvertrauen, für die ich zwar vielleicht noch nicht die nötige Fachkenntnis habe, die es mir jedoch erlaubt, neue Kenntnisse zu erwerben. Anstatt mich nur dort einzusetzen, wo ich mich schon bewährt habe, gebt mir Projekte, die es mir erlauben, dazuzulernen, Fehler zu machen, von anderen Ingenieuren zu lernen. Ich will einen Manager, der mein Bedürfnis, zu lernen und so viel Information wie möglich zur Verfügung zu haben, wirklich ernst nimmt, der mir die Arbeit gibt und die Erfahrungen ermöglicht, die ich angestrebt habe, der die Wichtigkeit meiner Karriereentwicklung anerkennt.

Elektroingenieur

EXPERIMENTIEREN HEILT UNERFAHRENHEIT

Es ist sehr gut, wenn Manager versuchen, dem Experimentieren mehr Bedeutung beizumessen, so daß man sich auf ein Feld vorwagen kann, auf dem man noch unerfahren ist. Das fördert die Risikofreude. Man will damit nicht das Betätigungsfeld der Leute in irgendeiner Weise begrenzen, sondern ihr Interesse wachhalten – so haben sie die Möglichkeit, sich auf neuen Gebieten auszuzeichnen. Ich kann nur dann Befriedigung empfinden, wenn ich laufend neue Aspekte der Branche kennenlernen kann.

Executive im Bereich Entwicklung eines großen Chemiekonzerns

JEDE NEUE OPERATION – JEDER NEUE PATIENT – IST EINE HERAUSFORDERUNG

Ich liebe es, angetrieben zu werden und mich selber zu Leistungen zu treiben. Jede neue Operation, jeder neue Patient, ist eine Herausforderung. Auch wenn es sich um einen einfachen Fall handelt oder um etwas, das ich schon einmal gemacht habe, kann ich es noch eleganter, noch sparsamer in der Bewegung machen. Es gibt

immer etwas dazuzulernen. Ich möchte den Stil und die Kunst der Medizin und Chirurgie lernen – nicht bloß die Technik. Im Verlauf meiner Assistenzarzt-Ausbildung werden auch meine Operationen immer komplizierter. Es ist ein ziemlicher Druck, aber er ist notwendig. Ich liebe meine Arbeit.

Assistenzarzt in der Chirurgie

WIE EIN SCHWAMM INFORMATION AUFSAUGEN

Es wurde mir gesagt, daß ich wie ein Schwamm so viel Information und Methodik wie möglich aufsaugen solle. Man versprach mir, mich in jedem Aspekt meines Jobs auszubilden. Ich muß mich bemühen und so viel Information wie nur irgend möglich absorbieren. Ich will lernen.

Mitarbeiter im Management-Consulting einer Big-Six-Accounting-Firma

DIE BESTEN MANAGER SIND GUTE LEHRER

Die schlechtesten Manager stöhnen unter Zeitdruck: „Mann, es würde schneller gehen, wenn ich das gleich selbst mache" und überlassen die weniger anspruchsvolle Arbeit einfach den Analysten. Oder (sie sagen): „Also los, klären Sie das." Vielleicht (tun sie das) weil sie selbst nicht weiterwissen. Ich weiß, daß die besten Manager, die ich hatte, immer gute Lehrer waren.

Associate einer Investmentbank

X Xer sind nicht ARROGANT

Ein weiterer Grund, warum so viele Manager Schwierigkeiten haben, Xer in ihre Managementgleichung am Arbeitsplatz einzufügen, ist die Tatsache, daß sie den krassen Individualismus und Unternehmerstil von Xern als Arroganz mißinterpretieren. Zur Wiederholung, im völligen Gegensatz zu den Babyboomern hat der Individualismus von Xern sehr wenig mit Rebellion gegen Autorität zu tun – unsere Selbstsicherheit entspringt dem starken Gefühl, daß wir es geschafft haben, großteils allein zurechtzukommen.

Wir sind auch perfekt darauf eingestellt, allein zurechtzukommen. Wir lernten in einer Gesellschaft unser „Selbst" zu behaupten, die den einzelnen zunehmend atomisiert und ihn ständig mit einem wachsenden Gefühl persönlicher Bedrohung konfrontiert. Die Fähigkeit von uns Xern, unser „Selbst" durch eine offensichtlich gefährliche Welt zu manövrieren, ist der Schlüssel zu unserer Eigendefinition. Da die Arbeit einen solch wichtigen Platz in unserer Eigendefinition einnimmt, schafft ein gewisses Maß an Manövrierfreiheit für unser „Selbst" optimale Bedingungen in der X-Arbeitswelt.

Die meisten Xer sind Kinder von Boomern, Eltern, die mit ihrem eigenen „Selbst" so sehr beschäftigt waren – Arbeit bei Tag, Bewußtseinssteigerung bei Kerzenlicht – , daß sie uns nicht ihre volle Aufmerksamkeit schenken konnten und uns die meiste Zeit über allein ließen. Wie ihre eigenen Eltern hörten unsere Eltern auf Dr. Spock – sie waren liberal, gaben uns Raum, um unsere Umwelt zu erkunden. Während beide Elternteile sich jeden Morgen für die Arbeit zurechtmachten, saßen wir beim Frühstück vor unseren Cornflakes und waren von den Bildern auf der Rückseite der Packung fasziniert.

X Eine Jugend geprägt von UNABHÄNGIGKEIT

Xer gingen in die Schule, wo ihr Weg vorgezeichnet war – Top oder Flop. Nach der Schule kümmerten sich Xer um andere Xer, sahen fern, spielten am Computer, hatten Freunde, hatten Freundinnen, aßen Junk-Food, rauchten Pot, wurden schwanger, hatten eine Abtreibung, benutzten Verhütungsmittel, wärmten Fertiggerichte in der Mikrowelle auf, sahen noch mehr fern, machten unsere Hausübungen, sahen noch ein bißchen fern.

Was immer wir taten, wir waren oft allein. Das ist mit ein Grund, warum Xer so stark an das „Selbst" glauben. Persönliche Verantwortung ist mehr als nur ein Slogan für Xer, da dieses Konzept genau das wiedergibt, was wir in unserer von Einsamkeit geprägten Kindheit erlebt haben.

Natürlich ist die Modeerscheinung „Selbst" auch an uns Xern nicht spurlos vorübergegangen: Selbsthilfe, selbständige Weiterbildung, Selbstachtung, „Self"-Magazine . . . Selbst, Selbst, Selbst. Wie auch immer, wir sind aufgewachsen mit Jane Fonda, Anthony Robbins, Steven Covey, Donahue, Oprah, Rikki Lake und Larry King, mit Kindesmißbrauch, Gewalt in der Ehe, sexueller Belästigung, Drogenmißbrauch, mit Glückspillen à la Prozac, Asbest, Brustimplantaten und Fettabsaugung und wurden, seit wir uns erinnern können, ständig mit Diskussionen über die Kommerzialisierung des Opfers und die Wellness-Welle bombardiert (und anderen, überraschend ähnlichen Parodien).

Allein schon die Dimensionen, die dieser Diskurs annimmt, sind enorm beeindruckend, besonders, wenn man bedenkt, daß wir keine Vergleichsmöglichkeiten haben (den Sechziger-Jahre-Kommunalismus bekamen wir großteils nur als Parodie unsicherer Boomer dargeboten, die sich des Betruges an ihren Idealen schämten). Der Diskurs ist darüber hinaus lediglich eine metaphorische Darstellung unserer in der Kindheit erfahrenen persönlichen Verantwortlichkeit.

X ISOLATION definiert das postmoderne Leben

Man muß nicht in die Ferne schweifen, um weitere Beweise dafür zu finden, daß Xer durch die Kräfte der postmodernen Atomisierung konditioniert wurden. Häufiger als jede andere Generation benutzen Xer Anrufbeantworter, speisen per Home-Delivery-Service, shoppen per Katalog und leihen sich Videos aus anstatt ins Kino zu gehen (und wissen, wie man Videorecorder bedient – niemand von uns spottet über die 00:00-Blinkanzeige). Für Xer ist das Fernsehen ein Periskop, das auf die Welt da draußen gerichtet ist. Wir gieren nach Virtual Reality.

So wie die allgemeinen Trends der Suburbanisierung und des Zerfalls institutioneller Beziehungen unseren Sinn für sozialen Zusammenhalt beeinträchtigen, so haben diese spezifischen Beispiele für Atomisierung, die weiterhin im Bezug zu unserer Lebenserfahrung stehen, Xer mit einem Gefühl der Isolation zurückgelassen.

Es ist kein Wunder, daß Xer mit einer solch starken Präsenz von Gefahr und persönlicher Verletzlichkeit aufwuchsen. Schließlich waren die Nachrichten von Beginn unseres Lebens an voll mit Berichten über Atomwaffen, Terrorismus, Massenmörder und Drive-by-Schießereien, Sexualverbrechen in Kindertagesstätten, Schußwaffen in High Schools, Date-Rapes, „A Current Affair", „Sex, Lies and Videotape" („Sex, Lügen und Video"), „C.O.P.S.", Prügelpolizei, Unruhen in Großstadtslums, Drogenkriegen, und einem „Just Say No-Gefühl" von Sicherheit.

Am Beginn der X-Pubertät wurden wir gleich von AIDS empfangen, womit uns auch noch der Spaß an der sexuellen Revolution verleidet wurde – einem weiteren Versprechen des Boomertums, das sich als Flop entpuppt hat. Daher hat ein gewisses Gefühl von Distanz eine beruhigende Wirkung auf Xer.

Zur selben Zeit hatten sich die sozialen Strukturen, die die Antriebsfeder der Boomerrebellion gewesen waren, schon lange aufgelöst. Xer kannten nicht einmal Ausgehverbot am College – wir lebten in gemischten Studentenwohnheimen, teilten uns dieselben Badezimmer, und Krankenschwester-Praktikanten behandelten am Universitäts-Gesundheitszentrum Geschlechtskrankheiten. „All you need is love" war ein Auslaufmodell für Xer . . . wir mußten immer Kondome benutzen.

All diese Widersprüche hinterlassen bei uns Xern einen starken ironischen Nachgeschmack. Das ist für uns die sicherste Methode, die halsbrecherische Komplexität des postmodernen Lebens verarbeiten zu können. Aber verwechseln Sie Ironie nicht mit Zynismus. Ironie ist, ebenso wie gesunde Skepsis, ein Tool, das der Reaktion auf die Außenwelt dient. Zynismus ist ein Tool zur Bewältigung innerer Unzufriedenheit. Xer haben Zynismus nicht nötig. Wir fühlen uns im großen und ganzen wohl in unserer Haut.

X Xer sind gewohnt, GEGEN den demographischen Strom zu schwimmen

Als wir Xer bereit waren, den Arbeitsmarkt zu entern, hatte der Trend zur Rückkehr nach Hause bereits eingesetzt. Vierunddreißig Millionen Amerikaner arbeiten in Heimbüros, Downsizing ist bei Firmen angesagt, Pensionen sind von einer Firma zur anderen übertragbar, Fachkenntnisse immer spezialisierter – den traditionellen Arbeitsplatz gibt es in dieser Form praktisch nicht mehr. Sichere Jobs sind rar, und Xer betreten die Arbeitswelt auf der untersten Sprosse einer sehr wackligen Karriereleiter.

Es gibt für Xer keine hundertprozentige Garantie auf ein solides Einkommen. Im Gegensatz zu den Boomern, deren Väter die Belange der Organisationen, denen sie dienten, über alles stellten und vom Wohlstand der Nachkriegszeit profitierten, sind unsere Eltern nicht unbedingt betucht genug, um uns im Falle einer längeren Durststrecke durchfüttern zu können. Das heißt, wir sind schon wieder einmal gezwungen, Sicherheit bei uns selbst zu suchen.

Meiner Meinung nach ist die Arroganz, die viele bei uns zu sehen meinen, in Wahrheit ein komplexes Set an Reaktionen auf eine Welt voller Gefahren, in der die Herausforderung für uns darin besteht, unser Fleckchen an Sicherheit zu beanspruchen. Xer gehen bei Gefahr nicht in Deckung – wir sind gewohnt, für uns selbst zu sorgen. Der Grund, warum die Generation X so militant unabhängig ist, birgt meiner Ansicht auch die Erklärung dafür in sich, warum Xer solch große Innovatoren sind – auf uns allein gestellt, haben wir so viele Probleme selbst gelöst und so viele neue funktionierende Strategien entwickelt, daß wir tief in uns drinnen wissen, daß es immer mehr als eine Möglichkeit gibt, eine Orange zu schälen.

Unser kreatives Potential ist unser kostbarstes Gut.

„MAN SOLL MIR DEN FREIRAUM BIETEN, ENTSCHEIDUNGEN ZU TREFFEN"

Ich will folgendermaßen gemanagt werden: Man soll mir genügend Freiraum bieten, meine eigenen Entscheidungen zu treffen und zu bestimmen, wann und wie ich mein Arbeitspensum erledige. Ich übernehme die Verantwortung für meine Arbeit. Ich lege Rechenschaft über meine Arbeit ab. Je mehr Aufsicht es gibt, desto mehr kann ich die Schuld auf andere abwälzen, einfach mit der Begründung: „Wenn ich es auf meine Art gemacht hätte, wäre das Ergebnis besser ausgefallen; ich habe nur Befehle befolgt; es ging schief, weil ich es so tun mußte, wie sie es mir gesagt haben." Ich würde weniger Anteil an meiner Arbeit nehmen, weniger hineinstecken und statt dessen darauf vertrauen, daß andere das Pensum erfüllen, das erbracht werden muß. Hier, in meiner momentanen Situation, ist es hingegen so, daß ich weiß, was ich tun muß und wann ich es tun muß, und dafür bin ich mit allen Konsequenzen verantwortlich. Das bedeutet mir alles. Ich reagiere positiv, wenn man mir Verantwortung überträgt.

Public-Interest-Rechtsanwalt

DER SCHLÜSSELFAKTOR: „EIN GEWISSES LEVEL AN VERTRAUEN"

Es war gut, weil er eher nach dem Nichteinmischungs-Prinzip managte und mich mein eigenes Ding durchziehen ließ. Dafür bin ich persönlich mehr empfänglich. Es erzeugt ein gewisses Level an Vertrauen. Für mich bedeutet das erhöhte Arbeitsmotivation.

Personalberater einer Consultingfirma für Informationssysteme

WIRKLICHE QUALITÄT BEDEUTET VIEL MEHR

Je mehr es mir möglich ist, durch meine Ideen Einfluß darauf zu nehmen, was geschieht, desto glücklicher macht mich das, und es verbessert allgemein meine Arbeit. Je mehr Input ich geben kann, desto wahrscheinlicher ist es, daß ich mir auch außerhalb der Arbeitszeit darüber Gedanken mache. Ich stecke mehr Zeit hinein. Wenn meine Ideen geschätzt werden, gebe ich mein Bestes, und es bedeutet viel mehr, etwas von wirklicher Qualität abzuliefern.

Researcher einer Public-Interest-Organisation

„MAN MUSS MIR DIE MÖGLICHKEIT GEBEN, MIT MEINEN EIGENEN FLÜGELN ZU FLIEGEN"

Nichts gibt mir mehr Auftrieb, als wenn mein Manager sagt: „Ich vertraue Ihrem Urteilsvermögen." Ich brauche jemanden, der Coach

und Mentor sein kann, der mir die nötige Orientierung gibt, aber man muß mir die Möglichkeit geben, mit meinen eigenen Flügeln zu fliegen.

Assistent des Human-Ressourcen-VP eines Chemieproduzenten

X Xer wollen GUTES MANAGEMENT

Was bedeutet das für Manager? Manager müssen erkennen, daß Xer die geborenen Innovatoren sind, da sie es gewohnt sind, Probleme allein zu lösen. Dieses Talent hat ungeheuren potentiellen Wert für jede Organisation, die es versteht, innovative Ideen von Xern zu fördern. Wenn Manager die kreative Power von Xern für sich erschließen wollen, müssen sie deren Unabhängigkeit respektieren, anstatt diese Unabhängigkeit als eine Form von Arroganz abzuwerten.

Manager, die die Unabhängigkeit von Xern schätzen, sind in der Lage, unseren innovativen Drive zu stimulieren, indem sie mehr Autonomie im Berufsalltag gewähren und uns genügend kreative Verantwortung übertragen, um Probleme im eigenen Licht zu sehen und spezielle Lösungsstrategien zu entwickeln. Die Xer, die in diesem Abschnitt zu Wort kommen, verdeutlichen, daß jene Haltung, die so viele als Arroganz verkennen, in Wahrheit Ausdruck eines starken Verlangens ist, Probleme zu definieren, Prioritäten zu setzen, Entscheidungen zu treffen und auch Fehler zu machen, innovative Lösungen zu entwickeln und ausgezeichnete Resultate aus eigener Initiative heraus zu erzielen.

Wenn uns diese Art von unternehmerischer Freiheit eingeräumt wird, sind wir Xer imstande, Resultate hervorzubringen, mit denen wir uns als Person eingebracht fühlen. Wir können bei unserer Tätigkeit lernen und wachsen, unsere Fähigkeiten erweitern und daran glauben, daß wir in der Organisation etwas bewirken können. Der wichtigste Punkt ist, daß Xer und Manager gleichermaßen unseren Wert in den Früchten unserer Innovation widergespiegelt sehen können.

GUTE MANAGER SETZEN SICH HIN UND GEHEN ES DURCH

Die guten Manager waren die, die sich hinsetzten und mit mir alles durchgingen und mir im Detail erklärten, wie ich den Job das nächste Mal besser machen könnte. Wenn sich ein Manager die Zeit nimmt, um mir genau zu zeigen, was ich richtig und falsch mache, kann ich von ihm lernen, und das hilft mir wiederum, mich besser auf meine Arbeit zu fokussieren.

Associate einer Management-Consultingfirma

FEHLER KÖNNEN ZU POSITIVEN ÄNDERUNGEN FÜHREN

Wie motiviert man diese Leute? Tja, man muß ihnen Verantwortung übertragen, ihnen ein Maß an kreativer Freiheit gewähren, Raum lassen, um Entscheidungen zu treffen, Fehler zu machen, ihnen das Gefühl geben, selbst etwas zum Positiven ändern zu können.

Associate Administrator eines kleinen Spitals

X Xer sind keine SLACKER

Es besteht kein Zweifel, daß Xer militant unabhängig sind. Wir sind gewohnt, Probleme solo zu lösen. Xer sind selbstbewußt, weil unsere durchschlagendsten Problemlösungserfolge zumeist im Alleingang entstanden sind. Wir wissen, was wir bereits geleistet haben und wollen daher ernst genommen werden – wollen, daß man uns vertraut und uns Verantwortung überträgt. Die Generation X will genügend kreative Freiheit, um ihre Fähigkeiten Managern zu beweisen und sich auch selbst bestätigt zu fühlen.

Die Freiheit, nach der Xer streben, ist ein klar erkennbarer kreativer Raum, der weniger durch die Quadratmeteranzahl als durch die Zeit definiert ist. Kreativer Raum für Xer besteht aus der Zeitspanne zwischen der Auftragserteilung und der Erledigung. Das heißt, daß Aufgaben schon von Beginn an ganz genau umrissen werden müssen und Xer dann in der Interimsphase allein gelassen werden.

„ICH MÖCHTE MEINEN EIGENEN BEREICH KONTROLLIEREN"

Ich mag Manager, die mir eine Aufgabe übertragen und mich dann allein und ungestört daran arbeiten lassen. Ich möchte meinen eigenen Bereich kontrollieren und mir eigene Gedanken und Sorgen zu meiner Arbeit machen und allein gelassen werden. Ein guter Manager sollte sich nicht in die tägliche Arbeit seiner Mitarbeiter einmischen. Die Mitarbeiter sind ja dazu da, die tägliche Arbeit zu erledigen.

Analyst einer großen Kreditkartenfirma

Xern MACHT ES SPASS, SEHR HART ZU ARBEITEN

Ich glaube, daß ein Umfeld, in dem der Unternehmergeist unterstützt wird, eine tolle Atmosphäre für mich ist, in der es mir Spaß macht, sehr hart zu arbeiten.

Vizepräsident einer großen Investmentbank

BEFRIEDIGUNG: ENTSCHEIDUNGEN ZU TREFFEN, DIE DAS UNTERM-STRICH-ERGEBNIS BEEINFLUSSEN

Ich wollte in einem Geschäft mein eigener Herr sein. Ich mag die Erfahrung, Entscheidungen zu treffen, die das Unterm-Strich-Ergebnis beeinflussen.

Marketing-Manager einer Financial-Services-Firma

X Xer streben nach VERTRAUEN UND MITSPRACHE

Der Ausdruck von Unabhängigkeit stellt bei Xern nicht Arroganz dar, sondern ein Verlangen, in unsere Arbeit persönlich investieren zu können. Eine persönliche Investition von Xern ist entsprechend dem Grad zu erwarten, in dem wir Chancen zur Akzentuierung unseres Talents bekommen. Daher können Manager, die uns kreative Autonomie gewähren, von unserer besten Arbeit profitieren.

Manager, die Vertrauen und Zuversicht in die kreativen Fähigkeiten von Xern vermitteln, inspirieren Xer zu Innovationen. Indem sie den Verantwortungsspielraum und den Zeitrahmen zwischen Aufgabenstellung und Deadlines vergrößern, schaffen sie die ideale Arbeitsbasis für Xer, die ihnen freie Hand läßt, Risiken einzugehen und auch Fehler zu machen – der einzige Freiraum, in dem Innovation möglich ist.

„MAN MUSS MICH SELBER EINE LÖSUNG FÜR DAS PROBLEM FINDEN LASSEN"

Ich möchte, daß mir jemand sagt: „Ich brauche dafür ein System, was können Sie tun, um mir da herauszuhelfen" – und mich dann eine Lösung für das Problem finden läßt. Wenn es von meinem Gegenüber heißt: „Ich habe hier ein Geschäftsproblem, wie können Sie mir helfen?", dann bin ich gefragt, mir eine Lösung zu überlegen. So arbeite ich am besten.

Analyst einer großen Kredikartenfirma

RAUM FÜR VIEL INITIATIVE

Ich trage hier viel Verantwortung und habe Raum für viel Initiative. Wenn ich etwas tun will, kann ich das auf meine Art machen und auch auf meine Kappe nehmen. Da lohnen sich auch Überstunden. Hier will ich zeigen, was ich kann.

Researcher eines Investors' Research Service

KREATIVE STRATEGIEN . . . DIE NICHT AUF DER HAND LIEGEN

Mein Job, so wie ich ihn sehe, besteht darin, kreative Strategien zu entwickeln und dabei Wege zu beschreiten, die nicht unbedingt auf der Hand liegen, daher ist es wichtig, daß ich die Freiheit habe, Sachen zu probieren, die vielleicht funktionieren könnten oder auch nicht. Das heißt, ich muß verschiedene Ansätze allein erproben dürfen. Denn wenn ich nur die bereits bewährten Dinge versuche, mache ich genau dasselbe wie jeder andere. Da ich diese Freiheit habe, bin ich in meiner Arbeit sehr innovativ.

Marketing-Koordinator eines Verlags

„MEIN PRODUKT IST MEINE PERSÖNLICHKEIT UND SAGT ALLES ÜBER MICH"

Ich bin voll für mich und meine Arbeit verantwortlich, mein Produkt ist meine Persönlichkeit und sagt alles über mich. Ich könnte nicht ohne die kreative Freiheit und die Verantwortung arbeiten. Das ist der Stil, der mir zusagt, nämlich ein großes Maß an Freiheit zu haben, um meinen Job zu erfüllen, Dinge auf meine Art zu machen.

Public-Interest-Rechtsanwalt

MONET UND REMBRANDT . . . ALLES GROSSE KUNST

Ein Kollege erzählte mir, daß er seine Arbeit als Kunst versteht. „Einige von uns malen vielleicht im Stil von Monet, andere sehr realistisch, wieder andere wie Rembrandt, aber es ist alles große Kunst." Einige Lehrer haben einen Unterrichtsstil, der von hoher Präzision und Klarheit geprägt ist, andere sind Meister der Anekdote. Dieser Approach wirkte wie eine Befreiung und bestärkte mich und andere, unseren individuellen Stil in den Unterricht einzubringen, wir selbst zu sein. Was immer ich auch für ein Lehrer sein mag, es wird ein unmißverständlicher Ausdruck meiner Persönlichkeit sein. Meine Arbeit wird Ausdruck meiner selbst sein. Ich glaube, daß mich das sehr wagemutig gemacht hat. Ich hatte enormen Erfolg als Lehrer. Ich gewann die Auszeichnung zum Lehrer des Jahres – das war das erste Mal, daß ein Lehrer im ersten Jahr diesen Preis gewonnen hat. Der enorme Erfolg stellte sich ein, weil ich meine Arbeit als Kunst auffaßte.

High-School-Lehrer

X Unterm Strich: „Sagen Sie mir, was ich tun soll, liefern Sie mir Information, und lassen Sie mich dann KREATIV SEIN

Das Geheimnis, ein guter Lehrer für Xer zu sein, liegt in der Betonung auf Chancen und Optionen anstatt notwendiger Lösungen. Xer wollen nicht 2+2=4 lernen. Xer wollen lernen, wie man zählt und addiert, so daß 4 aus der Addition von 3+1 oder 1+1+1+1 entstehen kann. Information ohne unnotwendige Regeln – danach sehnen sich Xer.

Xer zu unterweisen bedeutet, Xern die Ressourcen zu Verfügung zu stellen, die nötig sind, um neue Lösungsstrategien zu herausfordernden Problemen zu finden, Informationen und praktische Umsetzungsmethoden zu vermitteln, ohne unnotwendige Regeln aufzuzwingen, Learning-by-doing zu ermöglichen und Xer zu inspirieren, ihr innovatives Potential in den Prozeß einzubringen. Der Teufel liegt im Detail. Informationen zu vermitteln heißt, Details, nicht nur grobe Züge zu vermitteln. Das braucht Zeit. Sie ist es wert.

3

WIE MAN DIE GENERATION X BESSER NICHT MANAGEN SOLLTE

X Aus schlechten Erfahrungen LERNEN

Einige von Ihnen sind vielleicht der Meinung, es sei leicht, Mißstände anzukreiden – leichter, Stile und Techniken von schlechten Managern in Grund und Boden zu kritisieren als spezifische Lösungen für die Herausforderung des Generation-X-Managements zu verordnen. Lösungen werden in diesem Buch später geboten, wenn ich die Geschichten von gut gemanagten Xern wiedergebe. In diesem Kapitel hat der Leser die Gelegenheit, von den Fehlern gescheiterter Managementbeziehungen zu lernen – von Managern, die die schlechtesten Seiten der Generation X zum Vorschein bringen.

Dieses Kapitel ist in vier Abschnitte unterteilt und behandelt die vier häufigsten Mißmanagement-Syndrome, die ich aus den Aussagen meiner Interviewpartner herausfiltern konnte: Zeitverschwendung, Mikromanagement, auf Angst basierendes Management und Management ohne Feedback. Allen diesen Mißmanagement-Syndromen ist gemeinsam, daß sie auf verschiedene Weise die Manifestation unserer Individualität in der Arbeit und das daran gekoppelte Streben nach selbsterzeugender Karrierestabilität angreifen. Jene Manager, die in diesem Abschnitt beschrieben werden, korrumpieren der Xer Zeitplanung, Raum und persönliche Sicherheit. Diese Manager machen es für Xer schwer, bedeutsame Beiträge zu leisten, sie untergraben das Lernen, beschneiden das kreative Unternehmertum und verunmöglichen es Xern, ihre Investition in die Arbeit exakt zu kontrollieren.

Der Wert dieses Kapitels liegt nicht darin, nun endlich Argumentationshilfen in der Hand zu haben, um in die Haßtiraden der zitierten Xer über schlechte Manager miteinstimmen zu können – negative Emotionen bergen per se keinen Wert in sich. Der nun folgende Abschnitt des Buches bietet viel eher eine Chance, die Ursachen für jene negativen

Emotionen einmal genauer unter dem Mikroskop zu betrachten. Für jene Xer, die in diesem Kapitel zu Wort kommen, ist es eine Gelegenheit, die dramatischen und vielschichtigen Auswirkungen von schlechten Managern auf unsere Einstellung und unser Verhalten zu erklären. Für Manager ist es ein Beweis, daß ihr Job wichtig ist, daß es eine sehr reale und konkrete kausale Beziehung zwischen dem Verhalten von Managern und Gemanagten gibt.

Die Managementpraktiken, die in diesem Kapitel besprochen werden, sind absolut unerträglich für Xer. Schlimmer noch, wir reagieren äußerst impulsiv auf Manager, die unsere persönliche Sicherheit antasten, und erhöhen damit nicht nur den Schaden, den schlechtes Management anrichtet, sondern erschweren auch das Unterfangen von Managern, das Unterm-Strich-Ergebnis zu verbessern.

Wenn wir in unserer Arbeit nach Chancen suchen, in uns selbst zu investieren, uns zu ortsungebundenen Eigentümern unserer Fähigkeiten zu entwickeln, so suchen umgekehrt auch Manager eine bestimmte Qualität in der Arbeit von Xern. Manager stellen uns Xer nicht einfach an, weil wir die nächste Generation am Fließband der menschlichen Ressourcen sind. Manager und Xer haben das gleiche Ziel – nämlich, daß Xer am Arbeitsplatz Wertvolles leisten. In diesem Kapitel richten Xer einen kollektiven Appell an Manager, dieses gemeinsame Ziel nicht mehr länger zu untergraben. Für alle Manager, die ärgerlich davongestapft sind und „Was zur Hölle ist Ihr Problem?“ in ihren Bart gemurmelt haben: Hier ist Ihre Antwort.

Wenn Manager die Zeit von Xern VERGEUDEN

Wenn man bedenkt, wie massiert die Bezeichnung Slacker im Zusammenhang mit Xern auftaucht, mag es für den werten Leser eine Überraschung sein, zu erfahren, daß die Xer, die ich interviewte, fünfzig, sechzig, siebzig und sogar achtzig Stunden pro Woche arbeiten. Xer schrecken vor harter Arbeit nicht zurück – schon gar nicht die Star-Xer, die in diesem Buch zu Wort kommen. Trotzdem bekommt man von vielen Managern zu hören, daß wir in ihren Augen übertrieben bockig reagieren, wenn wir unsere Zeiteinteilung Managern überlassen sollen. Gar keine Frage, Xer sind gewillt, lange und hart zu arbeiten. Wir lassen unseren Zeitplan aber nur äußerst ungern von Leuten kontrollieren, die eine solch wertvolle Ressource andauernd und ohne Wimpernzucken vergeuden. Xer fühlen sich frustriert und gelähmt, wenn Manager uns nicht die Freiheit lassen, einen eigenen Zeitplan für das Erreichen unserer Arbeitsziele zu erstellen. Wenn

Manager darauf bestehen, unsere Zeit zu kontrollieren und sie dann verschwenden, empfinden Xer Groll und Bitterkeit.
Erinnern Sie sich? Wir Xer sind deshalb dermaßen militant unabhängig, da wir so oft auf uns allein gestellt waren. Von unseren Schultagen als Schlüsselkinder bis zu unserem kühlen Empfang am Jobmarkt haben wir uns in Autarkie geübt. Wir bevorzugen es, im von uns festgelegten Tempo zu arbeiten. Wenn Manager uns Xern jede Möglichkeit rauben, selbst über unsere Zeiteinteilung zu bestimmen, verletzen sie damit unser Unabhängigkeitsgefühl zutiefst.
Welche Managertypen sind es nun genau, die uns Xer dazu veranlassen, unsere Zeit so rigoros zu verteidigen: Manager, die falschen Druck verursachen, weil sie nicht planen können, und Manager, die die Zeit von Xern verschwenden. Wir Xer sind gewillt, unsere Zeit voll und ganz der Arbeit zu widmen, solange Manager Zeit als für alle Beteiligten extrem wichtige Ressource respektieren und unser Bedürfnis und unsere Fähigkeit, aus ihr zu schöpfen, anerkennen.

X Der unerbittliche Zeiger: DEFIZIT AN X-ZEIT als Resultat schlechter Planung, Ineffizienz oder Mangel an Respekt

Heutzutage ist es nicht leicht, vorwärtszukommen. Aber Xer sind stark und ehrgeizig. Wir sind bereit, unsere Zeit als Joker zum Erfolg einzusetzen. Nur zu, fordern Sie jeden x-beliebigen Xer, den ich interviewt habe, heraus, hundert Stunden pro Woche zu arbeiten. Jeder von ihnen würde stillvergnügt in sich hineinlächeln und ungeduldig Seite an Seite mit jedem Boomermanager arbeiten, bis er/sie zusammenbricht. Hundert-Stunden-Woche? Null problemo.

Xer ackern an vorderster Front, legen Open-end-Arbeitstage und -Wochenenden ein, arbeiten von frühester Frühe bis in die späteste Nacht. Für die überwiegende Mehrheit meiner Interviewpartner hat eine schwache Woche fünfzig Arbeitsstunden, eine durchschnittliche sechzig und eine brutale Woche achtzig bis hundert Stunden. Das ist nicht gerade wenig.

ACHTUNDDREISSIG STUNDEN IN EINEM DURCH – KEIN PROBLEM!

Das erste Turnusjahr lief wie ein Film an mir vorbei, ich war hundertzwanzig Stunden pro Woche im Spital. Einmal hatte ich achtunddreißig Stunden ohne Unterbrechung gearbeitet und war mit einem der diensthabenden Ärzte auf dem Weg in den Operationssaal. Ich war seit zwei Tagen unrasiert und total erschöpft. Der dienstha-

bende Arzt sah mich an und fragte: „Darf ich Ihnen zwei Dollar spendieren?" Ich antwortete: „Warum?" Er darauf: „Damit Sie sich einen Rasierer kaufen können." Ich darauf: „Ich habe achtunddreißig Stunden durchgearbeitet. Ich habe für gar nichts Zeit gehabt, weder für's Rasieren, noch zum Pinkeln oder gar zum Essen – einfach zu gar nichts." Sein abschließender Rat: „Wieso machen Sie nicht mal fünfzehn Minuten Pause und rasieren sich." Das tat ich dann auch. Vielleicht habe ich dann etwas gepflegter ausgesehen.

Arzt im ersten Turnusjahr

X X-ZEIT: Sechzehn-Stunden-Tage und Sieben-Tage-Wochen, versäumte Mahlzeiten, Tretmühle und vier Stunden Schlaf

Xer SCHEUEN SICH NICHT DAVOR, BIS VIER UHR MORGENS ZU BLEIBEN

Oh, jeden Tag der Woche bis vier Uhr morgens zu bleiben, ist schon eine Ausnahme, aber es kommt gar nicht so selten vor, wie Sie vielleicht denken. Die Arbeit ist wirklich anspruchsvoll, die Arbeitszeit ist enorm, und die Bezahlung ist nicht so toll. Aber wir sind hier, um das Beste zu geben, und es ist einfach der totale Kick, ein Teil davon zu sein.

Assistant Account Executive einer Werbeagentur

Xer ARBEITEN AN IHREN LAPTOPS IM SPITAL

Ich erinnere mich an einen Vorfall, als einer unserer jungen Analysten nach einer Blindarmoperation im Spital lag und sein Boß ihm ein Laptop ans Krankenbett schickte, mit der Instruktion, ein Finanzierungsmodell, an dem er gerade gearbeitet hatte, abzuschließen. Das sagt wohl alles über die Prioritäten, die hier gesetzt werden.

Associate einer kleinen Investmentbank

VIER-TAGE-ARBEIT ÜBER DAS WOCHENENDE – „SCHÖNEN SONNTAG NOCH"

Man kann es nicht jedem recht machen, denn sie wollen alle einfach zuviel. Jeder der Senior-VPs gibt mir Freitag nachmittag am Weg hinaus Arbeit für einen Tag, die ich übers Wochenende machen soll. Das Problem dabei ist, daß es vier von ihnen gibt. Jeder sagt: „Hier ist etwas, das sie an einem Tag erledigen können. Schönen Sonntag noch." Aber das tun alle vier, also habe ich vier Tage Arbeit für

das Wochenende. Das bedeutet, daß ich keinen von ihnen zufriedenstellen kann. Ich arbeite das ganze Wochenende, aber keiner ist damit glücklich. Wenn ich dermaßen überfordert werde, kann ich nicht das befriedigende Gefühl haben, gute Arbeit geleistet zu haben, da mir nicht die Zeit bleibt, irgend etwas rund und komplett zu machen. Es ist schwierig, die Qualität zu liefern, die ich mir eigentlich wünschen würde.

Vizepräsident einer großen Investmentbank

„ICH BIN DIE GANZE NACHT HIER UND VERSUCHE AUFZUARBEITEN"

Es gibt da einen Partner, eigentlich gibt es von dieser Sorte viele, der mich einfach anruft und sagt: „Kommen Sie in mein Büro" – dann hängt er auf, bevor ich auch nur die kleinste Chance habe, etwas zu entgegnen. In der Hälfte der Fälle macht er das über die Lautsprecheranlage – nicht gerade die netteste Art, jemanden um Hilfe zu bitten, oder? Es ist nicht sehr höflich. Egal ob ich gerade an etwas Dringendem arbeite, es wird von mir erwartet, daß ich innerhalb der nächsten zwei Minuten in seinem Büro erscheine. Und natürlich muß ich alles sofort liegen und stehen lassen, was immer ich gerade tue. Das heißt, ich bin dann die ganze Nacht hier und versuche aufzuarbeiten, was am Tag aufgrund von ihm verursachter Unterbrechungen liegengeblieben ist.

Associate einer großen Rechtsanwaltskanzlei

X Wie schlechte Planung FALSCHE DRINGLICHKEIT erzeugt

Manager, die die Zeit von Xern nicht effizient planen können, schwächen den Wert einer potentiell kostbaren Ressource. Jene Xer, die in diesem Abschnitt zu Wort kommen, beschreiben Manager, die sich unbedingt eine strenge Kontrolle über die Arbeitszeit von Xern bewahren wollen, aber nicht imstande sind, funktionierende Zeitpläne zu erstellen, so daß unsere Arbeitsziele mit den Anforderungen der Manager koordiniert werden können. Xer erzählten mir von Managern, die Deadlines bis zur letzten Minute ausnützen wollen, was dazu führt, daß Xer den ganzen Tag herumsitzen, warten und dann die ganze Nacht über schuften; von Managern, die an ihrem Schreibtisch festzukleben scheinen und mit der blitzschnellen Arbeitsweise von Xern nicht mitkommen; von Managern, die Projekte routinemäßig unterbesetzen, so daß jeder Kopf steht, bis die Kavallerie von ihren Pferden abgezogen und in die Schlacht geworfen wird, um die Lücken an der Front zu schließen.

Wenn Manager darauf bestehen, die X-Zeit zu kontrollieren und kläglich darin versagen, sie optimal zu nutzen, bestätigen sie damit nur die vorgefaßte Meinung von Xern, daß wir unsere Zeit viel effizienter einteilen können als unsere Manager. Zudem werden wir Xer dann immer mehr zu wachsamen Behütern unserer Zeit und fühlen uns bemüßigt, sie unseren Managern gegenüber zu verteidigen. Jene Manager, die im folgenden Abschnitt beschrieben werden, hätten große Schwierigkeiten, diese vorgefaßten Meinungen zu widerlegen und wären besser bedient, wenn sie uns Xer in ihr Zeitmanagement mit einbeziehen würden.

EINE AUFGABE, FÜR DIE ICH NORMALERWEISE GERNE VIEL ZEIT AUFWENDE

Arbeit wird zum Streß, wenn ich mir einen Zeitrahmen und ein Pensum für den Tag zurechtlege und dann plötzlich alles über den Haufen werfen muß – ehe ich mich versehe, bin ich im Zeitdruck, der mir von meinem Manager aufgezungen wird, gefangen. Alles muß so schnell wie möglich passieren, immer heißt es: „Ich brauche das gestern." Wenn mein Zeitmanagement gut, das meines Managers aber schlecht ist, bin trotzdem ich derjenige, der es ausbaden muß. Dinge, die man hätte planen können, blieben unbeachtet. Es ist wirklich eine Frage des Zeitmanagements. Wenn meine Pflichten mit dem Zeitplan meines Managers kollidieren, weil er um so viel weniger effizient ist, muß ich Arbeiten, für die mehr Zeit zur Verfügung stehen sollten, in fliegender Hast erledigen. In solch einer Situation besteht immer die Gefahr, daß das Ergebnis nicht so gut ist. Es beeinträchtigt sicherlich meine Freude an der Arbeit. Es könnte eine Aufgabe sein, für die ich normalerweise gerne viel Zeit aufwenden würde – aber dann kommt dieser Druck ins Spiel.

Marketing-Leiter eines Industrieunternehmens

SCHLECHTE PLANUNG MINDERT DEN WERT DER X-ZEIT

Von Management hat man da noch nie was gehört. Es hat eher etwas von der Panikstimmung einer Feuerwehrzentrale. Alles wird bis zur letzten Minute aufgeschoben, und dann muß es sofort geschehen. Das schlimmste ist der Mangel an Planung, was uns betrifft. Ich könnte von acht Uhr morgens bis elf Uhr nachts arbeiten, und das wäre in Ordnung. Das Problem ist, daß wir tagsüber oft nichts oder so gut wie nichts zu tun haben, weil unser Manager ewig lange braucht, bis er Arbeit für uns hat. Wenn es dann soweit ist und er einen Auftrag hat, ist plötzlich Feuer unterm Dach und nicht einmal Zeit für entsprechende Anweisungen. Plötzlich sehe ich mich die ganze Nacht über der Arbeit sitzen, nachdem ich den ganzen Tag mit Warten verbracht und nichts getan habe. Das heißt, daß ich kein Leben habe, keine Pläne schmieden kann – no chance. Es würde mir nicht so viel ausmachen, wenn ich nicht wüßte, daß es mit ein

wenig mehr Planung möglich wäre, einen Großteil der Arbeit, die mitten in der Nacht getan wird, am Tage zu erledigen.

Associate einer Investmentbank

„ES GAB KEINE VERANLASSUNG, SOLCHEN DRUCK ZU ERZEUGEN"

Was die meisten Leute ärgert, sind Kompagnons, die von einer Deadline Tage, Wochen, ja Monate wissen, sich dann jedoch erst kurz vor Ablauf bequemen, die notwendige Arbeit zu delegieren. Das heißt, daß einer der Associates plötzlich zum Dableiben, möglicherweise rund um die Uhr, eingeteilt wird, obwohl gar keine Veranlassung bestanden hätte, solchen Druck zu erzeugen. Natürlich ist man dann weit weniger interessiert, für solche Kompagnons zu arbeiten, und überträgt dieses Gefühl des Unmuts auch auf die Arbeit, die man für sie machen muß.

Associate einer großen Rechtsanwaltskanzlei

X Manager, die X-Zeit nicht effizient managen können, sollten das lieber DEN Xern SELBST überlassen

VORSICHT VOR STAU IN DER PRODUKTIONSABTEILUNG

Das Zeitproblem entsteht, weil die Produktionsabteilung Arbeiten nach Dringlichkeit, und nicht nach der Reihenfolge, in der sie hereinkommen, erledigt. Egal, wann ich meine Arbeit in die Produktionsabteilung bringe, sie bleibt dort einen Tag liegen. Dann sitze ich fest. Jede Deadline eines anderen Projekts bringt mich wieder ans Ende der Warteliste. Und Projekte gibt es genug. Bin ich meinem Zeitplan mal ein paar Tage voraus, kann ich mein Projekt in der Zwischenzeit genausogut vergessen, weil es lahmgelegt ist – bis die Deadline droht. Das entzieht sich vollkommen meiner Kontrolle. In der Nacht vor meiner eigenen Deadline setzen wir die Produktionsabteilung dann unter Druck und halten alle anderen auf. Das ganze ist mehr eine Frage von nicht vorhandenem als von schlechtem Management.

Associate einer Investmentbank

Xer MÖCHTEN ZEIT EFFIZIENT NUTZEN UND ETWAS LEISTEN . . . ABER DA ES BEI DEN MANAGERN IM ZEITMANAGEMENT HAPERT, WERDEN WIR EINGEBREMST

Bei meinem Senior Editor habe ich das Gefühl, daß er mich bei meiner Arbeit aufhält. Er braucht vier Tage, bis er sich endlich dazu entschließt, einen Artikel von mir zu lesen, und wenn er ihn mir zurück-

gibt, muß ich ihn oft einen ganzen Tag überarbeiten. Wenn er seinen Teil der Arbeit schneller abschließen könnte, wären meine Deadlines einfacher einzuhalten.

Associate Editor einer Zeitschrift

„ES WAR, ALS OB ER ALLE KARTEN IN DER HAND HIELTE"

Das größte Problem war, daß wir ganz eindeutig auf unseren Manager angewiesen waren, um das Projekt voranzutreiben. Wir hatten alle diese Daten, und man mußte sie eigentlich nur zusammenstellen – allerdings erwies sich das als der zeitaufwendige Teil. Wir warteten ständig darauf, bis unser Manager seinen Rückstand aufgeholt hatte und uns mit mehr Daten zur Weiterverarbeitung versorgen konnte. Es war, als ob er alle Karten in der Hand hätte, er bestimmte, wann und wie schnell dieses Ding fertig sein würde. Das Projekt schien dadurch endlos zu dauern, weil wir eine Deadline nach der anderen versäumten.

Researcher eines Investors' Research Service

. . . AUS EINEM PROJEKT HERAUSGERISSEN, IN EIN ANDERES HINEINGESTOSSEN

Das Management begann, Leute aus deren Projekten abzuziehen und anderen Projekten, deren Deadline in bedrohliche Nähe gerückt war und die dringend Personal benötigten, zuzuteilen. Es gab immer Leute, die knapp vor Beendigung ihres Projekts in irgendein anderes Team geschubst wurden – die Bildung eines kompakten Teams, das ein Projekt von Anfang bis Ende betreut, wurde so zur Unmöglichkeit. Anstatt das beste Team für ein Projekt anzuheuern, arbeiteten sie mit Lückenbüßern. Es ist sehr verwirrend, wenn man einfach so aus einem Projekt herausgerissen und in ein anderes hineingestoßen wird. Zunächst ist man einmal total orientierungslos. Dann ist da noch das andere Problem, daß man eine ganze Weile lang, vielleicht zwei Monate, dem Projekt, an dem man gerade gearbeitet hat, fernbleiben muß. Dazu kommt in solchen Fällen immer noch die Frage, wie wichtig das ursprüngliche Projekt, von dem ich abgezogen wurde, eigentlich war. Wenn das zur Regel wird, tut sich da irgendwie eine Kluft auf zwischen dem, was einem zugemutet wird, und dem, was man möglicherweise dabei gewinnen kann. Ich für meinen Teil habe es abgelehnt, Überstunden zu machen oder mich speziell anzustrengen, als klar war, daß keines meiner Bedürfnisse und Wünsche Gehör fand. Es ist auch schlimm, wenn man das Gefühl hat, bei seinem Karrierepfad keine Kontrolle über seine Arbeit zu haben, und keine Chance sieht, eigene Ziele anvisieren zu können.

Ingenieur

X Wie Manager X-Zeit MISSBRAUCHEN

Wir Xer wachen eifersüchtig über unsere Zeitpläne, wenn Manager unberechenbar unsere Zeit verschwenden. Es macht uns nichts aus, lang und hart zu arbeiten, aber wir sträuben uns dagegen, lang und unproduktiv arbeiten zu müssen. Jene Xer, die in diesem Abschnitt zu Wort kommen, beschreiben Manager, die X-Zeit schamlos ausnützen, einschließlich Manager, die Xer bis spät in die Nacht arbeiten lassen, nur um mit mehr verrechenbaren Stunden das Honorar künstlich aufzublasen – eine Tatsache, die Kunden gar nicht gerne hören werden. Aber es geht nicht nur um das Honorar. Viele Xer berichteten mir über „Anwesenheitsdienst", wenn Xer lange im Büro herumlungern, nur damit die Manager sie „arbeiten" sehen können, weil die Unternehmenskultur einen frühen Feierabend mißbilligt.

Ebenso gefürchtet sind die Laufburschen-Wochenenden mit Managern, die noch immer nicht wissen, wie man den Kopierer und das Faxgerät bedient. Schließlich gibt es noch einige Manager, die einfach rücksichtslos sind: Sie werden von einem Seniorpartner bei einer Anwaltsfirma lesen, der es managte, sechsunddreißig Stunden X-Zeit in kurzen eineinhalb Stunden zu verschwenden.

ER WOLLTE UNS NICHT GEHEN LASSEN, OBWOHL ES KEINE ARBEIT GAB

Dieser Manager fettete unsere Arbeitszeit mit Überstunden auf, nachdem wir um, sagen wir neun Uhr abends, mit dem, was wir zu tun hatten, fertig waren. Er wollte uns nicht gehen lassen, obwohl wir zu dieser Zeit keine Arbeit hatten. Er drängte uns zu bleiben, um mehr Stunden in Rechnung stellen zu können.

Consultant einer Big-Six-Accounting-Firma

X Setzen Sie nicht unsinnigerweise auf Anwesenheitsdienst – das ist EIN ÜBERHOLTES KONZEPT

WEDER Xer NOCH KUNDEN FINDEN ÜBERHÖHTE RECHNUNGEN AKZEPTABEL

Es gab jede Menge Anwesenheitsdienst. Der Personalmanager machte um elf Uhr nachts seinen Rundgang, und wenn man nicht

da war, hatte man am nächsten Tag prompt ein neues Projekt am Hals. Ich bin im ganzen Jahr zweimal vor zweiundzwanzig Uhr nach Hause gekommen, dabei gab es gar nicht so viele Aufträge in der Firma, die diese lächerliche Forderung rechtfertigen hätten können. Der VP verließ das Büro um dreiundzwanzig Uhr, die Associates fünf Minuten später und die Analysten zehn Minuten später. An meinem zweitletzten Tag ging ich um zwanzig Uhr und mußte mich am nächsten Tag niederbrüllen lassen. Dazu muß man wissen, daß wir die Stunden nicht verrechneten. Wieso wurde also so viel Gewicht auf die Stunden gelegt? Es war Quantität versus Qualität. Wenn das einzige Differenzierungsmerkmal die Anzahl der Arbeitsstunden ist, ist das einfach lachhaft. Keiner managte in dieser Firma, niemand hat versucht, ein freundliches Arbeitsklima zu schaffen oder danach getrachtet, den Arbeitsprozeß zu einer wertvollen Erfahrung werden zu lassen. Ich fand es frustrierend und großteils als Verschwendung meiner Zeit. Also kündigte ich.

Analyst einer Investmentbank

„ICH WOLLTE NICHT NUR DORT SEIN, UM FAXE ZU VERSENDEN"

Wir hatten einen Manager, der uns um viele Überstunden, auch am Wochenende, bat, obwohl es überhaupt nicht notwendig war. Er wollte einfach nur eine Hilfstruppe zum Faxen, Tippen und Kopieren um sich haben. Er überließ die Laufburschenarbeit bevorzugterweise anderen Leuten. Mir widerstrebte es, ins Büro zu gehen, wenn ich nicht wirklich gebraucht wurde. Ich mache gerne Überstunden, aber nicht, wenn es unnötig ist. Diese Sache hat meine Einstellung zu ihm negativ beeinflußt, da ich es haßte, nur zum Faxen und Kopieren da zu sein.

Staff-Assistent eines Unterausschusses im US-Kongreß

VIERUNDZWANZIG ANWÄLTE, DIE EINEINHALB STUNDEN IM BUS SASSEN

Jeder mußte per Bus zu einer Anwerbungsveranstaltung fahren. Die Anwaltsfirma verfaßte ein Memo, wonach alle, die an dieser Veranstaltung teilnehmen mußten, pünktlich im Bus zu sein hätten. Alle waren zur festgesetzten Zeit im Bus – mit Ausnahme eines Seniorpartners. Es lief darauf hinaus, daß vierundzwanzig junge Anwälte und ich selbst geschlagene eineinhalb Stunden in dem Bus saßen und auf diesen Seniorpartner warteten, der es einfach nicht managte, seiner zeitlichen Verpflichtung nachzukommen. Er wußte, der Bus würde auf ihn warten. Ich lasse mir nicht einreden, daß seine sonstigen Aktivitäten es wert waren, jedermanns Zeit zu verschwenden.

Recruiting Manager einer mittelgroßen Rechtsanwaltskanzlei

X KEIN FREIRAUM – WENN MANAGER Xer MIKROMANAGEN

Es ist das Trendwort aller Manager und Management-Consultants: „Mikromanagement". Die meisten sind sich darüber einig, daß dieser Stil vermieden werden sollte. Für Xer ist er ein Greuel. Wenn Ihnen dies zu abstrakt ist, lassen Sie sich von meinen Interviewpartnern erklären, wie einfach es ist.

Wie können Sie erkennen, ob Sie mikromanagen? Wenn Sie Ihre Leute in lauter einzelne, kleine Ein-Stunden-Aufträge verstricken und verlangen, daß sie wegen jedem kleinen Auftrag zu Ihnen rennen müssen, dann betreiben Sie Mikromanagement.

Wenn wir Xer größere Unabhängigkeit und kreative Freiheit in unserer Arbeit erreichen wollen, ist das kein Ausdruck von Arroganz oder Anmaßung. Das Verlangen nach mehr Verantwortung und Freiraum, Kreativität in unsere Arbeit einzubringen, ist Ausdruck unseres Unternehmertums und innovativen Geistes – logische Konsequenzen unserer selbstgenährten Unabhängigkeit.

Wenn Führungskräfte die Produktivität von Xern optimal nutzen wollen, wären sie gut beraten, unsere natürlichen Voraussetzungen zu fördern und uns zu helfen, management-unterstützte Arbeitsziele in Eigenregie zu verfolgen. Viele Manager machen jedoch genau das Gegenteil: Sie bestehen darauf, weiterhin jeden X-Schritt zu kontrollieren, sie versuchen, unsere kreativen Impulse im Keim zu ersticken und verweigern uns jegliche Verantwortlichkeit für greifbare Endprodukte.

Jene Manager, die in diesem Abschnitt beschrieben werden, verhindern, daß Xer sich richtig entfalten können. Xer erzählten mir über Manager, die Xer bei ihrer Arbeit ununterbrochen checken, sich selbst in die einfachsten Aufgaben einmischen, am laufenden Band Änderungen verlangen, eine Stunde brauchen, um einen Routinebrief zu formulieren, vier Jahre brauchen, um ein Newsletter herauszubringen, über die Schultern schauen, auf Details herumreiten, Resultate in Frage stellen und den Abschluß eines Produktes mit einem letzten Vorschlag hinauszögern, und vielleicht noch einem und vielleicht noch „das ist die letzte Änderung, Ehrenwort" anbringen.

Mikromanager verbringen so viel Zeit an der Kittelfalte von Xern, daß letzten Endes keiner dazu kommt, irgendetwas Produktives zu leisten. Manager können nicht genügend Zeit für leitende Tätigkeiten erübrigen, wenn sie sich auf Aufgaben fokussieren, die Stufen darunter liegen und eigentlich von Xern zu erledigen sind – auf der anderen Seite können Xer keine Resultate liefern, wenn Manager ihnen nicht von der

Pelle rücken. Wenn man Xern jegliche Verantwortlichkeit für greifbare Endprodukte abspricht, heißt das zudem, daß wir keinen Raum für Innovationen haben. Die Folge von Mikromanagement ist, daß die harte Arbeit von zwei oder mehr potentiell effizienten Menschen auf das Produktivitätslevel einer einzigen ineffizienten Person reduziert wird.

Für Xer ist Mikromanagement ein verheerender Motivationskiller.

X Mikromanager können Xer nicht in Frieden arbeiten lassen, weil sie selbst KEIN VERTRAUEN in sich haben

Anstatt die natürlichen Voraussetzungen von Xern, Innovations- und Unternehmergeist, zu fördern, erlauben uns Mikromanager nicht, die Früchte unserer Arbeit für uns selbst zu beanspruchen. Wenn man Xer ihres Eigentumrechts beraubt beziehungsweise jegliche Möglichkeit vereitelt, die Endprodukte ihrer Arbeit zu beeinflussen, sind sie im besten Fall eine achtlos verschwendete Ressource. Im schlechtesten Fall werden mikrogemanagte Xer ärgerlich, unzufrieden und kontraproduktiv – und dann kündigen wir.

EIN VERTRAUTES SZENARIO: DER MANAGER, DER NICHT LOSLASSEN KANN

Wenn mein Manager jeden meiner Schritte kontrolliert und mich nicht einmal eine Minute lang mit meiner Arbeit allein läßt, dauert es nicht lange, bis mich das Ganze überhaupt nicht mehr interessiert. Ich neige dann dazu, nur mehr Dienst nach Vorschrift zu machen und verstecke mich den Rest der Zeit am Herren-WC. Es grenzt ans Groteske, wenn mein Manager mit meinen Versandbriefen so pingelig ist, daß er sogar „Hochachtungsvoll" in „Mit freundlichen Grüßen" umändert. Also wirklich. Das juckt doch wirklich niemanden.

Analyst einer Investmentbank

„ER HAT ÜBERALL SEINE FINGER DRINNEN"

Mein Manager hat überall seine Finger drinnen. Er bittet mich, etwas zu tun – zum Beispiel, einen Brief zu schreiben. Ich tue es, und er korrigiert hier und ergänzt da. Aber dieser Vorgang wiederholt sich mehrere Male. Er ändert ständig seine Meinung, möchte weitere Formulierungen auswechseln. Wir brauchen eine Stunde, um einen Routinebrief zu verfassen – von weniger als einer dreiviertel Seite. Einmal stellten wir eine Mappe für eine Handelsmesse zusammen. Es war ziemlich einfach, Namens- und Zeitlisten und einige andere Informationen. Jeder hätte mit ein wenig Initiative und

gesundem Menschenverstand etwas Erstklassiges zustandebringen können, das weit über dem notwendigen Standard gelegen wäre. Aber dieser Manager konnte sich einfach nicht dazu entschließen, irgend etwas zu delegieren. Schließlich nahm er auch das selbst in die Hand und brauchte zweimal so lange, indem er mich ins Spiel brachte. Wenn mein Manager mich für Routineaufgaben heranzieht, wie einen Brief zu verfassen oder Information zusammenzustellen, hat das eigentlich den Zweck, ihm wertvolle Zeit zu ersparen. Aber weil er nicht einmal die kleinste Tätigkeit delegieren konnte, wurde sogar meine Hilfe kontraproduktiv, da wegen allem und jedem Rücksprache gehalten werden mußte.

Mitarbeiter eines Wirtschaftsverbandes für Produzenten

„ER GLAUBT, DASS NIEMAND SONST IN DER WELT KOMPETENT IST"

Das Hauptproblem, mit dem ich konfrontiert bin, ist, daß der Manager mich nur sehr ungern von der Leine läßt und seine Kontrolle total übertreibt. Es ist ziemlich frustrierend, weil er der klassische Unternehmertyp ist und glaubt, daß niemand auf der ganzen Welt außer ihm kompetent ist. Lassen Sie mich das anhand eines Beispiels verdeutlichen: Alle drei Monate sollte ein organisationsinternes, national erscheinendes Newsletter für die Organisation produziert werden. Aber das letzte wurde vor vier Jahren rausgeschickt. Wieso? Weil der letzte Communications Director nie etwas aussenden durfte – ihm waren die Hände gebunden. Mein Manager bearbeitete seine Vorschläge zu Tode. Schließlich stellten wir einige fähige Leute ein, die bei der Produktion eines Rundschreibens helfen sollten. Das Ergebnis wurde ruck, zuck abgeliefert und war sehr gut. Mein Manager hat es sieben Mal komplett umgeschrieben, und es erscheint noch immer nicht – ja, es ist noch nicht einmal ein Datum fixiert. Am liebsten würde ich meinem Manager sagen, daß er mich wie einen Idioten aussehen läßt, weil wir die von uns festgesetzten Deadlines nicht einhalten konnten.

Executive einer Non-Profit-Stiftung

„SIE GLAUBTE ES NICHT, BEVOR SIE ES NICHT SELBST AUSPROBIERT HATTE"

Wenn ein Experiment nicht funktionierte, glaubte mir die Forschungsleiterin nie, bevor sie es nicht selbst ausprobiert hatte. Ich verbrachte Wochen mit einem Experiment und kam dann zu ihr, um ihr zu erklären, daß es nicht funktionieren wollte. Sie bekam einen Anfall und probierte es selbst aus. Dann sagte sie – was denn auch sonst – „Sie hatten recht, es hat nicht funktioniert." Einmal hörte ich, wie sie nach so einer Situation zu einer Gruppe von Leuten sagte, daß sie mir kein Wort glaube, bevor sie es nicht selbst ausprobiert hätte. Wofür war ich dann überhaupt noch da?

Forschungswissenschaftler an einer großen Universität

X Mit Mikromanagement kann man eigentlich GAR NICHTS managen

Wieso ist Mikromanagement der am wenigsten effektive, am wenigsten effiziente und darüber hinaus zeitaufwendigste Approach?

Mit Mikromanagement kann man eigentlich gar nichts managen. Menschen zu managen heißt, Aufgaben und entsprechende Verantwortungsbereiche zu definieren, um maximale Produktivität zu erreichen. Genau das tun Mikromanager jedoch nicht. Sie sind unfähig, entsprechende Grenzen zwischen ihren eigenen Arbeitszielen und denen der von ihnen Gemanagten zu ziehen. Einige Xer, die in diesem Abschnitt zu Wort kommen, schreiben dieses Versagen der Arroganz der Manager zu – deren Überzeugung, daß sie nur sich selbst trauen können, um anstehende Arbeit zu erledigen. Die meisten Xer fassen jedoch diese Unfähigkeit der Mikromanager, anderen zu vertrauen, als Mangel an Vertrauen in deren eigene Fähigkeit auf, effektiv zu managen. Sie sitzen jedem Arbeitsprodukt im Nacken und überprüfen es zweimal und dreimal und ändern es bis ins Unendliche. Als Folge ist das Endprodukt ihres Managements immer ihr eigenes. Das gibt der Produktivität dann den Rest.

Xer aber müssen mehr Schaden verkraften als bloß eine Einbuße an Produktivität. Für Xer, die sich für die Schaffung eigener Endprodukte engagieren, ist es schwierig, für einen kreativen Prozeß Engagement zu zeigen, in dem nicht einmal die trivialsten Resultate je unsere Handschrift tragen werden. Wo geringe Wahrscheinlichkeit besteht, daß Endresultate unsere Arbeit beinhalten, ist auch wenig Grund vorhanden, produktiv zu sein.

AUF DER SUCHE NACH TIPPFEHLERN DIE KONZEPTE VERFEHLEN

Mein Manager hat Schwierigkeiten, zu delegieren und Vertrauen zu den Leuten, die für ihn arbeiten, zu entwickeln. Bei allen wichtigen Dingen ist er voll Eifer dabei und hat seine Finger überall drinnen. Das Komische daran ist, daß er es eher auf Rechtschreib- und Tippfehler abgesehen hat, anstatt sich auf die Verwirklichung übergeordneter Visionen zu fokussieren. Da fragt man sich schon, worin überhaupt sein Wert für die Firma besteht. Wenn ich erkenne, daß mein Manager jedes Detail wiederkäut, jedes Wort einer Seite umschreibt, dann ist das für mich ein enorm leistungshemmender Faktor, einen guten, wirklich den bestmöglichen Job zu machen. Warum? Weil ich weiß, daß es eigentlich egal ist, weil der Manager sowieso das Ding an sich reißt und es total umschreibt, egal wie gut ich gearbeitet habe. Wieso sollte ich mich also überhaupt anstrengen? Der Manager könnte es ja gleich

selbst machen. Natürlich ist das ganz anders bei einem Manager, der von Anfang an klarmacht, daß die Verantwortlichkeit für eine Arbeit bei mir liegt. Wenn ich meinen Job nicht toll mache, dann gibt es niemanden, der mir den Rücken stärken würde. Ich oder keiner ist die Devise. Das ist der beste Leistungsanreiz, weil ich weiß, daß das ganze Ding mit mir steht und fällt. Wenn mir ein Manager zu verstehen gibt, daß er meiner Arbeit nicht traut, wieso sollte ich dann um Himmels willen hart für ihn arbeiten? Ich sage nicht, daß es keine Qualitätskontrolle geben sollte. Aber ich will es darauf ankommen lassen. Es macht mir nichts aus, zu scheitern und daraus zu lernen, wenn ich eine Chance haben kann, gute Arbeit zu leisten, die auch Bedeutung hat.

Business Development Associate eines großen Unterhaltungs- und Themenparkkonzerns

X Der Mikromanager sucht immer nach EINEM FEHLER, auch wenn er selbst einen einbauen muß

UNNÖTIGE SPANNUNGEN IN ARBEITSVERHÄLTNISSEN ERZEUGEN

Es gibt Dinge, bei denen Bürokratie, Analyse und unzählige Hürden wirklich nicht notwendig sind. Es kommt mir manchmal so vor, als ob mir meine Managerin ohne Grund einfach irgendwelche Steine in den Weg legt, nur um „Erwischt!" sagen zu können. Auch bei einem Urlaubstag: Wenn sie „ja" sagt, lautet die Devise, einfach auch „ja" zu sagen und nur nicht herumzufeilschen. Ich muß mich mit ihr an die Arbeit machen und um jede winzige Angelegenheit herumscharwenzeln. Sie ist oft nicht im Büro. Ihre Abwesenheit ist die Hauptquelle meiner Autonomie und auch die Zeit, in der ich meine Ziele am besten erreichen kann. Es ist schwierig, zu arbeiten, wenn sie einem ständig über die Schultern schaut. Wenn da nicht diese Spannungen in unserem Verhältnis wären, könnte ich viel mehr tun und wäre auch viel glücklicher damit. Ich sehe mich gerade nach einer anderen Stellung um.

Marketing-Spezialist für einen Schwergüterproduzenten

X Niemand hat uns je an der Hand genommen – Xer brauchen keine Manager, die uns IN DER ARBEIT DIE HÄNDE BINDEN

VERSUCHEN SIE NICHT, LAUFENDE PROJEKTE ZU STOPPEN

Dieser Manager ging mir ständig auf die Nerven. Er teilt dauernd unmotivierte Kritik aus, hält Projekte auf, die bereits am Laufen sind, reitet auf Details herum und beeinträchtigt meine Produktivität. Einige Male waren Projekte schon abgeschlossen und vom leitenden

Direktor abgesegnet worden, und dann fielen diesem Manager noch andere Vorschläge ein, die er unbedingt noch so umgesetzt haben wollte. Ich hatte das Gefühl, daß er mich behinderte und totale Kontrolle über jeden meiner Schritte wollte. Moral und Produktivität waren durch ihn am Sinken.

Admissions Director einer Non-Profit-Organisation im Erziehungswesen

„ICH KANN NICHT BEI JEDEM STÜCK PAPIER DEN BABYSITTER MACHEN"

Mein Manager will, daß ich ihm überallhin folge und jeden kleinen Handgriff für ihn erledige, als ob ich an ihm kleben würde. Er bekommt einen Anruf und sagt zu mir: „Wo ist dieses Papier oder jenes?" oder „Ich brauche dies und das auf der Stelle für mein Telefongespräch." Am liebsten würde ich ihm einmal ins Gesicht schmettern: „Ich kann nicht bei jedem Stück Papier, das ihnen unterkommt, den Babysitter machen." Er fährt mich an und wird sauer, weil ich nicht sofort jedes Stück Papier, das er braucht, genau dann, wann er es braucht, aus dem Hut zaubern kann. Ich habe keinen Freiraum für meine eigene Arbeit, weil mein Manager mir nicht von der Pelle rückt.

Account Coordinator einer Werbefirma

CHRONISCHES HINTERFRAGEN IST VOR ALLEM EINES: DUMM

Meine Erfahrung mit diesem Manager war ein Desaster, weil er versuchte, jedes Stückchen meiner Arbeit zu mikromanagen. Es war schwierig für ihn, sich vorzustellen, daß jedes Mitglied des Design-Teams mehr über unser spezielles Fachgebiet wußte als er. Er stellte unsere Arbeit andauernd in Frage. Natürlich arbeite ich in so einem Fall weniger hart als wenn ich viel Input geben kann. Es wurde so unerträglich, daß ich beschloß, mir etwas anderes zu suchen. Am Ende wurde dieser Manager degradiert und später gefeuert.

Elektroingenieur

X-Regel: Jeder, den Sie mißbrauchen, hat ein MÄCHTIGES INCENTIVE, Ihre Autorität zu unterminieren

Für die meisten kommen die vielen Geschichten über Mißbrauch am Arbeitsplatz, die Xer in diesem Abschnitt erzählen, wahrscheinlich sehr überraschend. Erschütternd viele der Xer, die ich interviewte, erzählten mir über Manager, die ihre Angestellten anschnauzen, Wutanfälle im Büro ausleben, Xer direkt anbrüllen und anherrschen, sie beschimpfen, mit Gegenständen bewerfen, demütigen und erniedrigen – deren Management zum Großteil darin besteht, uns zu schikanieren. Manager lassen am Arbeitsplatz ziemlich viel Dampf ab, und Xer müssen dafür schwitzen.

Wenn ich noch einmal darüber nachdenke, sind diese Geschichten vielleicht doch keine solche Überraschung.

Der Ethos von Zorn, Angst und Einschüchterung tötet in ganz Amerika die Moral in den Büros. Xer – die Neuankömmlinge am Arbeitsplatz – sind zu einem überwiegenden Teil die Leidtragenden von Managementmißbrauch. Manager, die ihre Launen nicht kontrollieren können oder wollen, mißbrauchen die Xer, die für sie arbeiten.

Wie reagieren mißbrauchte Xer? Wie andere Opfer am Arbeitsplatz lernen wir, unsere Manager und unsere Jobs mit größtmöglicher Verachtung zu hassen. Wir verschwenden viel zuviel Zeit und Energie darauf, in Deckung zu gehen und nach einem Ausweg zu suchen, waten in angeschlagenen Egos, verletzten Gefühlen, ertragen bösen Klatsch und ständigen Mitarbeiterwechsel. Bevor wir solche Arbeitsbedingungen verlassen, beginnen mißbrauchte Xer jedoch, einen verächtlichen Ton anzuschlagen – einen Ton, der zu einem zynischen Chor am Arbeitsplatz anschwillt und die Moral ins Bodenlose fallen läßt.

Aber, erinnern Sie sich, Xer sind nicht allein in ihrem Schmerz – Xer haben einander, und wir haben eine Menge an Information zur Verfügung, mit der wir den Mißbrauch am Arbeitsplatz in den richtigen Kontext setzen und komplexere Reaktionen darauf ersinnen können. Xer sind eine sehr gebildete Gruppe von Arbeitskräften. Zudem sind wir Denker und Redner.

Noch bedeutender ist die Tatsache, daß Xer inmitten der Diskurse über Wellness und Opferkult groß wurden, die via Satellit, Äther, Printmedien und Gesprächen an unser Kinderohr drangen. Die Opfer- und Wellnessmodelle, die allen Amerikanern ständig vor Augen geführt werden, wurden durch dieselben Kräfte geformt wie die Kindheit der Xer.

Da wir in einer Welt aufgewachsen sind, die von den Gefahren des postmodernen Lebens bestimmt wurde, und unser Gefühl persönlicher Verletzlichkeit besonders ausgeprägt ist, reagieren Xer auf persönliche Bedrohung äußerst sensibel. Wir wissen, daß Beziehungen, die von Mißbrauch gekennzeichnet sind, eine Gefahr für unser Wohlbefinden darstellen.

X MANAGEMENTMISSBRAUCH ist jedem anderen Mißbrauch gleichzusetzen

Xer ziehen bei ihrer Interpretation von Managern, die zu unlauteren Methoden greifen, Parallelen zu anderen Mißbrauch Treibenden, deren Verhalten wir zu interpretieren gelernt haben – mißhandelnde Ehepartner, Eltern, Lehrer, Geistliche. Xer nehmen an, daß der Grund für den Mißbrauch durch Manager eher in deren Psyche zu suchen ist und nichts mit der eigentlichen Arbeitsleistung von Xern zu tun hat.

Jene Xer, die in diesem Abschnitt zu Wort kommen, beschreiben die ausufernden Launen solcher Manager mit vertraut populär-psychologischem Touch: „Menschenhasser", „Schulhof-Tyrannen-Syndrom", „Mißbrauch in der Familie", „schmerzliche Kindheit", „Frustrationen, denen freier Lauf gelassen wird", „viel Zorn", „Probleme mit Frauen", „Probleme, dem Ärger Luft zu verschaffen", „Machtkomplexe", „mißbräuchliche Einstellungen", „Fragen der Kontrolle", „wechselnde Launen" und „exzessiver Streß".

Xer wissen, daß die Manager, die uns mißbrauchen, ein Problem gemeinsam haben – und das Problem liegt bei ihnen selbst, nicht bei uns. Wir beobachten bei diesen Managern eindeutig funktionsgestörte Verhaltensweisen, die im Grad und der Schwere denen von Menschen, die Ehepartner oder Kinder mißhandeln (und allen anderen Abarten), sehr ähnlich sind. Welcher Art auch immer die persönlichen Probleme sein mögen, die zu Mißbrauch neigende Manager zu lösen haben, sie müssen einen Weg finden, ihre psychologischen Funktionsstörungen zu verarbeiten, ohne die Leute, die für sie arbeiten, anzugreifen. Bevor sie nicht aufhören, Xer zu attackieren, werden diese Manager weiterhin die von ihnen gemanagten Menschen verletzen – und nicht nur sie, sondern auch den Firmenprofit treffen. Außerdem setzen sie die Firmen und sich selbst der Gefahr aus, für potentielle Diskriminierung und Schaffung eines feindlichen Arbeitsklimas gerichtlich und finanziell belangt zu werden.

Aber man darf Manager, die Schwierigkeiten haben, nicht komplett abschreiben: Generationsbedingte Mißstimmungen können echte Managementprobleme hervorrufen, die genauso wie andere wert sind, gelöst zu werden. Seniormanager sollten diesem Problem und seiner Lösung genauso viel Aufmerksamkeit schenken wie anderen kulturellen oder sozialen Fragen am Arbeitsplatz.

„ICH WEISS NIE, WANN ER EXPLODIERT"

Die Launen meines Managers lösen in mir jedesmal Sorge in bezug auf meine Arbeit aus. Ich denke mir immer: „Ist das wirklich hieb- und stichfest?" Mein Manager ist sehr anspruchsvoll und ein richtiger Menschenhasser. Obwohl ich glaube, daß er auch gute Seiten hat, kann man die auf den ersten Blick wahrlich nicht erkennen. Er bekommt vielleicht nicht gerade einen Wutanfall, kann aber extrem schlecht gelaunt und sehr ärgerlich werden. Das macht mich bei der Arbeit nervös, weil ich nie weiß, wann er nicht doch einmal explodieren wird.

Head Of Circulation einer Zeitschriften-Holding

MITARBEITERMANAGEMENT BY JEKYLL UND HYDE

Mein Manager kann unglaublich liebenswürdig sein und dann, von einer Sekunde zur anderen, seine Sekretärin vor meinen Augen zur Sau machen. Er sagt zum Beispiel etwas in sehr zuvorkommender, kontrollierter Weise zu mir, und mitten im Satz steckt er seinen Kopf zur Tür hinaus und herrscht seine Sekretärin in wirklich abscheulicher Art an. Das scheint so etwas wie eine Technik zu sein, mit der er beweisen will, daß man ihn ja nicht reizen soll. Es ist ziemlich angsteinflößend. Seine Macht ist darauf zurückzuführen, daß die Leute Angst vor ihm haben, wie bei einem Schulhof-Tyrannen-Syndrom. Es kann sehr leicht passieren, daß er mir wegen der geringsten Kleinigkeit an die Kehle springt.

Senior Staffer einer Non-Profit-Stiftung

„ES WAR WIE EINE VON MISSBRAUCH GEPRÄGTE FAMILIENSITUATION"

Der Manager entwickelte ein Verhalten, das immer nach dem gleichen Schema ablief – er brüllte Leute nieder, bis sie sich vor Angst ansch . . . und glättete dann die Wellen, wenn er sie soweit hatte. Er explodierte wie eine Atomrakete, donnerte uns an, schmiß uns aus seinem Büro, kam zu uns und nahm sich jeden persönlich vor. Dann, zehn Minuten später, schlenderte er lächelnd und plaudernd wieder heraus, als ob nichts geschehen wäre. Es erinnerte an eine von Mißbrauch geprägte Familiensituation. Die Leute, die dort blieben, beschwerten sich an einem Tag wahnsinnig über ihn, und am nächsten meinten sie: „Er ist gar nicht so übel." Wie mißhandelte Kinder schrieben sie den Fehler sich selbst oder den außergewöhnlichen Umständen zu, um ja nicht den Manager verantwortlich machen zu müssen. Auf der anderen Seite war dieser Kerl für mich so ein Arsch, daß ich mit Vergnügen zusah, wenn er etwas vermasselte.

Angestellter einer Kabelfernsehgesellschaft

„SIE DREHTE MIR SOGAR DEN ARM UM"

Wenn ich einen kleinen Fehler machte, sagte sie: „Du hast mich angelogen" oder nannte mich „einen kleinen Fliegenschiß". Sie drehte mir sogar ein paarmal richtiggehend den Arm um. Sie warf manchmal Sachen nach mir. Sie hatte eine Einstellung, die allgemein feindselig und rücksichtslos war. Manchmal ließ sie uns nicht zum Essen gehen – sie verlangte, daß wir durcharbeiteten. Es war ziemlich verrückt. Ich war hungrig, und mein Körper war nur mehr ein Wrack. Wir haben wie die Tiere geschuftet. Sie ratterte die Dinge nur so herunter. Alles ist bei ihr ein Notfall. Ich bin im Leben immer erfolgreich gewesen und daran gewöhnt, positives Feedback zu

bekommen – deswegen war diese Erfahrung so zermürbend für mich. Die Sache ist die, wenn man diesen Job gut machen will, muß man seine ganze Kraft hineinstecken. Aber ich war ständig damit beschäftigt, meinen Arsch zu retten. Den Job richtig durchzuziehen hätte nach hinten losgehen können oder Kontrolle ohne Ende hervorgerufen. Also hielt ich mich initiativenmäßig zurück. In dieser Atmosphäre haben eigentlich nur Angst und Schrecken regiert. Ich konnte nicht ungezwungen über Ideen reden. Ich befolgte ihre Anweisungen buchstabengetreu, ohne ein Fünkchen Eigeninitiative. Es macht dich fertig. Ich begann, nur mehr Bitterkeit zu empfinden, wenn ich an diese Managerin dachte. Es gab so viele Reibungspunkte, daß es unmöglich war zu kommunizieren. Das macht es noch einmal ein Stück schwieriger, seinen Job gut zu machen.

Consultant einer Big-Six-Accounting-Firma

X GRAUSAMKEIT kommt viel teurer als Freundlichkeit

EIN STIL, SO GRAUSAM, DASS ER DIE MORAL NIEDERSCHMETTERT

Das Kontrollbedürfnis dieser Managerin ist schon wirklich krank und pervers. Vielleicht hatte sie eine „schmerzliche Kindheit". Sie hat an allem etwas auszusetzen, wie zum Beispiel Heftklammern statt Büroklammern oder umgekehrt oder weiß der Teufel was. Im Prinzip warte ich ständig nur darauf, daß sie mir wieder einen Rüffel verpaßt. Ihr Stil ist so grausam, daß die Moral im Keller ist. Man fühlt sich wie ein Elefant im Porzellanladen. Fehler, die für jeden anderen gering erscheinen mögen, waren in unserer Miniwelt ziemlich schwerwiegend. Alle hier können Ihnen erzählen, wie sie lernten, etwas „richtig" zu machen, nachdem sie sich wegen eines Ausrutschers „die Finger verbrannt" hatten. Die Leute haben das schon so satt, und es herrscht hier ein reger Durchzugsverkehr. Seit zwei Jahren arbeiten wir schon an einem Projekt, und es wird zumindest noch ein Jahr mehr dauern. Die Lernkurve klettert ziemlich steil, also ist es ziemlich kostspielig, ständig neue Mitarbeiter dabeizuhaben.

Information Systems Manager eines Konsumgüterunternehmens

ZÄHNEKNIRSCHEN ALS MOTIVATION

Wenn ich etwas versaue, folgt bestimmt ein drohendes „grr, grr". Sie lassen ihren Frustrationen freien Lauf. Sich in die Enge getrieben zu fühlen – das ist das Schreckliche daran. Soll mich so eine Aktion dazu motivieren, mein Bestes zu geben? Ich muß mein Bestes geben, um da rauszukommen, um nicht angeschrien zu werden – ich muß unter den gegebenen Umständen das Beste tun.

Analyst einer Investmentbank

X UNBERECHENBARER ZORN unterminiert jedes andere faire Beurteilungssystem

ICH WERDE FERTIGGEMACHT, EGAL WIE GUT ICH BIN

Seine Launen wechselten wie das Wetter. Um zehn Uhr morgens konnte er dein bester Kumpel sein und eine halbe Stunde später dich total abbürsten. Ich lernte, mich immer schon auf das Schlimmste gefaßt zu machen. Ich dachte mir: „Okay, wenn er gut gelaunt ist, ist diese Arbeit total in Ordnung, wenn er schlecht gelaunt ist, werde ich fertiggemacht, egal wie gut ich bin." Es war so, daß ich stets mit dem Schlimmsten rechnen mußte, und ich konnte nur hoffen, daß seine Schreikrämpfe etwas milder als sonst ausfallen würden. Am Anfang versucht man, härter zu arbeiten, weil man sich auf das Schlimmste vorbereitet, und versucht zuzulegen, um die Schreierei zu vermeiden. Nach einer Weile weiß man, was Hilflosigkeit bedeutet. Ob gut oder schlecht, ich hatte das Gefühl, daß ich sowieso fertig gemacht werden würde, also warum dann noch seine ganze Energie hineinstecken? Das ist eine gefährliche und degenerierende Einstellung, und es ist klar, daß die Arbeitsqualität darunter stark leiden muß.

Mitarbeiter einer staatlichen Behörde

Launische Manager lassen Xer in unentwegter Angst leben, dem größten Motivationsdämpfer, den es gibt. Xer wollen vom Feedback der Manager lernen. Es ist jedoch unmöglich, von irrationalen Ausbrüchen zu lernen, da sie nichts wirklich Verläßliches aussagen. Daher machen es uns Manager, die uns mißbrauchen, unmöglich, unsere Leistung zu verbessern.

Xer haben keine Angst vor Mißbrauch treibenden Managern per se. Das heißt, die Ausübung von Autorität am Arbeitsplatz wird auch durch Mißbrauch treibende Manager nicht perniziöser ausgeübt als durch andere. Was Furcht aufkommen läßt, ist die Unberechenbarkeit, die eine Vorbereitung und Anpassung unseres Verhaltens an den Stil der Autoritätsausübung des jeweiligen Managers zu einem Ding der Unmöglichkeit macht.

X Wie eine Fahrt auf einem IRREN HIGHWAY

In einer Umgebung rationaler Konsequenzen ist es möglich, sein Verhalten anzupassen. Wenn man auf einem Highway mit einer Geschwindigkeitsbegrenzung von neunzig Kilometer je Stunde und einer Mindestgeschwindigkeit von siebzig Kilometer je Stunde fährt, kann man intelligente Entscheidungen treffen, wie schnell man fahren will. Man könnte sich entscheiden, auf die Regeln zu pfeifen und trotzdem hundert Kilometer je Stunde zu fahren, weil man weiß, daß die Highway-Polizei Autos erst bei einer Übertretung von hundertfünf Kilometer pro Stunde oder mehr anhält. Nun stellen Sie sich denselben Highway vor, diesmal ohne Geschwindigkeitsbegrenzung und einem Polizisten, der Autos wahllos anhält.

Natürlich, es kann sein, daß der Polizist eine ordnende Rationalität hinter seinem Approach sieht, obwohl niemand sonst sie entdecken kann, oder vielleicht hält er Autos an, wann immer ihn der Gedanke beklemmt, im Streifenwagen zu fahren, oder vielleicht hält er Autos an, wann immer er schlecht gelaunt ist. Wie schnell fahren Sie? Möglicherweise trachten Sie danach, überhaupt nicht zu fahren oder zumindest dann nicht, wenn der Polizist in der Nähe ist. Vielleicht sehen Sie sich nach einer anderen Route um.

Angst motiviert Meidung und Lähmung. In einer von Angst geprägten Umgebung lernen wir Xer sehr rasch, uns die Zügellosigkeit der Manager nicht bieten zu lassen. Da gehen wir lieber in Deckung, bis wir eine Alternativroute gefunden haben.

„DIE LEUTE HABEN KEINE ZEIT, UM HÖFLICH ZU SEIN"

Den ganzen Tag wird auf einem herumgehackt. Du wirst körperlich hergenommen, da man die ganze Zeit auf Trab gehalten wird, und in regelmäßigen Abständen auch verbal attackiert – was noch mehr auslaugt. Es gibt sehr wenig Ermutigung. Wenn etwas schiefgeht, folgt das Theater schon auf dem Fuße. Man bekommt viel Ärger zu spüren. Die Leute denken, sie haben keine Zeit, um höflich zu sein.

Associate einer großen Investmentbank

X Manager ersparen sich nichts an Zeit, wenn sie ÄRGER UND UNMUT fördern

ER WAR SO GEMEIN, DASS ICH MIR DEN GROSSTEIL DES TAGES FREINEHMEN MUSSTE

Wenn wir in bezug auf ein Thema verschiedener Meinung waren, ging mein Manager verärgert und kopfschüttelnd ab – und dann sprach er eine Weile nicht mit mir. Dieser Mann weiß einfach nicht, wie man Ärger in positiver Art und Weise ausdrückt, und es ist sehr schwierig, optimal zu arbeiten, wenn jemand so gemein ist. Es hat

mich wirklich getroffen. Einmal war er so abscheulich, daß mir schlecht wurde – ich mußte mir den Großteil des Tages freinehmen. Ich habe auch stark abgenommen und damit begonnen, zu laufen. Der enorme Druck hat mich geradezu in ein intensives Lauftraining getrieben. Ich bin dann auch toll in Form gekommen. Die ganze Zeit über habe ich in der Arbeit Blödheiten gemacht und mich mit den Leuten im Büro nur schwer verstanden. All meine positive Energie ging für das Laufen drauf, und für das Büro blieb nichts übrig.

Office Manager einer Policy Group in Washington

X Und Manager schwächen ihre eigene Macht, wenn sie die von ihnen gemanagten Leute HERUNTERMACHEN

LEUTE SCHLECHT BEHANDELN, UM SICH SELBST MÄCHTIG ZU FÜHLEN

Es gibt viele Personen in Autoritätspositionen, die mißbrauchendes Verhalten an den Tag legen, um sich selbst besser zu fühlen, indem sie ihre Macht in extremer Weise ausüben. Sie haben diesen Machtkomplex und behandeln Leute wie Dreck, um sich selbst mächtig zu fühlen. Meine Arbeit bringt es oft mit sich, daß ich Mahlzeiten auslassen muß oder während Sitzungen nicht auf die Toilette gehen darf.

Associate einer Investmentbank

„. . . SO WIE NIEMAND JEMANDEN ANBRÜLLEN SOLLTE"

Sie brüllte mich an, so wie niemand angebrüllt werden sollte – und das wegen wirklich dummer Dinge. Irgend etwas war los mit ihr. Wenn etwas schiefging, oder wenn ich etwas nicht genauso tat, wie sie es wollte, brüllte und schrie sie: „Wie können Sie das nur tun? Sie sollten das wissen! Wieso wissen Sie das nicht?" Es ging immer um etwas, das Ansichtssache war oder das ich beim besten Willen nicht wissen konnte. Mir stiegen die Tränen in die Augen, weil ich mich so mies fühlte, all diese schrecklichen, entsetzlichen Dinge getan zu haben, wo es sich doch nur um lächerliche Kleinigkeiten handelte. Eines Tages hatten wir eine Konferenzschaltung, und meine Managerin drehte sich zu mir um und sagte: „Haben Sie diesen Mini-Kassettenrecorder? Können Sie ihn herunterbringen?" Die Konferenzschaltung hatte bereits begonnen. Ich raste hinauf, schnappte mir den Kassettenrecorder und griff sogar nach Leerkassetten – und brachte ihr alles sofort. Sie fragte mich, ob ich den Kassettenrecorder getestet hätte. Ich begann, ihr zu erklären, daß ich die Batterien getestet hatte, und sie flippte total aus, schrie, ja brüllte mich an. Ich dachte bei mir: „Wow, der Kassettenrecorder ist in Ordnung, aber sie sollte ihre Batterien testen lassen."

Assistant Account Executive einer Werbeagentur

X Manager, die Mißbrauch treiben, verursachen SCHLEICHENDE REBELLIONEN im Büro

ER TRIEB SEINEN MITARBEITERN TRÄNEN IN DIE AUGEN

Es war ein kleines Büro, komplett dominiert vom CEO, der ein extrem schwieriger Mensch war. Es war unmöglich, ihn zufriedenzustellen – er war ein wandelndes Pulverfaß, so ungeduldig, daß er seinen Mitarbeitern regelmäßig Tränen in die Augen trieb. Dieser Kerl war ein Mittfünfziger, unverheiratet, und sein gesamter Mitarbeiterstab bestand aus Frauen unter dreißig. Er war so gemein, ungeduldig und einschüchternd. Ich glaube, daß das seine volle Absicht war – er hat so seine Probleme mit Frauen. Ich denke, daß es für ihn leichter war, Frauen zu traktieren. Er brüllte, daß die Wände wackelten, wenn jemand eine Telefonnummer nicht finden konnte. Er rastete wegen der kleinsten Lappalie aus. Ich mobilisierte einiges an Energie, um ihm aus dem Weg zu gehen – richtete meine Mittagspause so ein, daß ich ihn nicht sehen mußte, richtete es so ein, daß ich das Büro verließ, wenn er da war und ich da war, wenn ich wußte, daß er unterwegs sein würde. Ich wollte gar nicht mehr ins Büro gehen. Jeder erkannte das Problem und hat sich in stiller Rebellion gegen ihn verbündet. Außerdem haben ständig Leute gekündigt.

Assistent Public Affairs Coordinator eines Public-Interest-Medienunternehmens

X Wenn Xer ein Unterstützungsnetzwerk für mißbrauchte Kollegen bilden müssen, wird ihre Energie von den MANAGEMENTZIELEN abgelenkt

Wie bei anderen Beziehungen, die durch Mißbrauch gekennzeichnet sind, zehrt auch der Managementmißbrauch an den geistigen und körperlichen Kräften von Xern. Von der darniederliegenden Moral und Demotivation einmal abgesehen, leiden mißbrauchte Xer unter Depressionen und physischen Erkrankungen. Diese Auswirkungen erhöhen nicht nur die Kosten des Arbeitgebers, die mit dem Krankenstand und der medizinischen Versorgung verbunden sind, sondern veranlassen Xer, die Frage des Wohlbefindens für uns selbst und unsere Kollegen stark zu forcieren.

Auf persönlicher Ebene ziehen sich Xer, denen Mißbrauch widerfahren ist, in sich selbst zurück und gehen auf die Suche nach selbstwertsteigernden Strategien, die nicht mit der Arbeit im Zusammenhang stehen. Diese Strategien überbrücken die Zeit, bis wir neue Jobs gefunden haben. Unter unseren Kollegen trotzen Xer dem Ethos der Angst und

Einschüchterung und wandeln den Arbeitsplatz in eine Stätte des Wachsens und des rationalen Feedbacks um, indem wir unter uns Unterstützungsnetzwerke aufbauen.

Wo Manager es uns unmöglich machen, durch die Arbeit zu lernen und zu wachsen, arbeiten Xer, geeint durch ihre gemeinsame Erfahrung, an der Erweiterung eines Repertoires der anderen Art – nämlich wie man mit Managern, die uns mißbrauchen, fertig wird, wie man sie meidet, und wie man an ihnen Rache übt.

Da so viel an kreativer Energie für diese Gruppenarbeit abgezweigt wird, sind Xer gefährliche Bürorebellen. Wir stiften subtile Formen der Rebellion an, die für das Unterm-Strich-Ergebnis dramatische Folgen haben können.

MANAGER-MIST BRINGT DIE GERÜCHTEKÜCHE ZUM DAMPFEN

Man wurde Zeuge von einem schlimmen Übergriff des Kongreßabgeordneten – wie er zum Beispiel jemanden in sehr erniedrigender Weise auf das Wüsteste beschimpfte, ihn „Scheißkerl" oder einen „verdammten Idioten" nannte, genau dort, wo jeder es hören konnte. Kaum hatte diese Person das Büro des Kongreßabgeordneten verlassen, versuchten alle, mit jener Person den Vorfall auszudiskutieren. Etwa so: „Der Kongreßabgeordnete ist heute total außer Kontrolle" oder „Er ist einfach ein totales Arschloch" oder „Hey, kann ich irgendwie helfen?" Wenn man für jemanden arbeitet, der Leute wirklich so mißbraucht und noch dazu in so einem kleinen Büro, dann müssen alle zusammenhalten und einander unterstützen.

Legislative Assistant in einem betriebsamen Kongreßbüro

X Untergräbt man das Selbstvertrauen von Xern, KILLT MAN IHRE MOTIVATION in Null Komma nichts

ER VERMITTELT MIR DAS GEFÜHL, EIN STÜCK DRECK ZU SEIN

Er schafft es, dich zurechtzustutzen und wie einen kompletten Idioten aussehen zu lassen. Einmal stellte ich ihm eine Frage . . . er muß aus irgendeinem Grund genervt gewesen sein. Er fuhr mich einfach nur an und sagte: „Tun Sie's einfach." – in einem ziemlich abfälligen Ton. Ein paarmal hat er Dinge gesagt, die mich so in Rage brachten, daß mir die Tränen in die Augen stiegen – er vermittelte mir ehrlich das Gefühl, ein Stück Dreck zu sein. Alles, was ich tun konnte, war, in mein Büro zurückzugehen. Bei der Art und Weise, wie einige von ihnen mit Associates umspringen, drängt sich die Frage auf, wie sie erzogen wurden, ob sie immer solche unverschämten, rücksichtslo-

sen Menschen waren oder ob all die Jahre in dieser Firma sie dazu gemacht haben. Die Art, wie man uns behandelt, ist eigentlich überraschend, denn schließlich sind wir Anwälte, und man würde meinen, daß man sich unter Kollegen mit einem gewissen Maß an Respekt und Anstand begegnen könnte. Diese guten Vorsätze sind aber alle beim Teufel, wenn es Druck gibt. Einige von ihnen stehen in dem Ruf, Schreikrämpfe zu bekommen, was mich verwundert, wenn man bedenkt, welche Ausbildung und wieviel Training sie durchmachen mußten, um dahin zu kommen, wo sie jetzt sind.

Associate einer großen Rechtsanwaltskanzlei

X Manager verlieren den X-Respekt, wenn wir miterleben müssen, wie unsere Kollegen MISSBRAUCHT werden

VOM KRANKENBETT AUS IN DIE KONFERENZ GESCHALTET

Einmal berief jener Kompagnon eine Teamsitzung ein und ließ einen Associate, der wirklich hart gearbeitet hatte und mit schwerer Grippe zu Hause im Bett lag, per Telefon dazuschalten. Mitten in der Konferenzschaltung sagte dieser Kompagnon vor allen Kollegen: „Ich weiß, daß Sie nicht wirklich krank sind, was tun Sie zu Hause?" Dann stoppte er mitten in der Sitzung und fragte diesen armen Kerl: „Was habe ich gerade gesagt?" Er putzte den Mann herunter, weil er nicht aufgepaßt hatte, sagte dann mit Sarkasmus in der Stimme: „Ich weiß, daß Sie sehr krank sind" und legte den Telefonhörer auf, ohne „Auf Wiedersehen" zu sagen. Das war nur ein typisches Beispiel für die Art, wie sich viele der Kompagnons der Firma gegenüber den Associates benehmen. Aus irgendeinem Grund fühlen sie sich bemüßigt, die Associates so herabwürdigend zu behandeln.

Associate einer großen Rechtsanwaltskanzlei

X Manager, die Mißbrauch treiben, sind das Ziel von RUFMORD VIA E-MAIL: High-Tech-Klatsch aus der Kaffeeküche

„IHRE MITARBEITER HATTEN BOSHAFTE E-MAIL-MESSAGES GESENDET"

Es gibt in unserer Firma eine Managerin, die jeden Tag für Gesprächsstoff sorgt. Sie hat einen merkwürdigen Machtkomplex – es scheint ihr einen Kick zu geben, Leute zu zerstören und dann zu versuchen, sie mit etwas höflichem Getue wieder zu ködern. Die Menschen, die für sie arbeiten, hassen sie wie die Pest. Vor kurzer Zeit ging diese Managerin die E-Mail-Liste durch und entdeckte, daß alle Leute, die für sie arbeiteten, wirklich beleidigende Messages geschrieben hatten, wie sehr sie sie hassen, wie durchgeknallt sie sei, was für ein Miststück sie sei und auch sonst noch so allerlei Gehässiges und Beleidigendes über sie. Natürlich lief sie Amok.

Business Development Executive einer Kabelfernsehgesellschaft

X Wenn man ihnen die Chance gibt, mutieren Xer zu wahren RACHEENGELN

RACHE AM BASKETBALLPLATZ

An unserem zweiten Arbeitstag stürmte der für unser Projekt verantwortliche Manager herein und las uns ordentlich die Leviten. Dieser Kerl schrie und brüllte uns an, daß wir gefälligst funktionieren sollten, daß er uns beobachten würde, daß er keinen Shit dulden würde. Er entpuppte sich als richtiges Ekelpaket – hat wahrscheinlich auch Hämorrhoiden. Man konnte nicht einmal zu ihm rüberschielen, ohne daß er einem gleich an die Gurgel sprang. Als wir einmal gemeinsam an einem Basketballspiel teilnahmen, gehörte dieser Typ zum anderen Team. Diese Chance kam für uns wie gerufen. Vor, während und nach dem Spiel sprachen wir alle darüber, wie wir diesen Kerl am Basketballplatz ungespitzt in den Boden rammen würden. Er war dran, soviel war klar. Es war ein Heidenspaß. Versteht sich, daß wir diesem Kerl das Leben, in diesem Fall einen Treffer, schwer machen würden. Jedesmal wenn er den Korb auch nur anschaute, hatte er einen Unterarm im Kreuz oder im Bauch. Wir machten Kleinholz aus ihm. Darüber reden wir noch heute.

Programmanalyst

X Xer demotiviert man am besten, indem man uns das Gefühl vermittelt, daß wir die uns zustehenden GEGENLEISTUNGEN nicht bekommen

Manager, die sich beschweren, daß Xer sich nicht hochdienen wollen, mißinterpretieren deren ungeduldiges Herbeisehnen von kurzfristigen Belohnungen und Zeichen des Erfolgs. Das Hochdienen ist ein problematisches Konzept für Xer, deren Chancen auf langfristige Sicherheit, egal in welchem Lebensbereich, gering sind. Von Arbeitgebern können wir keine Jobstabilität im Sinne einer Lebensstellung erwarten. Von der Welt erwarten wir nur minimale Zukunftsstabilität sowohl in bezug auf die ökologischen und wirtschaftlichen Bedingungen als auch auf die grundlegenden familiären und sozialen Strukturen.

Xer streben in der Tat nach kurzfristigen Belohnungen und Zeichen des Erfolgs – wir sind gelehrige Schüler einer kurzlebigen Welt. Unser wahrer Ehrgeiz ist die Suche nach Sicherheit angesichts einer Welt, die von Instabilität gekennzeichnet ist.

Während wir Xer wissen, daß wir keine Jobstabilität alten Stils in einem Arbeitsverhältnis finden können, sehen wir uns in unserer Arbeit und unserer Karriere nach einer neuen Form von Sicherheit um, die das in allen anderen Lebensbereichen fehlende Fundament bieten soll.

Für Xer stellen Arbeit und Karriere potentiell unschätzbare Quellen persönlicher Sicherheit dar, weil wir gelernt haben, unsere Jobrepertoires und kreativen Fähigkeiten als wichtigste Hilfsmittel in den Stürmen des Lebens zu betrachten.

Xer sind so versessen auf unmittelbare Gegenleistungen von Managern, weil die kurzfristigen Zeichen des Erfolgs in unserer Arbeit beweisen, daß unsere Hilfsmittel noch wirksam sind. Kurzfristige Belohnungen bestätigen Xer darin, daß wir nicht unsere Zeit verschwenden – daß unsere Investition von Zeit und kreativer Energie von Managern entsprechend geschätzt wird.

Jene Xer, die in diesem Abschnitt zu Wort kommen, erzählten mir von Managern, die es verabsäumen, Xern regelmäßig zu bestätigen, daß sich unsere harte Arbeit bezahlt macht. Die Manager in diesem Abschnitt verweigern Xern beharrlich jegliche Zeichen des Erfolgs und unterminieren somit deren Fähigkeit, durch ihre Arbeit persönliche Sicherheit zu erlangen. Manager, die Xern keine Anerkennung, kein Danke, kein Lob, keine Belohnung und in vielen Fällen kein wie immer geartetes Feedback zuteil werden lassen, machen es für Xer unmöglich, den Wert unserer harten Arbeit zu kontrollieren.

EIN EINFACHES „DANKE"

Ist es wirklich zuviel verlangt, zumindest ein einfaches „Danke" zu erwarten, wenn ich mich hier schon Tag für Tag kaputt robote? Vielleicht die geringste Anerkennung, daß ich hier bin, hart arbeite, mein Bestes gebe?

Administrative Assistant einer staatlichen Behörde

Wenn wir keine Spur von Anerkennung erhalten, stellt sich uns bisweilen die Frage, ob unsere Manager überhaupt wissen, daß wir in ihrer Firma arbeiten. Diese Führungskräfte geben unserer angeborenen Skepsis neue Nahrung, ob es denn noch einen Wert hat, in Institutionen, wie zum Beispiel auch in Arbeitgeber, zu investieren, und signalisieren Xern, daß wir wenig Gegenleistung für unsere harte Arbeit zu erwarten haben. Wir Xer definieren uns nicht über Bonuszahlungen, Gehaltserhöhungen und Beförderungen. Aber diese Dinge zählen noch immer. Manager, die sich weigern, Xer nach dem Prinzip Ehre, wem Ehre gebührt, zu bedenken, treiben den Abbau ihrer kreativen Aktivposten rapide voran.

„ICH WILL IRGENDEINE ANERKENNUNG"

Mußten Sie jemals jemandem sagen, wie gut Sie sind, nur um ein bißchen Ruhm zu ernten? Vor kurzem lancierte mein Team eine neue Zeitschrift, wobei vom Konzept bis zum verkaufsfertigen Exemplar alles auf unsere Rechnung ging. Bei der öffentlichen Präsentation des Magazins trat mein Manager auf, verbeugte sich . . . nahm das ganze Verdienst für sich in Anspruch und spielte unsere Rolle herunter. Das hat mich wirklich gestört, denn schließlich hatte ich mir für das Projekt den Arsch aufgerissen. Es war für ihn an der Zeit, meine Arbeit öffentlich anzuerkennen. Wenn ich wirklich hart für Sie arbeite, will ich irgendeine Anerkennung.

Associate General Manager For Development eines Zeitschriftenverlags

X-Ehrgeiz ist eine Suche nach PERSÖNLICHER SICHERHEIT

„EIN BISSCHEN SCHULTERKLOPFEN"

Keine Nachrichten sind gute Nachrichten. Ab und zu klopft mir einer der diensthabenden Ärzte, meistens einer der jüngeren, gönnerhaft auf die Schulter. Aber das ist wirklich die Ausnahme von der Regel. Der Mangel an Feedback kann ehrlich demoralisieren.

Assistenzarzt in der Chirurgie

ANERKENNUNG MUSS ÖFTER ALS ALLE JUBELJAHRE KOMMEN

Er weiß Leistungen zu schätzen, aber man muß diesen Kerl schon gut kennen, um das in dem Moment auf sich zu beziehen – wenn er es zum Ausdruck bringt .. alle Jubeljahre einmal. Ich gebe mein Bestes, aber es fällt schwerer, es überragend gut zu machen. Ich gebe einhundert Prozent, aber nicht einhundertundzehn Prozent. Verstehen Sie, was ich meine?

Anwaltsassistent

Xer können es sich nicht leisten, für Manager zu arbeiten, die VERDIENSTE VORENTHALTEN

„ES SAH SO AUS, ALS OB ICH EIGENTLICH KEINEN GRUND HÄTTE, DORT ZU SEIN"

Ich hatte einen Manager, der wirklich Probleme damit hatte, mir den Verdienst an meiner eigenen Arbeit anzurechnen. Wir gingen zusammen zu Sitzungen, wo er eine Präsentation machte – für die ich alles recherchiert und vorbereitet hatte. Während der Präsentation sagte er dann: „Ich habe das näher untersucht" oder „Ich recherchierte das." Er hat meine Arbeit nie anerkannt. Ich ging mit ihm zu diesen Sitzungen, aber es sah so aus, als ob ich eigentlich keinen Grund hätte, dort zu sein. Und das war ein starker Leistungshemmer und machte es schwierig, meinen Job gut zu machen. Ich hätte am liebsten alles verkorkst und gesehen, wer dann die Lorbeeren dafür eingesteckt hätte.

Associate einer Investmentbank

NUR DUMME MANAGER BEANSPRUCHEN ALLEN VERDIENST FÜR SICH

Als ich diesem Manager meine Lösungen anbot, präsentierte er die Resultate selbst und steckte das ganze Verdienst dafür ein. Das gibt den Leuten auf der Juniorebene das Gefühl, nur die Arbeitsbienen zu sein – den Honig schöpfte dieser Kerl ganz allein ab. Ich wollte für so jemanden nicht hart arbeiten.

Associate einer Management-Consulting-Firma

Manager, die Verdienste stehlen, verdienen KEINE GLAUBWÜRDIGKEIT

Wenn Manager die Arbeit von Xern in ihre eigenen Endprodukte integrieren und Xer dabei aus der Gleichung streichen, sieht das für uns so aus, als ob sie unsere Arbeit stehlen. Ohne Hoffnung auf langfristige Belohnungen sind es die Produkte unserer Arbeit, über die wir kurzfristige Beiträge leisten wollen – Beiträge, die als kurzfristige Investitionen unseres kreativen Talents von großem Wert sein sollen. Wenn wir unsere kreativen Endresultate anbieten, sondieren wir das Terrain – versuchen herauszufinden, ob wir uns in einem Umfeld befinden, welches unsere Art von Investition zu schätzen weiß.

Nur in einem investitionsfreundlichen Umfeld können wir beginnen, unsere kreativen Talente einzusetzen, um die Art von Selbstwertsteigerung zu erreichen, die zu unserer persönlichen Sicherheit beitragen wird.

Wenn wir Beiträge leisten und unsere Manager den ganzen Ruhm einstreichen, ist das für Xer so, als ob wir Geld auf die Bank einlegten, der Betrag aber auf das Konto eines anderen gutgeschrieben würde. Wir empfinden es als Veruntreuung unserer Kreativität. Es ist eher unwahrscheinlich, daß wir noch einmal auf dasselbe Konto etwas einzahlen, wenn es einen Manager gibt, der sich als unwürdiger Treuhänder unserer kreativen Aktivposten entpuppt hat.

Xer WISSEN UM DIE WETTERFAHNEN-MENTALITÄT

Sie lassen sich feiern, wenn etwas klappt, und weisen alle Verantwortung von sich, wenn etwas schiefgeht. Diese Manager wurden bei einer Firmensitzung lobend erwähnt – und ihre Arbeit über den grünen Klee gepriesen. Das war für die Leute, die unter ihnen arbeiteten und eigentlich die ganze Arbeit gemacht hatten, demoralisierend. Wir konnten es einfach nicht glauben, daß das leitende Management nicht wußte, was Sache war, wer wirklich die Arbeit machte. Das war ein großer Motivationskiller.

Analyst eines Marketingunternehmens

„ICH SOLLTE DOCH IRGENDWIE BELOHNT WERDEN"

Wenn mein Manager nichts dafür tut, auf daß ich eine Beförderung oder eine Gehaltserhöhung bekomme, frustriert und ärgert mich das extrem. Ich arbeite hier über der Norm, also sollte ich doch irgendwie dafür belohnt werden. Soll ich vielleicht aufhören, so hart zu arbeiten, oder die Firma einfach verlassen?

Senior Account Manager einer Versicherungsagentur

VORSICHT VOR LÄHMENDER APATHIE

Sagen wir mal, Sie tun Ihr absolut Bestes und werden dann sozusagen mit Scheiße beworfen. Tja, wieso sollte man dann das nächste Mal genauso hart oder noch härter arbeiten?

Chefredakteur einer Zeitschrift

X Warum Xer ohne Feedback UNRUHIG werden

Manager müssen uns Xer nicht täglich mit Gehaltserhöhungen oder Beförderungen beglücken, um unseren Ehrgeiz zu befriedigen. Damit sich das Gefühl persönlicher Sicherheit einstellt, sollten Führungskräfte uns ganz einfach regelmäßig mit Informationen in bezug auf den Status unserer Arbeitsleistung versorgen.

Wie regelmäßig? Wenn es nach uns ginge, würden wir Xer unseren Status am Arbeitsplatz genauso überprüfen wie wir unser Bankkonto per Kontoauszugsdrucker und unser soziales Leben mit Voice-Mail kontrollieren. Das heißt, daß es für Manager einfach ist, Xer mit Feedback zu versorgen – und wenn es nur ein Satz ist – solange es prompt, spezifisch und genau erfolgt. Wir Xer möchten die Freiheit haben, unsere eigenen kreativen Endresultate in unserem eigenen Tempo hervorzubringen.

Haben wir einmal diese Resultate in unseren Investmentfonds eingelegt, möchten wir auch im von uns bestimmten Zeitrahmen den Wert unseres Beitrages kontrollieren können. Wir wollen Feedback, das wie ein Lochstreifen auf unserer Investition funktioniert. War das eine gute Investition? Zeigt die Kurve nach oben oder nach unten? Soll ich statt dessen anderswo investieren?

Jene Xer, die in diesem Abschnitt zu Wort kommen, beschreiben Manager, die nicht gewillt sind, den Stil des Lochstreifen-Feedbacks zu beherzigen. In vielen Fällen sind die hier beschriebenen Manager nicht gewillt, Statusberichte, welcher Art auch immer, anzufertigen. Wenn Manager Xern ungenügendes Feedback für ihre Beiträge bieten, haben sie keine Möglichkeit, die zukünftige Investition ihrer kreativen Energie zu planen. Wird unsere Investition geschätzt? Sollen wir unsere Energie weiterhin in die Zusammenarbeit mit denselben Managern hineinbuttern? Müssen wir unseren Beitrag für das nächste Mal weiterentwickeln? Soll er größer oder kleiner sein? Wie kann ich ihn besser gestalten?

Ohne Feedback können sich Xer nicht verbessern. Außerdem haben wir keine Versicherung, daß wir erfolgreich arbeiten – daß sich unsere Investition bezahlt macht. Die Folge ist, daß Xer das Vertrauen verlieren, wachsende Unruhe bei der Arbeit verspüren und sich im Kreis zu drehen beginnen.

Xer SUCHEN IN MANAGERN NACH WAHRER MOTIVATION

Ich habe nicht das Gefühl, überhaupt gemanagt zu werden. Mein Manager schreit nie, kritisiert nie, sagt aber auch nie etwas Positi-

ves. Manchmal frage ich mich, was er wirklich über mich denkt. Bin ich wirklich so gut, oder sagt er es mir einfach nur nie, wenn etwas nicht so gut ist?

Associate General Manager Of Development eines Zeitschriftenverlags

X REGELMÄSSIGES FEEDBACK ist die wichtigste kurzfristige Belohnung, die Manager Xern geben können

„ES FRAGT SICH, OB MEINE ARBEIT WIRKLICH SO GROSSARTIG WAR"

Ich war der Protokollführer einer Bundesrichterin. Ich bekam sehr wenig Feedback von ihr, sogar wenn ich sie extra darum bat. Also stand ich oft da und fragte mich, ob meine Arbeit wirklich so großartig war oder nicht. Es kam nicht einmal der geringste Zuspruch von ihrer Seite, was Unbehagen in mir auslöste, da ich nicht wußte, ob meine Leistung ihren Erwartungen entsprach.

Protokollführer eines Bundesrichters

INFORMATIONSVERWEIGERUNG ERZEUGT ANGST

Niemand sagt mir je, wie ich mich so mache. Wenn ich könnte, würde ich diesen Job morgen hinschmeißen, weil ich das Gefühl habe, daß ich hier keinen festen Stand habe. Ich weiß nicht genau, wie meine Arbeit ist oder ob mein Arbeitspensum und meine Arbeitsgeschwindigkeit stimmen oder sonst was. Ich habe Angst, daß man mich feuert – fühle mich, als ob mein Job ständig in Gefahr wäre. Ich leide an regelrechten Angstattacken, was meine Arbeit unglaublich behindert. Andauernd steigt in mir der Gedanke hoch, daß ich das vielleicht doch nicht so gut kann. Wenn mir jemand sagen würde, daß ich meinen Job gut mache, wäre das für mich schon Bestätigung genug – wenn jemand sagen würde: „Arbeite weiter so hart, du machst dich prima", würde ich wahrscheinlich weniger oft an Kündigung denken . . . Oft fühlte ich mich so, als ob keiner eigentlich wüßte, was ich tat. Ich lebte in ständiger Sorge um mein Arbeitsergebnis, hatte immer Angst, daß ich etwas falsch mache. Ich bin sicher, daß eine Menge Zeit mit unnützen Dingen draufging. Das hätte eigentlich dazu führen sollen, daß ich härter arbeite, ich arbeitete jedoch härter an Dingen, die ich gar nicht hätte tun müssen.

Associate einer mittelgroßen Rechtsanwaltskanzlei

X Geben Sie Xern nicht nur dann FEEDBACK, wenn etwas schiefläuft

Jene Xer, die in diesem Abschnitt zu Wort kommen, beschreiben Manager, von denen eine Menge Feedback kommt – aber dieses Feedback ist einseitig und daher ungenau. Anstatt Xern eine faire Einschätzung ihres Erfolges zu ermöglichen, verringert vollends negatives Feedback unser Gefühl persönlicher Sicherheit in unnötigem Maße.

DAS FEEDBACK-PROBLEM ZUSAMMENGEFASST

Man bekommt fast nie positives Feedback, aber man kriegt es stets zu hören, wenn man etwas verbockt hat.

Arzt im ersten Turnusjahr

Da bei Problemen, Krisen und Fehlern oft die unmittelbare Schadensbegrenzung das Gebot der Stunde ist, verlangen solche Situationen die ganze Aufmerksamkeit der Manager. Wenn eine Führungskraft ihre Zeiteinteilung umstoßen muß, um sich einer dringenden Situation zu widmen, läßt sie ihren Mißmut oft an dem Angestellten am untersten Ende der Hierarchie aus. Daher bekommen wir Xer es immer zu hören, wenn wir Mist gebaut haben.

Xer können von negativem Feedback lernen, solange es spezifisch, aktuell und genau ist. Ohne positives Feedback als Ausgleich kann negatives Feedback jedoch sehr demoralisierend wirken.

Das Problem ist, daß zu viele Manager sich in weniger angespannten Umständen nicht die Zeit nehmen, Xer zu loben, wenn alles reibungslos verläuft. Manager, die Fehlschläge hervorheben, ohne auch Zeit für eine Betonung des Erfolgs einzuräumen, fertigen Xer mit verzerrten Statusberichten und unvollständigen Momentaufnahmen unseres Erfolgspotentials ab.

Nach einer Weile ist es uns Xern dann freilich nicht mehr möglich, auch von negativem Feedback zu lernen, da wir uns ärgern, daß nicht einer unserer Errungenschaften soviel Aufmerksamkeit geschenkt wird wie unseren Fehlschlägen. So nach und nach bekommen wir ein völlig entstelltes Bild unserer Leistung – unser Selbstvertrauen löst sich in Luft auf.

Ob wir uns von Managern unfair beurteilt fühlen oder eine falsche Vorstellung von unserer Arbeit bekommen, unausgewogenes Feedback ist so entmutigend, daß es uns Xer oft in die Kündigung treibt.

„KEIN FEEDBACK, BIS ICH MIST BAUTE"

Es gab absolut kein Feedback, bis ich Mist baute. Meine allgemeine Besorgnis wurde durch die Tatsache verstärkt, daß manchmal ein

Seniorpartner zu mir hereinkam und etwas, das ich gemacht hatte, kritisierte. Das einzige Feedback, das ich bekam, bestand darin, daß mich jemand mit der Nase auf einen Fehler stieß – also fühlte ich mich wie der dümmste Anwalt auf Gottes Erdboden.

Associate einer mittelgroßen Rechtsanwaltskanzlei

X Wenn Xer nichts als negatives Feedback erhalten, VERLIEREN SIE DAS VERTRAUEN in ihre Fähigkeiten

RÜCKEN SIE DIE DINGE INS RICHTIGE VERHÄLTNIS

Sie betont das, was daneben ging, anstatt das, was gut lief. Obwohl die meiste Arbeit etwa zu neunzig Prozent lückenlos ist, konzentriert sie sich nicht darauf. Natürlich muß sie darauf hinweisen, wenn etwas nicht stimmt, aber es sieht so aus, als ob sie auf nichts anderes hinweist. Das geht mir auf die Nerven.

Marketing-Spezialist eines Schwergüterproduzenten

VERMEIDEN SIE DIE WORTE: „ES IST IHRE SCHULD"

Da gab es ein Experiment, das ich immer und immer wieder durchführte. Meine Forschungsleiterin sagte mir ständig: „Sie versauen alles, Sie machen es nicht richtig, es ist Ihre Schuld." Ich war so aufgebracht, daß ich in die Bibliothek ging und einen Fachartikel fand, der bewies, daß das, was sie von mir verlangt hatte, von den theoretischen Grundlagen her unmöglich war. Als ich es ihr erzählte, sagte sie: „Kommen Sie nicht wieder, bevor Sie es beendet haben, ich gebe Ihnen noch das Wochenende über Zeit." Das war für mich der Punkt, wo ich einsah, daß es keinen Sinn hatte. Ich begann, mich nach anderen Forschungsgruppen umzusehen.

Forschungswissenschaftler einer großen Universität

X Xer suchen sich neue Jobs, wenn man ihnen ständig beweist, WIE WENIG ihnen doch ihre Arbeit einbringt

„SIE KRITISIERT DIE AUSSAGEN ANDERER LEUTE AUF DAS HEFTIGSTE"

Meine Abteilungsleiterin sagt, daß alle ihrer Meinung nach offen reden sollten, aber sie schafft kein Klima, in dem das möglich ist. Sie kritisiert die Aussagen anderer Leute auf das Heftigste, sie unter-

bricht sie und sagt: „Ich glaube nicht, daß das sehr relevant ist", sie verdreht die Augen, wenn Leute reden. Daher bleiben die meisten Leute in ihrer Gegenwart stumm.

Physiklehrer an einer High-School

„FEEDBACK KANN ABLENKEN"

Mein Manager läßt viel negatives Feedback hören, aber niemals kommt ein freundliches Wort über seine Lippen. Ich fühle mich wie Dreck behandelt. Er spricht mir eine Nachricht auf mein Voice-Mail, in der er irgend etwas kritisiert, was ihm nicht gepaßt hat, aber ich bekomme keine Nachricht, wenn ich meinen Job gut gemacht habe. Das lenkt ab. Ich werde irritiert, weil ich sauer bin.

Staff-Consultant einer Firma für Informationssysteme

„NEGATIVES FEEDBACK SCHADET MEINER MOTIVATION"

Arbeit ist eine Top-Priorität in unserem Leben, also kann positives Feedback als wichtiges Element viel zu einer glücklichen Atmosphäre im Büro beitragen. Ich bekomme fast nie positives Feedback, ich kriege nur dann was zu hören, wenn ich Scheiße gebaut habe. Wenn ich mich hier schon dermaßen abschinde, dann versetzt solch ein negatives Feedback meiner Motivation einen starken Schlag.

Vizepräsident einer großen Investmentbank

X Wieso formelle Beurteilungen oft KEINE keine große Hilfe sind

Die meisten Xer, die ich interviewte, berichteten von ihren Erfahrungen mit formellen Beurteilungen. Formelle Beurteilungen erfolgen unterschiedlich oft – einmal jährlich bis einmal monatlich. Auch die Art und Weise, wie sie durchgeführt werden, ist durch eine große Variationsbreite gekennzeichnet. Einige Beurteilungen werden schriftlich abgefaßt, einige werden mündlich mitgeteilt, einige basieren auf Punkte- oder anderen Meßsystemen, optisch durch Kästchen, Tabellen oder Kolumnen gegliedert, einige basieren auf spezifischen Kategorien, während andere offen gestaltet werden, einige basieren auf Multiple-Choice-Antworten, und andere drücken ihre Überlegungen frei aus. Einige Arbeitgeber nehmen die formellen Beurteilungen als Basis für Beförderungen und Gehaltserhöhungen, während andere ihnen keine Bedeutung beimessen.

So unterschiedlich (in Häufigkeit, Art und Weise der Durchführung und Wichtigkeit) Xer die von ihren Arbeitgebern durchgeführten formellen Beurteilungen beschreiben, so sehr sind sich doch die meisten Xer darüber einig, daß formelle Beurteilungen als Bewertungsgrundlage kein taugliches Mittel sind, der tatsächlichen Arbeitsleistung der Xer gerecht zu werden. Das liegt manchmal an ihrer übertrieben positiven oder negativen Färbung, im allgemeinen aber an den Bewertungen, die weder spezifisch noch aktuell sind.

Die meisten meiner Interviewpartner hegten starke Zweifel daran, ob die formellen Beurteilungen, die sie erlebt haben, jenes genaue, aktuelle und spezifische Feedback geben können, das Xer brauchen, um in ihren Jobs ein Gefühl von persönlicher Sicherheit verspüren zu können.

Jene Xer, die in diesem Abschnitt zu Wort kommen, beschreiben formelle Beurteilungsprozesse, die sich als ineffektiv erwiesen haben; die weder Arbeitgeber noch Arbeitnehmer ernst nehmen; Beurteilungen, die sich eher auf die Person selbst statt auf ihre Arbeitsleistung konzentrieren; Beurteilungen, die unspezifisch, unprofessionell und unfair sind. Es gibt sogar die Schilderung von einer Beurteilung, die einen Xer an den Rand des Selbstmordes trieb.

EIN BONUS-SCHECK ALS ANTI-KLIMAX

Jedes Jahr gibt es eine formelle Beurteilung. Wenn es endlich soweit ist, sind da Hunderte Leute, die es kaum erwarten können, ihren diesjährigen Bonus zu erfahren. Im Endeffekt wird man in drei Minuten abgefertigt, anstatt seine Stärken und Schwächen mitgeteilt zu bekommen. Es ist irgendwie ein Anti-Klimax. Man sitzt da, hört zu und denkt sich: „Wieviel Bonus krieg ich?" Es sind auch halbjährliche Beurteilungen vorgesehen – die aber noch nie stattgefunden haben.

Vizepräsident einer großen Investmentbank

X

Xer brauchen Feedback, das GENAU, AKTUELL UND SPEZIFISCH ist

EINE PRO-FORMA-SACHE

Für viele Leute ist das nur eine Pro-forma-Sache. Die Firma hat Deadlines, wann diese jährlichen Beurteilungsbögen fertig sein müssen. Dieser Tag wird gefürchtet. Jeder weiß, daß sie nächsten Freitag fällig sind, und wenn die Hälfte der Zeit um ist, kann man beobachten, wie sie dasitzen und sich Ziele und Bewertungen aus den Fingern saugen.

Executive im Bereich Entwicklung eines großen Chemiekonzerns

„. . . EIN HAUFEN UNVERBINDLICHER FLOSKELN“

Wenn ich überhaupt eine formelle Beurteilung bekam, dann übernahmen das zwei Leute, für die ich überhaupt nicht gearbeitet hatte. Es war ein Haufen unverbindlicher Floskeln, der auf keines der von mir durchgeführten Projekte oder Arbeitsergebnisse bezogen werden konnte. Wenn ich in regelmäßigeren Abständen Feedback bekommen hätte, wie zum Beispiel: „Das hier machst Du richtig – das hier machst Du falsch“, dann hätte ich mein Verhalten entsprechend anpassen können.

Associate einer mittelgroßen Rechtsanwaltskanzlei

„ES WAR WIE EIN AUFNAHMERITUAL FÜR EINEN VEREIN“

Sie saßen da wie bei einem Aufnahmeritual für einen Verein, an einem runden Tisch, und im Prinzip war jeder, der der Person, um die es ging, vorgesetzt war, um den Tisch versammelt. Wenn sie über jemanden sprachen, der dir vorgesetzt war oder auf derselben Ebene war, wurdest du gebeten, den Raum zu verlassen. Die Bewertungen sollten eigentlich anonym sein. Aber alles, was am runden Tisch zur Sprache kam, wurde vor einer Menge von Leuten gesagt, so daß es letztlich keine echte Anonymität gab.

Associate einer großen Investmentbank

FIRMENPOLITIK IST LEICHT ZU ENTLARVEN

Sie sagten mir, daß Leute meiner Ebene keine Top-Bewertung erhalten, weil wir noch nicht lange genug in der Firma arbeiteten. Aber es war ziemlich offensichtlich, daß meine Beurteilung nicht auf meiner Leistung basierte. Statt dessen war sie Teil der Firmenpolitik. Das war total unfair.

Fraud Control Manager einer großen Telekommunikationsfirma

„DIE LÄCHERLICHSTEN BEMESSUNGSGRUNDLAGEN“

Es gab ein Incentive-System, das sie Verdienstzahlung nannten. Aber die Bemessungsgrundlagen dafür waren einfach lächerlich: eine Reihe von Zahlen, die sehr subjektiven Kriterien zugeordnet waren. Jeder, der sich hinstellt und behauptet, daß man die Leistung einer Person in Zahlen ausdrücken und damit Voreingenommenheit und Bevorzugung ausschalten kann, hat sie einfach nicht mehr alle.

Marketing-Koordinator eines Buchverlags

X BEURTEILUNGEN, die sporadisch, unaktuell, vage und ungenau sind, sollten nicht als Basis für Gehaltserhöhungen und Beförderungen dienen

„SIE WOLLTE SELBSTMORD BEGEHEN"

So wie die dieses System aufziehen, müssen einige Leute da einfach Schiffbruch erleiden. Wenn sie unter einhundertzwanzig Analysten im ersten Jahr an einhundertster Stelle gereiht werden, kann das niederschmetternd sein. Am Abend, an dem die Ranglisten veröffentlicht wurden, fand eine Freundin von mir heraus, daß sie nicht im Topbereich gelandet war und wollte Selbstmord begehen. Sie hat ernsthaft an Selbstmord gedacht, weinte sich die ganze Nacht die Augen aus. Ein Jahr lang hatte sie der Firma ihr ganzes Leben geopfert. Sie fühlte sich so betrogen. Wir mußten die ganze Nacht bei ihr bleiben, um aufzupassen, daß sie sich nichts antut. Wieso wurde ihre harte Arbeit nicht anerkannt? Sagen wir mal, das Leistungsprinzip ist hier nicht so vorherrschend, wie es nach außen hin den Anschein hat.

Associate einer großen Investmentbank

4

KARRIERESTABILITÄT IST DAS ZAUBERWORT FÜR Xer

X Die Frage des HOCHDIENENS von Xern

Die Beschwerde, die vielleicht am häufigsten von seiten der Manager über Xer geäußert wird, betrifft unsere Weigerung, uns hochzudienen – nicht Zeit in minderwertigen Stellungen mit spärlicher Verantwortlichkeit verbringen zu wollen, nur weil wir das Junggemüse sind. Manager klagen, daß Xer zwar auf Erfolg aus sind, aber nicht die Knochenarbeit tun wollen, die doch, so tönen die Manager, alle Xer-Vorgänger machen mußten, um irgendwann auf ein Plätzchen in der Chefetage hoffen zu dürfen. Das Hochdienen wird in diesem Kontext als Initiationsritus betrachtet: Hierarchie am Arbeitsplatz – streng nach Protokoll.

Manager scheinen sich über den Widerstand von Xern gegen das Hochdienen wohl eher mehr aus Prinzip zu ärgern als aus praktisch zwingenden Gründen. Xer betrachten dieses Thema jedoch aus dem genau entgegengesetzten Blickwinkel. Xer sind bereit, Knochenarbeit zu leisten, die von praktischer Notwendigkeit für die Erreichung von Arbeitszielen oder die Schaffung von wertvollen Endprodukten ist. Xer sind bereit, lang und hart zu arbeiten. Xer sind bereit, sich jeden Schritt auf der Karriereleiter redlich zu verdienen.

Wozu Xer nicht bereit sind, ist, sich in irgendeiner Weise auf der Grundlage von Hierarchieprotokollen oder Inititiationsriten hochzudienen.

Der Grund dafür liegt auf der Hand – die traditionellen Riten am Arbeitsplatz waren Teil einer Initiation für einen Club namens Jobstabilität, ein Club, in dem für Xer kein Platz mehr ist. Daher sind Xer nicht gewillt, in aller Selbstverständlichkeit auf der untersten Sprosse der Leiter anzufangen, auch wenn es bei vorangegangenen Generationen möglicherweise so üblich war.

VERDIENST + GELEGENHEIT = KOSTENEFFIZIENTE INVESTITION IN X

Was man wirklich will, ist ein Manager, der seine Leute so aufbauen kann, daß sie bei jeder sich bietenden Gelegenheit vor den großen Tieren auftrumpfen und eine ernsthafte Chance auf einen Raketenstart in die Karriere erhalten . . . Ich arbeite am besten, wenn mein Manager meine Einstellung zur Arbeit positiv beeinflußt und wenn da auch viel zurückkommt. Es macht mir nichts aus, hart zu arbeiten, wenn ich weiß, daß mich ein Manager ins Rampenlicht stellt, damit die Macker auch mal sehen, was ich tue.

Mitarbeiter in einem Gesundheitseinrichtungs-Unternehmen

X Xer sind auf wackligen Beinen aufgewachsen, wir wissen, was EFFIZIENZ bedeutet

Xer haben keinen Grund zu glauben, daß harte Arbeit und Bindung an einen einzigen Arbeitgeber uns automatisch irgendeine Art von Aussicht auf Langzeitjob-Stabilität bringt. Xer begannen ihr Arbeitsleben, als sich die Wall Street gerade vom Dow-Jones-Mini-Crash des Oktobers 1987 erholte, als die Grundstückswerte purzelten, als Blue Chips wie GM und IBM, und alle anderen, sich darauf vorbereiteten, lean und mean zu werden, Kosten zu sparen und Mitarbeiter auf allen Ebenen abzubauen.

So wie alle in den neunziger Jahren wissen auch Xer, daß die Zeiten der Schönfärberei vorbei sind und kein Job mehr sicher ist. Wir werden wie austauschbare Arbeitskräfte behandelt. Ohne Jobstabilität können Xer es sich gar nicht leisten, zu viele persönliche Opfer für ihre Arbeitgeber zu bringen. Wir müssen in uns selbst investieren und Manager finden, die in unsere Karriere zu investieren bereit sind.

Xer KÖNNEN ES SICH NICHT LEISTEN, ALLES AUF EIN PFERD ZU SETZEN

Keiner hatte das Gefühl, hier gute Zukunftaussichten zu haben. Das hat natürlich Folgen für die Beziehungen, die man möglicherweise aufbaut, und das bedeutet auch, daß man nicht in eine Langzeitkarriere investiert. Daher ist der Arbeitseinsatz auch geringer.

Researcher einer großen Fernsehgesellschaft

Da es keinen Club, kein Versprechen auf Jobstabilität mehr gibt, hat das veraltete Konzept des Hochdienens ausgedient – auf diese Weise kann man dem Beitrag von Xern am Arbeitsplatz nicht mehr gerecht werden.

Statt dessen sollten Manager die Arbeitskraft von Xern eher als eine Form von Investition sehen.

Während es uns Xern zwar widerstreben mag, uns im traditionellen Sinn hochzudienen, haben wir ein großes Bedürfnis, zu investieren. Xer sind allerdings nur gewillt, bei Managern zu investieren, die aufmerksame Treuhänder unserer Investition sind – Manager müssen gewillt sein, die Beiträge von Xern zu schätzen, kontinuierlich Lob auszusprechen und irgendeine Art von regelmäßiger Dividende auszuschütten.

X Erfolg ohne greifbare Belohnung ist eine VERSCHWENDUNG der X-Zeit

Es herrscht wohl wenig Zweifel darüber, daß Xer brennend ehrgeizig sind. Überdies sind jene Xer, die sich in diesem Buch äußern, die ehrgeizigsten Mitglieder einer ehrgeizigen Generation – trotz aller Widrigkeiten harren sie im Rat-Race aus und sind erfolgreich. Xer bestehen auf kurzfristigen Gradmessern des Erfolgs, regelmäßigen Zeichen, daß unsere Investition von Zeit und Energie nicht umsonst ist. Darüber hinaus ist unser Ehrgeiz nicht zu brechen. Für eine Generation, die die achtziger Jahre ausgesessen hat und vergeblich auf finanzielle Gegenleistungen wartete, die nie kommen sollten, sind unsere Erwartungen jedoch überraschend bescheiden.

Unser Ehrgeiz ist nicht so sehr auf Geld oder Luxus gerichtet, sondern auf Sicherheit in einer gefährlichen Welt, auf eine neue Art von lebenslanger Karrierestabilität in einer Welt, in der Institutionen keine lebenslangen Bindungen bieten. Diese Form von Sicherheit kann nur in uns selbst ruhen. Daher müssen wir Xer ständig Beweise unseres wachsenden Wertes in Gestalt kurzfristiger Belohnungen einholen.

Daß wir für unseren Wunsch nach kurzfristigen Belohnungen von Managern kritisiert werden, die das Yuppie-Instant-Cash-Dasein in den achtziger Jahren zur Kunst erhoben und die Geldquellen trockenlegten, ist eine Ironie, die zum Himmel jault. Die Ironie erreicht ihren Knackpunkt, wenn man bedenkt, daß die Sehnsucht von Xern nach kurzfristigen Zeichen unseres Erfolgs zum Großteil durch die fehlende Jobstabilität in der heutigen Arbeitswelt motiviert ist, eine Situation, die durch jene verschwenderische Ausbeutung von Ressourcen ungeheuer verschärft wurde, welche gleichzeitig den Profitmachern der achtziger Jahre in die Hände spielte.

Xer beherrschen nicht die Kunst des schnellen-Geld-Machens. Aber wir sind auch nicht in einer Position, die es uns erlaubt, langfristige Investitionen mit unserer harten Arbeit in einem Umfeld zu tätigen, das keine langfristigen Belohnungen verspricht.

X Lassen Sie sich nicht irreführen von dem, was manche als ARROGANZ mißverstehen

Was manche Manager als krankhaften Ehrgeiz von Xern werten, ist in Wirklichkeit der angestrengte Versuch, unsere Karrieren in die Suche nach einem sicheren Fundament in einer unsicheren Welt zu integrieren. Fakt ist, daß Xer bei dem ständig sinkenden Angebot an freien Stellen und der Vielzahl an arbeitsuchenden jungen Talenten andauernd mit der Realität konfrontiert werden, daß wir für die meisten Arbeitgeber leicht ersetzbar sind – es gibt immer jemanden (oft ein anderer Xer), der nur darauf wartet, in die Bresche zu springen, wenn ein Xer geht. Egal wie talentiert wir sein mögen, die meisten Xer fühlen sich wie Wegwerf-Arbeitskräfte – die Pappteller des Arbeitsmarktes.

Der Dutzendwaren-Effekt ist für Xer noch schmerzlicher als die bloße Bestätigung, daß es in unserer Epoche keine Jobstabilität gibt. Das Gefühl der Wegwerfbarkeit steht in großem Einklang mit den zwei Bildern, die sich in unseren Köpfen festgesetzt haben, einerseits das Bild vom Verfall des Planeten Erde, andererseits das Bild all der jederzeit und sofort verfügbaren Wegwerfprodukte aus dem Alltag unserer Konsumkultur.

Ersetzbarkeit und Unmittelbarkeit sind aussagekräftige Themen in der X-Perspektive von Gegenwart und Zukunft. Xer wuchsen mit kraftvollen Bildern wirtschaftlichen, ökologischen und sozialen Verfalls auf – Staatsschuld, persönliche Schulden, Obdachlosigkeit, globale Erwärmung, Giftmüll, AIDS, Gewalt, Kriminalität, Depression, Umweltverschmutzung, Epidemie, Opferkult, Ausrottung.

Gleichzeitig hat die in der Konsumkultur übliche prompte Zufriedenstellung bei Xern die Erwartung von blitzschnellen Resultaten geweckt – Geld aus Geldautomaten, Mikrowellengerichte, Drive-in-Buden, Selbstbedienungsrestaurants, Convenience-Stores, Selbstbedienungstankstellen, Fernbedienung und Sparten-TV – Wetter vom Wetterkanal, Sport vom Sportkanal, Nachrichten vom Nachrichtenkanal und alles andere von den Alles-andere-Kanälen. Xer sind es gewöhnt, in einer Welt, die wenig Aussicht auf Langfristiges bietet, kurzfristige Resultate zu bekommen.

„ICH SOLLTE FÜR MEINE HARTE ARBEIT SCHNELLER EINE GEGENLEISTUNG SEHEN"

Der größte Hemmschuh ist für mich eine unnötig lange Karriereleiter. In meiner Neunzig-Tage-Beurteilung besprach mein Manager das Thema Gehaltserhöhung und Beförderung, und das Ganze schien zu langsam und in viel zu kleinen Schritten vor sich zu gehen und mir

weniger Wachstumschancen zu bieten, als ich es mir vorstellte. Ich denke, ich sollte für meine harte Arbeit schneller eine Gegenleistung sehen. Es muß ja keine überdimensioniert große sein, und es muß auch nicht unbedingt Geld sein. Ich möchte nur sichergehen, daß ich hier meine Zeit nicht verschwende.

Analyst einer großen Kreditkartenfirma

X Der Star-X-Faktor = LEADERSHIP im nächsten Jahrtausend

Manager müssen erkennen, daß unser ungeduldiges Herbeisehnen von Belohnung und Erfolg kein Anzeichen dafür ist, daß wir nicht hart arbeiten wollen. Wie die Star-Xer, die in diesem Buch zu Wort kommen, klarmachen, sind Xer „ready, willing and able", hart zu arbeiten – vielleicht härter als jeder andere seit den Depressionbabies. Zudem sind wir darauf vorbereitet, besser zu arbeiten, Technologie maximal zu nutzen, unsere kreative Energie bei Problemen einzusetzen und innovative Lösungen zu finden. Besser zu arbeiten ist unser Investitionssystem – kreative Resultate unsere wertvollsten Aktivposten, die wir beitragen können.

Wir Xer wollen nichts anderes, als daß Manager unsere Anstrengungen mit einigermaßen regelmäßigen Bestätigungen unterstreichen – Rückmeldungen, daß sich unsere harte Arbeit bezahlt macht – nämlich in Form von Wachstum und Lernmöglichkeiten, Anerkennung, Chancen, gutem Willen, Status oder sogar Geld. Wenn Manager wollen, daß Xer ihre beste Arbeit einbringen, dann werden sie einsehen, daß unser Verlangen nach kurzfristigen Erfolgsbestätigungen eine Chance für Führungskräfte ist, die Früchte kurzfristiger Produktivität zu ernten. Mit den richtigen Incentives wird unser Ehrgeiz angestachelt, der uns dazu treibt, uns täglich mit Elan ins Zeug zu legen.

„ICH GLAUBE, ICH BIN ZU VOREILIG"

Ich bin auf jeden Fall ein Erfolgstyp, aber ich trete jedermann hier auf die Zehen. Und nicht zu knapp. Ich glaube, das Problem liegt darin, daß ich versuche, bei Entwürfen, die sie mir zum Korrekturlesen geben, ziemlich einschneidende Änderungen vorzulegen. Ich glaube, ich bin zu voreilig – das ist eigentlich noch nicht mein Job. Ich versuche, ihre Erwartungen zu übertreffen, und dabei übertreffe ich bloß ihren Siedepunkt und bringe sie zum Überkochen. Tatsache ist, daß ich sie beeindrucken will, daß ich an einen Punkt gelangen will, an dem sie happy mit meiner Arbeit sind.

Staff-Assistant einer Big-Six-Accounting-Firma

Xer WOLLEN DIE VERANTWORTUNG UND DIE CHANCE

Ich arbeite in einem Spital irgendwo in der totalen Einöde, weil ich weiß, daß ich hier schneller eine viel bessere Stellung erreichen kann als auf jedem anderen Karriereweg. Ich habe mich dafür entschieden, weil ich die Verantwortung und die Chance will, so schnell wie möglich nach oben zu kommen.

Associate Administrator eines kleinen Spitals

X CHANCEN sind greifbare Belohnungen, da die Zukunft ungewiß ist

Welche Incentives, außer Dollars, sind goldrichtig, um uns Xern die nötige Motivation zu geben, unsere kreativste Power in unsere Manager zu investieren? Die Antwort ist einfach – Xer wollen, daß die Manager sich an unserer selbstwertsteigernden Suche nach Karrierestabilität beteiligen. Ein Weg, den die in diesem Abschnitt beschriebenen Manager als Teilnehmer an der Suche von Xern beschreiten, besteht in der regelmäßigen Bestätigung unseres kreativen Talents und Anerkennung des Wertes unserer Arbeitsprodukte. Was wollen Xer eigentlich, vielleicht eine Medaille? Ja, genau das.

Wir wollen einen Beweis, daß wir es schaffen, einen Beweis, daß unsere Arbeit geschätzt wird, einen Beweis, den wir anderen, an anderer Stelle, zeigen können, wenn man uns wieder mal auf Jobsuche schickt. Xern ist es gar nicht recht, wenn ein Manager seine Bewunderung für unsere Arbeit für sich behält. Wir wollen, daß Manager ihre Bewunderung unter die Leute bringen und uns öffentliche Anerkennung ermöglichen. Nicht nur, um unsere Egos zu befriedigen – obwohl das zugegebenermaßen ein angenehmer Nebeneffekt öffentlicher Anerkennung ist. Wir wollen diese Anerkennung, weil durch diese Veröffentlichung unsere Möglichkeiten auf Chancen größer werden, was wiederum das Potential für eine sichere Zukunft steigert.

Gesteigertes Potential ist in einem Klima der Einschränkung ein wertvolles Incentive.

Darüber hinaus stellt sich für Manager eine große Herausforderung: Wie hält man Star-Xer, die kontinuierliches Feedback und Affirmation brauchen sowie die Wertschätzung ihrer Person im Unternehmen spüren wollen im Lager? Die beste Antwort: Delegieren Sie die Verantwortlichkeit für wertvolle Endresultate. Geben Sie uns eine Chance, etwas von wirklichem Wert in den Arbeitsprozeß einzubringen – anstatt nur die Handlangerdienste zu delegieren.

Diese Bedürfnisse von Xern mögen vielleicht anspruchsvoll oder sogar unsicher klingen. Aber das sind wir nicht. Unser Hintergrund garantiert Effizienz und – wenn wir den richtigen Platz finden – enormes Engagement.

„IHNEN DAS BESTE GEBEN, DAS SIE JE GESEHEN HABEN"

Wieso ich die Arbeit liebe? Weil sie sehr intensiv, weil sie sehr herausfordernd ist. Der Erfolg unserer Arbeit, der auf ihre große Effektivität zurückzuführen ist, läßt sich in Zahlen ausdrücken. Außerdem erwarten unsere Kunden ein gewisses Maß an Pro-Aktivität, jede Menge added-value-Denken, konstantes Denken, und nicht nur die Erfüllung des Minimums. Wir jedoch machen mehr und geben ihnen das Beste, was sie je gesehen haben. Das ist ein tolles Gefühl. Die Firma, das Umfeld sind fantastisch, es ist einfach der totale Kick, hier zu arbeiten. Ich weiß, wann ich meinen Job gut mache, und ich weiß, daß meine Arbeit geschätzt wird.

Assistant Account Executive einer großen Werbeagentur

Wie Sie in die Karrierestabilitätssuche von Xern INVESTIEREN können

Manager, die die Generation X zu verstehen beginnen, wissen bereits, daß der brennende Ehrgeiz von Xern Teil unserer Suche nach Sicherheit in einer unsicheren Welt ist. Unser Ehrgeiz richtet sich auf die regelmäßige Bestätigung unseres Arbeitserfolgs, weil wir auf Basis von Kurzzeitverträgen arbeiten – wir schaffen wertvolle Arbeitsprodukte im Austausch für die Verpflichtung von seiten der Manager, uns zu wertvollen Handelsobjekten am Arbeitsplatz zu machen.

Wir werden bereitwillig in den Erfolg unserer Manager investieren, wenn unsere Manager gewillt sind, in unsere Karrieren zu investieren. Da unsere Arbeitsrepertoires und kreativen Fähigkeiten die einzigen langfristigen Aktivposten darstellen, auf die wir uns verlassen können, ist unser Gefühl der persönlichen Sicherheit eng mit den Belohnungen und Chancen verbunden, die nur Manager bieten können.

Smarte Manager erkennen, daß sie die Loyalität von Xern für sich gewinnen und sich unsere Verpflichtung zu kurzfristiger Produktivität verdienen können, wenn sie in uns als Individuen investieren.

Wir Xer sehen uns selbst als die Alleineigentümer unseres kreativen Leistungsvermögens – wir müssen unsere Fachkenntnisse und Fähigkeiten mit Unternehmergeist verwalten, um in uns selbst ortsungebundene Aktivposten für die Zukunft heranzubilden. Xer mit Unternehmergeist schaffen daher eine neue Art von Karrierestabilität, die der Wirtschaft der Zukunft angepaßt ist – eine Karrierestabilität, die nicht an Firmen, Manager, Kunden oder Klienten gekoppelt ist. Xer bilden eine neue Form von Karrierestabilität, die in uns selbst ruht.

EINE GUTE ERFAHRUNG BEINHALTET EINEN GUT AUSGELOTETEN, SELBSTBEWUSSTEN ANSATZ

Mein Manager kann die Leistung seiner Mitarbeiter sehr effektiv messen. Er spricht mit uns regelmäßig über den Fortgang unserer Arbeit, und es ist offensichtlich, daß er sich etwas genau überlegt hat, bevor er sich mit jemandem im Einzelgespräch auseinandersetzt. Er ist sehr ausgeglichen und in seinen Aussagen sehr spezifisch, also hat man die Gewißheit, daß er ehrlich ist, daß er wirklich versucht zu helfen. Sein Feedback ist sehr glaubwürdig.

Sales Associate einer Elektronikfirma

X DAS MODELL: Feedback, das G-A-S gibt – genau, aktuell und spezifisch ist

Xer haben Managern einen neuen Deal anzubieten. Wenn Sie uns keine lebenslange Verpflichtung zu Jobstabilität bieten können, ist das schon okay, denn wir haben eine lebenslange Verpflichtung uns selbst gegenüber. Wir Xer sind darauf vorbereitet, uns selbst und unsere Fähigkeiten über eine lebenslange Karriere hinweg zu vermarkten, so als ob unsere Zeit und Energie Handelsobjekte wären, die wir im Einzelhandel zum Verkauf anbieten.

Wie jeder Eigentümer können wir jedoch nicht ganz einfach demjenigen den Zuschlag geben, der cashmäßig am meisten offeriert – nicht wenn der Meistbietende unser Bestes an sich rafft und im Laden einen Saustall zurückläßt, ein einmaliger Zufallskunde ist, der nicht einmal seinen Freunden und Kollegen von uns erzählt, unser Inventar leerfegt und eine Wiederauffüllung unmöglich macht.

Wenn Sie unsere besten kreativen Produkte haben wollen, helfen Sie Xern, ihr Inventar aufzustocken – fördern Sie Erlernen, Wachstum und Aneignung neuer Fachkenntnisse. Seien Sie ein guter Kunde, und versuchen Sie, Xer in besserer Verfassung zurückzulassen, als Sie sie gefunden haben – nicht kriegsmüde, angeschlagen und mutlos. Und, Herrgott noch mal, erzählen Sie Ihren Freunden und Kollegen von uns – wir können es uns nicht leisten, nur einen einzigen Kunden zu haben. Der wichtigste Punkt: Versuchen Sie daran zu denken, daß wir vielleicht jetzt gerade für Sie, im Grunde aber als

Unternehmer in eigener Sache arbeiten – also versuchen Sie, uns als Chef unserer Fachkenntnisse und Fähigkeiten zu respektieren. Wenn Sie das nicht können, müssen wir uns nach anderen Kunden umsehen.

Die besten Manager investieren in das Unternehmertum von Xern, indem sie uns anerkennen und helfen, den Wert unserer Fachkenntnisse und Fähigkeiten zu verbessern, unsere täglichen Erfolge zu registrieren, uns ins Blickfeld von Seniormanagern zu rücken und Chancen für Karriereaufbau und Leadership zu schaffen.

Jene Xer, die in diesem Kapitel zu Wort kommen, beschreiben Manager, die Xern enorme Incentives bieten, indem sie uns mit jenen kurzfristigen Belohnungen versorgen, die zu persönlicher Sicherheit führen – regelmäßiges, konstruktives Feedback, regelmäßige Bestätigung unseres Erfolgs am Arbeitsplatz und Chancen zu weiteren Triumphen. Wenn Xer wissen, daß sich unsere harte Arbeit bezahlt macht, sind wir selbstbewußter, produktiver und bereit, unser Maximum an Kreativität zu investieren.

„SOWOHL POSITIV ALS AUCH NEGATIV, ABER IN ANGEMESSENEN DOSEN"

Ich bekomme sowohl positives als auch negatives Feedback, aber ich bekomme es oft und in angemessenen Dosen. Ich schätze natürlich das positive Feedback, da Manager so oft nur Negatives von sich geben. Es ist schön zu wissen, wenn ich etwas gut gemacht habe, und es tut gut, wenn man merkt, daß man geschätzt wird. Eine bessere Einstellung zu meiner Arbeit führt zu mehr Freude an ihr und zu mehr Produktivität.

Staff-Assistant eines Unterausschusses im US-Kongreß

Xer LERNEN AM BESTEN, WENN SIE IDEEN BESPRECHEN KÖNNEN

Wir sitzen uns gegenüber und arbeiten ständig zusammen. Es gibt viel direktes informelles Feedback, wie „Das ist eine gute Idee", „Das hört sich nicht schlecht an", „Vielleicht kommt es so besser rüber" oder „Bei deinem nächsten Versuch wäre es mir lieb, wenn du mal diese Methode probieren würdest." Ich lerne am besten, wenn ich eine Idee oder einen Approach sofort auf solche Weise besprechen kann und Feedback prompt erfolgt. Wenn wir gleich darüber reden, gibt mir das mehr Vertrauen in die Fähigkeit meines Managers, zu erkennen, welche Aspekte meiner Arbeit noch verbesserungsbedürftig sind.

Junior Account Executive einer mittelgroßen PR-Firma

„ER MACHT KLARE ANGABEN . . . ICH WEISS, WELCHE DINGE ICH GUT MACHE"

Dieser Mann bemüht sich, „danke" zu sagen, und es ist für mich irgendwie interessant, daß das sehr wohl einen Unterschied macht. Es macht für mich sogar einen großen Unterschied, besonders weil er sein „danke" immer genau spezifiziert, so daß man wirklich weiß, daß er es so meint, und es ist auch eine Hilfe, daß er so klare Angaben macht, weil ich dadurch erkennen kann, welche Dinge ich gut mache. Man hat das Gefühl, respektiert und geschätzt zu werden.

Associate einer großen Rechtsanwaltskanzlei

X RESPEKT UND WERTSCHÄTZUNG tragen wiederum Respekt und Wertschätzung ein

Sie haben vielleicht schon bemerkt, daß jene Xer, die in diesem Buch, und speziell in diesem Kapitel, zu Wort kommen, keinen besonderen Wert auf finanzielle Gegenleistungen als ihren primären Motivator legen. Fakt ist, daß von allen Xern, die ich interviewte, nur eine Handvoll Anwälte und Investmentbanker wirklich fette Gehälter bekommen.

Die Zahlen, für manche nichts Neues, für andere schockierend: Top-US-Rechtsanwaltskanzleien bezahlen Jahresgehälter von siebzig, achtzig, neunzigtausend Dollar und mehr. Investmentbanken zahlen Xern schon nach wenigen Jahren Hunderttausende. Einer dieser Topverdiener sagte zu mir: „Wenn sie so viel Geld für uns berappen, glauben sie, daß sie uns überhaupt nicht mehr managen müssen." Während es stimmt, daß astronomische Gehälter ein enormes Incentive sind und eine Vielzahl talentierter Xer sonstwas dafür tun würde, um einen dieser hochbezahlten Jobs zu ergattern, sieht die Realität anders aus, und das Angebot an solchen Jobs wird immer spärlicher.

Es ist eher ein Ausnahmefall, wenn es sich ein Manager heutzutage leisten kann, junge Talente nur mit Geld anzulocken und im Unternehmen zu halten. In Wahrheit versuchen die meisten Manager, ihren jungen Stars immer weniger zu zahlen. Anfangsgehälter und Gehaltsstaffelungen stagnieren, und als Konsequenz des Downsizing müssen kleinere Teams nun mehr Arbeit verrichten.

Da Manager, die Xer verstehen, wissen, daß der Arbeitsmarkt uns keine langfristige Sicherheit bietet, sind sie sich dessen bewußt, daß wir daher nach kurzfristigen Prämien Ausschau halten. Vielen fällt es schwer, ohne die Zusicherung von monatlichen Mehrfach-Nullen am Konto und riesigen Cash-Bonussen starke Incentives aus der Erde zu stampfen. Wie können Manager der Herausforderung begegnen, auch nur kurzfristig Loyalität und Engagement bei einer Gruppe der Bevölkerung zu wecken, deren Karrieren sowas wie einen einzelnen Manager, eine einzelne Firma, einen einzelnen Kunden oder Klienten gar nicht kennen?

„ER BEMÜHT SICH GANZ BESONDERS, AUCH KLEINE ERFOLGE ANZUERKENNEN"

Ich hatte sofort einen Draht zu meinem Manager, und unsere Beziehung ist einwandfrei und fließend. Feedback pendelt in einer endlosen Schleife zwischen uns hin und her, was mir ein echtes Gefühl der Sicherheit vermittelt. Er bemüht sich ganz besonders, kleine Erfolge anzuerkennen, und er nimmt sich auch immer noch etwas Zeit, dem ganzen einen persönlichen Touch zu geben.

Assistent des Human-Ressourcen-VPs für einen Chemieproduzenten

X Was ist eine endlose FEEDBACK-SCHLEIFE?

Manager, die den Selbstwertsteigerungsprozeß von Xern anregen wollen, bieten Xern Feedback, das Lernen und Wachstum fördert, regelmäßiges Feedback, das genau, aktuell und spezifisch ist. So wie bei Xern ohne verläßlichen Statusbericht über unsere Arbeitsleistung Unruhe wächst, wächst auch Vertrauen und Sicherheit, wenn Manager regelmäßige Hinweise geben, die auf unseren Fortschritt, und ständige Bestätigungen, die auf unseren Wert schließen lassen.

Jene Xer, die in diesem Abschnitt zu Wort kommen, beschreiben Manager, die das Prinzip der endlosen Feedback-Schleifen am Arbeitsplatz von Xern verwirklichen, indem sie kurze Feedback-Sitzungen in die tägliche Interaktion mit den von ihnen gemanagten Xern integrieren. Diese Manager helfen Xern, Vertrauen und Produktivität hoch zu halten, indem sie jedes Resultat anerkennen, jeden Erfolg feiern, jeden Fehler oder Fehlschlag und jede Leistung als eine Gelegenheit dazuzulernen ansehen und jedes Feedback-Wort genau, aktuell und spezifisch gestalten.

„ER SPRICHT ES IMMER AUS, WENN ICH MEINEN JOB GUT GEMACHT HABE"

Er sagt dann zu mir: „Diese Präsentation wäre ohne die Dias, die Sie vorbereitet haben, nur halb so gut gelaufen." Es ist ein wirklich schönes Gefühl. Hier dreht sich alles um Vertrauen. Ich glaube, daß

mein Boß wirklich will, daß ich hier lerne und erfolgreich bin, weil er es immer ausspricht, wenn ich meinen Job gut gemacht habe.

Analyst in einer kleinen Investmentbank

„FEEDBACK AM NÄCHSTEN TAG GAB UNS DIE BESTÄTIGUNG, AUF DEM RICHTIGEN WEG ZU SEIN"

Wir lieferten ein Produkt ab und bekamen dann am nächsten Tag Feedback, oft auf der Grundlage von Reaktionen oder Neuigkeiten über ein Thema. Aber das Feedback sah immer so aus, daß kein Zweifel darüber blieb, was richtig oder falsch war. Wir wurden sogar durch unseren Manager informiert, wenn der Präsident der Organisation besonders glücklich mit etwas war. Das machte es auch einfacher, negatives Feedback einzustecken, wenn es einmal nicht so gut lief. Zumindest wußten wir, wenn wir auf dem richtigen Weg waren, denn in der Mehrzahl der Fälle hatten wir einen Treffer gelandet.

Research Assistant einer Public-Interest-Organisation

FEEDBACK IST DAS WICHTIGSTE TOOL DES MANAGERS

Die Chefredakteurin ruft an oder steckt ihren Kopf ständig bei der Tür herein, um „guter Job" zu sagen, oder „Dieser Artikel war schrecklich, bevor Sie ihn bekommen haben . . . aber jetzt sieht er wirklich toll aus." Es hört sich so an, als hätte sie das beim Management-Training gelernt. Aber es ist gut, weil ich dadurch zumindest abschätzen kann, wenn ich etwas richtig mache.

Redaktionsmitglied einer Zeitschrift

MIT POSITIVEM FEEDBACK BOMBARDIERT

Als ich hierher kam, wurde ich mit positivem Feedback bombardiert. Das gab mir Selbstvertrauen und machte mich hungrig auf mehr Herausforderungen und darauf erpicht, meinen Job besser als bisher zu tun. Der Managementstil hier ist eine Kombination von zwei Dingen: immer Zeit für die Mitarbeiter zu haben und konsequent mit ihnen zu sein. Wir sprechen auch regelmäßig über Probleme, ob wir glücklich sind oder nicht. Bei all diesem positiven Feedback bin ich natürlich in Zugzwang.

Account Manager für eine Versicherungsfirma

EINE ATMOSPHÄRE SCHAFFEN, DIE ERFOLGE ZELEBRIERT

Sie machen so viel, um jede noch so kleine Errungenschaft anzuerkennen, selbst geringer Erfolg ist ihnen schon einen Geschenkkrug wert. Es ist einfach eine Atmosphäre, in der Erfolge zelebriert werden. Wenn jemand hier befördert wird, senden sie ein Rundschreiben aus, das sogenannte „Blue Memo" (das nennen sie so, weil es auf blauem Papier gedruckt ist). Dann können Leute in der Firma das

blaue Papier mit Glückwünschen für die betreffende Person, die befördert wurde, versehen und zurückschicken. Als ich befördert wurde, bekam ich Glückwünsche von Leuten, mit denen ich noch nie geredet hatte. Und auch der Vorstandsvorsitzende der Firma sendete mir eine Notiz, eine persönliche Notiz. Wenn ich ihm am Korridor begegne, grüßt er mich mit Namen, und wir sind keine kleine Firma. Diese Art von permanentem Schulterklopfen ist ein wirklicher Anreiz, weiterhin gute Ergebnisse zu liefern.

Assistant Account Executive einer großen Werbeagentur

X Wie die besten Manager in die KARRIERE VON Xern investieren

Der Karriereehrgeiz wurzelt bei den meisten Xern in dem stark empfundenen Bedürfnis nach Verwirklichung eines langfristigen Plans zur Vermarktung unserer Fachkenntnisse und Fähigkeiten in einer unsicheren Wirtschaft. Manager, die diesen inneren Drang verstehen, wissen, daß sie für Xer enorme Incentives schaffen können, wenn sie Chancen und Erfolg für Xer nie aus den Augen verlieren. Dies verdeutlicht eine simple Gleichung, die sich Manager hinters Ohr schreiben sollten: Chancen für Xer ist gleich Verantwortung für Endresultate plus Exponierung.

Diese Gleichung gibt Managern eine Handhabe, wie sie Xer als Eigentümer ihrer Arbeit einsetzen können und damit den stärksten all unserer Motivatoren aktivieren. Manager, die dieser Gleichung folgen, werden feststellen, daß sich ihre Investition in die Karriere von Xern schnell amortisiert, weil Xer echte Chancen immer maximieren werden, um unsere kreativen Talente zur Schau zu stellen.

Echte Chancen sind eine Einladung, sich mit Feuereifer ins Zeug zu legen – Sie werden feststellen, daß Xer kaum von ihrem kreativen Prozeß abzubringen sind, bereit sind, lang, länger, am längsten zu arbeiten, Probleme zu lösen, von deren Existenz Sie nicht einmal wußten, Lösungen zu finden, an die niemand dachte, bis ins letzte Detail an unseren Endresultaten zu feilen und sie aufzupolieren und unseren Managern für die Chance, so hart arbeiten zu dürfen, zu danken.

X Eine Investition in die Karriere von Xern wird mit einem Rieseneinsatz an KREATIVER ENERGIE vergolten

Jene Xer, die in diesem Abschnitt zu Wort kommen, haben Geschichten über Manager zu erzählen, die Xern echte Verantwortlichkeit für Endresultate übertragen und sich besondere Mühe geben, die Arbeit von

Xern bei jeder Gelegenheit hervorzuheben. Diese Manager sind gewillt, Xern das Verdienst, das uns zusteht, zuteil werden zu lassen, da sie wissen, daß sie so unsere größte Produktivität und unsere kreativsten Resultate herausschlagen können.

Manager, die sich ernsthaft bemühen, Seniormanager sowie Kunden und Klienten auf Xer aufmerksam zu machen, wissen, daß sie Xer dazu motivieren, über ihre eigene Arbeit zum Erfolg zu kommen – sie stellen die Herausforderung, die wir nur allzu gerne annehmen. Diese Manager gewinnen den Jackpot, indem sie anerkennen, daß es in ihrer Hand liegt, in Xer als Alleineigentümer unserer Talente und Fähigkeiten zu investieren und unser wertvollster Kunde zu werden.

ERFOLG ZU EINEM SELBSTGESTEUERTEN ZIEL MACHEN

Mein Ziel ist es, vorwärtszukommen und erfolgreich zu sein. Dieser Manager ist immer bereit, mir dabei zu helfen, meine Ziele zu erreichen, er will, daß ich erfolgreich bin. Sein Ziel ist nicht nur ein erfolgreicher Arbeitsverlauf, sondern erfolgreiche Leute, die aus diesem Verlauf heraus befördert werden.

Sales Associate einer Elektronikfirma

„SIE GEBEN MIR GELEGENHEITEN, MICH ZU PROFILIEREN"

Die Leute in der Agentur behandeln mich als großen Potentialträger, und an Gelegenheiten, mich zu profilieren, hat es nie gemangelt. Ich wurde nach den ersten zehn Monaten befördert und fühle mich hier sauwohl. Darum gehen auch einhundert Prozent meiner kreativen Energie in meinen Job.

Assistant Account Executive einer großen Werbeagentur

„MEIN MANAGER STEIGERT MEINE GLAUBWÜRDIGKEIT"

Wenn wir andere Leute treffen, stellt mich meine Managerin als ihre „Kollegin" vor. Das ist nur ein Beispiel, wie sie vor anderen Leuten meine Glaubwürdigkeit steigert.

Program Assistent einer Non-Profit-Stiftung

X Xern CHANCEN ERÖFFNEN = Karriereaufbau

„MEIN MANAGER IST MIR GEGENÜBER IMMER LOYAL GEWESEN, ER WEISS, ER KANN AUF MICH ZÄHLEN"

Mein Manager ist mir gegenüber immer loyal gewesen. Er hat mich unterstützt, hat versucht, Gehaltserhöhungen und Beförderungen voranzutreiben. Er überträgt mir immer Verantwortlichkeitsbereiche, die ziemlich publicityträchtig sind, er nimmt mich zu Sitzungen mit, und wenn ich die Vorarbeit gemacht habe, überläßt er mir das Wort, und er lehnt sich zurück, und das ist für ihn kein Problem. Dadurch verläßt er sich total auf mich, er weiß, daß er auf mich zählen kann, er weiß, ich würde alle Risiken auf mich nehmen, um ihn gut aussehen zu lassen.

Associate General Manager Of Development eines großen Zeitschriftenverlags

„ER MÖCHTE, DASS WIR ERFOLG HABEN . . . WIR MÖCHTEN, DASS ER ERFOLG HAT"

Mein Boß ist sich genau im klaren darüber, was er für meine Karriere tun kann, und tut sein möglichstes, um zu helfen. Als Forschungsassistenten werden wir zu Abendessen, Betriebssitzungen und Vorstandssitzungen eingeladen, und dies teilweise aus dem Grund, weil er weiß, daß das für uns eine große Chance ist. Schon allein die Einladung zu einem Dinner bringt unglaublich viel, weil man einfach zwangsläufig neben wirklich eindrucksvollen Menschen sitzt, die einem langfristig helfen können. Er sieht sich ständig nach Dingen um, die er für uns tun kann. Wir sind bei allen seinen Betriebssitzungen dabei, mit der ganzen Führungsebene. Was denken Sie sagt das über unsere Loyalität aus? Wir killen uns buchstäblich für ihn. Er möchte, daß wir Erfolg haben, also möchten wir, daß er Erfolg hat.

Research Associate einer Non-Profit-Organisation

SUCHEN SIE NACH WEGEN, IHRE LEUTE ZU FÖRDERN

Meine Managerin ist ständig auf der Suche nach Wegen, meine Arbeit und was ich getan habe den Chefs zu Gehör zu bringen, um mir Anerkennung zu verschaffen. Sie verschafft mir ganz bewußt Anerkennung für meine Leistungen und gibt mir das Gefühl, daß ich in der Firma eine große Zukunft habe. Klar, daß ich stark von ihr eingenommen bin.

Account Executive einer Werbeagentur

X Xer werden für ihre Investoren zu UNERSCHROCKENEN EINZELKÄMPFERN

Sind Xer bereit, am Arbeitsplatz der Zukunft Führungsverantwortung zu übernehmen?

Ob wir bereit sind oder nicht, Xer werden die Führungskräfte des nächsten Jahrtausends sein. Wir sorgen uns um die Zukunft der Welt, deren Erbe wir antreten werden, sehen aber der Führungsherausforderung ins Auge. Jene Star-Xer, die in diesem Buch porträtiert werden, sind zukünftige Manager, CEOs und CFOs, Armeegeneräle und Marineadmiräle, lokale Bürgerrechtsführer, Parlamentsmitglieder und Kabinettminister und Präsidenten, Ärzte, Anwälte, Lehrer, Ingenieure, Wissenschaftler, Buch- und Zeitschriftenverleger, Dichter und Autoren und Filmmogule und Nobelpreisträger – zukünftige Führungskräfte in Handel und Industrie, dem Militär, Politik, Medizin, Recht, Bildungswesen, Wissenschaft und Kultur.

X Star-Xer nehmen die FÜHRUNGSHERAUSFORDERUNG bereits mutig an

Viele der Xer, die ich interviewte, sind schon auf dem besten Weg an die Spitze, treffen tagtäglich wichtige Entscheidungen, steigen sehr früh in Positionen mit viel Verantwortung und Autorität auf, führen Teams und manchmal ganze Organisationen zu einem Erfolg nach dem anderen. Jene, die noch nicht diese Ebene erreicht haben, lechzen nach Führungschancen.

Jene Xer, die in diesem Abschnitt zu Wort kommen, haben die Führungsherausforderung bereits angenommen und sind für die damit verbundene Verantwortung bereit. Für den Arbeitsplatz der Zukunft in einzigartiger Weise prädestiniert, sind Xer darauf vorbereitet, Organisationen in die nächste Phase der Informationsrevolution zu führen.

Manager, die Xern helfen, Führungspositionen zu erreichen, beteiligen sich an der bedeutsamsten Form von Karriereaufbau. Sie ebnen den Weg für den zukünftigen Erfolg ihrer eigenen Organisationen und, was ein noch wichtigerer Aspekt ist, sie helfen sicherzustellen, daß der Planet Erde in guten Händen sein wird, wenn Xer das Ruder übernehmen.

„WENN ICH ÜBER EIN THEMA AM BESTEN BESCHEID WEISS, SOLLTE ICH DIE ENTSCHEIDUNGEN TREFFEN"

Jetzt, da ich ein eigenes Team habe, kann ich Entscheidungen treffen. Wenn ich über ein Thema am besten Bescheid weiß, sollte ich auch dazu autorisiert sein, die Anordnungen zu geben. Das ist die einzig logische Vorgangsweise, denn im anderen Fall wären mir die Hände gebunden. Ich kann nun mit meinem Team Entscheidungen über die Themen, mit denen wir gemeinsam konfrontiert sind, treffen und empfinde dies als den wahren Führungsfaktor.

Analyst einer großen Kreditkartenfirma

„ICH BIN EINE ZUKÜNFTIGE FÜHRUNGSKRAFT DER FIRMA"

Wir nehmen die Führungsentwicklung sehr ernst. Am Beginn jedes neuen Projekts erstellen wir einen Entwicklungsplan, wie jeder einzelne von uns beruflich und persönlich durch das Projekt profitieren kann. Wer ist dazu imstande, eine Führungsrolle einzunehmen? Wer kann Menschen motivieren? Wer kann Resultate erreichen und abliefern? Es befriedigt unglaublich. Die Belohnungen und die Anerkennung, die Tatsache, daß ich eine zukünftige Führungskraft der Firma bin, bringt meine Motivation und Einsatzbereitschaft auf Touren.

Corporate Auditor eines internationalen Industrieriesen

Xer WOLLEN SICH DER FÜHRUNGSHERAUSFORDERUNG STELLEN

Ich bin bereits an einem Punkt meiner Karriere, selbst in diesem jungen Alter, an dem ich die Chance habe, die Effektivität einer ganzen Organisation neu zu definieren. Mir wird hier eine ungeheure Chance geboten, Führungsarbeit zu leisten. Der Leiter dieser Organisation hat mir angetragen, sein Amt zu übernehmen. Das versetzt mich in eine außergewöhnliche Lage, da es mir mehr Verantwortlichkeit aufbürdet. Es bringt sicher nichts, wenn wir uns gegenseitig auf die Schulter klopfen und weiterhin unsere Zeit mit interner Dynamik und täglichen Befindlichkeitsprüfungen verschwenden. Es muß unsere Mission sein, ein brauchbares Produkt zu liefern, das für die Leute, die wir als Organisation betreuen, von Bedeutung ist. Ich muß mich der Herausforderung stellen, wenn ich diese Organisation in ihre nächste Existenzphase führen soll.

Executive einer Non-Profit-Organisation

5

Xer UND UNTERNEHMENSKULTUR

X Welchen Stellenwert hat UNTERNEHMENSKULTUR im Generation-X-Management

Unternehmenskultur ist ein heutzutage häufig verwendeter Begriff, der – mangels einer besseren Alternativbezeichnung – Praktiken und Muster menschlicher Interaktion bezeichnet, die das soziale Umfeld an einem bestimmten Arbeitsplatz prägen. Diese Faktoren sind für die Herausforderung Generation-X-Management von entscheidender Bedeutung, weil sie oft schon die Weichen legen, wie Xer anfangs, und dann auch in weiterer Folge, das Potential, wertvolle institutionelle Beziehungen mit dem jeweiligen Arbeitgeber aufzubauen, bewerten.

In dieser Hinsicht ist der Stellenwert der Unternehmenskultur für Xer eng mit unserer tiefsitzenden Skepsis gegenüber den versprochenen Leistungen der meisten institutionellen Beziehungen verbunden.

Um die Bedeutung dieser Skepsis richtig einzuschätzen, darf man uns nicht vorschnell mit der jugendlichen anti-institutionellen Rebellion der Babyboomer in einen Topf werfen – die Skepsis der Xer entspringt weder aus Naivität oder Unreife, noch aus einem vorübergehenden Idealismus, sondern vielmehr aus Cleverness, Erfahrung und rationaler Prognose. Xer sind in einer Ära aufgewachsen, in der der Mythos der Unerschütterlichkeit sozialer, religiöser, politischer und wirtschaftlicher Institutionen einen schweren Knacks erhielt. Für uns waren Institutionen nie der Fels in der Brandung, als der sie sich den angehenden Mitgliedern früher einmal präsentierten. Mit gutem Grund haben Xer daher anfangs geringe Erwartungen in bezug auf die persönlichen Vorteile, die verschiedene institutionelle Beziehungen uns bieten könnten.

X DIE ERWARTUNGEN VON Xern wurden systematisch gedämpft

Der Blick in die Zukunft verheißt für Xer wenig Aussicht auf dieselben langfristigen institutionellen Dividenden, in deren Genuß frühere Generationen kamen – von globaler Verschuldung zu globaler Erwärmung, von sicheren Jobs zu einem sicheren sozialen Umfeld, die Beweise liegen auf der Hand. Wir Xer werden auch in Zukunft weiterhin auf kaum mehr als uns selbst zählen können, wenn es um unsere Sicherheit geht. Wir sind für diese Herausforderung gerüstet. Hilfestellung bei der Vorbereitung auf diese Herausforderung und ihrer Bewältigung ist das größte Plus, das Institutionen Xern bieten können.

Während Xer von Anfang an damit rechnen, in einer Welt, die wenig verläßliche institutionelle Bindungen bietet, allein zurechtzukommen, wissen wir ebenso, daß wir gut daran tun, nach Nadeln im Heuhaufen zu suchen – gewisse institutionelle Beziehungen können in einer hochgradig instabilen Welt sehr wertvoll für uns sein. Wir werden die Unterstützung von Institutionen bei unserer Suche nach persönlicher Sicherheit mit Freude begrüßen.

Da die Arbeit oft die bedeutendste und kohärenteste institutionelle Beziehung in Reichweite darstellt, können Manager Xern tatsächlich helfen, das in unserer Karriere angestrebte feste Fundament zu schaffen, indem sie Förderung als Credo der Unternehmensphilosophie formulieren. Institutionen, die Xer beim Aufbau dieses festen Fundaments unterstützen, werden sehr wahrscheinlich unsere Loyalität gewinnen können.

DIE REAKTIONEN VON Xern wurden jedoch systematisch radikaler

Xer haben gelernt, die Welt mit Vorsicht zu betreten – und wir studieren unsere Umgebung sehr aufmerksam. Die Signale einer Unternehmenskultur definieren die Struktur der Institution, die Qualität der Arbeitsbeziehung, die Festigkeit des Fundaments. Ist das Fundament so schwach wie Treibsand? Oder ist es stark genug, um Xern eine Stütze zu sein? Bietet die Institution provisorisch ein festes Fundament, auf dem unser Selbstwertgefühl fußen und weiter aufgebaut werden kann, um die Voraussetzungen für ein Weiterkommen in dieser Welt zu erfüllen?

Die einzelnen Elemente jeder Unternehmenskultur senden gewisse Signale aus, die Xer interpretieren, um jene Fragen zu beantworten, um das Terrain um uns und vor uns zu sondieren, um zu bestimmen, ob wir besser dableiben oder uns anderweitig umsehen sollten. Jene Xer, die in diesem Kapitel zu Wort kommen, besprechen viele verschiedene Elemente der Unternehmenskultur, die allerdings etwas gemeinsam haben. Xer lehnen Firmenkulturen ab, die das Individuelle unterbewerten und Selbstwertsteigerung unmöglich machen, und sind im Gegenteil für solche Kulturen zu begeistern, die Xer willkommen heißen und unterstützen und ein provisorisches Fundament schaffen, das notwendig ist, um Lernen und Wachstum zu ermöglichen.

X X-Regel: Xer werden ihr Bestes nie in Manager investieren, die sich weigern, in Xer zu investieren

Manager irren sich gewaltig, wenn sie denken, daß Xer den Himmel auf Erden ohne Gegenleistung erwarten. Wenn wir Xer einen Mangel an Pflichtbewußtsein unseren Arbeitgebern gegenüber erkennen lassen, wenn wir Verachtung und Illoyalität unseren Managern gegenüber auszudrücken scheinen, wenn wir langsam, aber sicher beginnen, einen neuen Job anzupeilen, dann tun wir das nicht, weil wir von Natur aus illoyal sind oder einfach kein Sitzfleisch haben. Vielmehr bilden wir uns ein wohlüberlegtes Urteil über den voraussichtlichen Wert, in die eine oder andere institutionelle Beziehung zu investieren.

Wir bilden uns diese Urteile sehr schnell, weil zu viel auf dem Spiel steht und wir uns nicht genug Spielraum für Fehler leisten können, um eine Vergeudung unserer kreativen Talente an Institutionen zu riskieren, die unseren Wert nicht schätzen und nichts zu unserer Selbstwertsteigerung beitragen wollen. Wenn Manager Unternehmenskulturen aufrechterhalten, die den Wert von Xern geringschätzen, dann senden sie genau jene Warnsignale aus, nach denen skeptische Xer ihre Fühler ausstrecken. Unternehmenskulturen die das X-Potential zur Selbstwertsteigerung untergraben, besitzen für Xer keine Glaubwürdigkeit – sie bestätigen unsere Skepsis, erhärten unsere Hemmung zu investieren, rechtfertigen unsere Weigerung uns zu verpflichten, und treiben uns dazu, auf die Suche nach vielversprechenderen institutionellen Beziehungen zu gehen.

X Einige Unternehmenskulturen BEHAGEN Xern NICHT

In Anbetracht der Unbeständigkeit des Jobmarktes und der erstaunlichen X-Fähigkeit, sich Veränderungen anzupassen, sollte es kaum verwundern, daß Xer, die sich von einer Unternehmenskultur abgewiesen fühlen, kein Problem damit haben, schnell ihr Bündel zu schnüren. Für Xer ist absolut nichts Überhastetes an einer solchen Vorgehensweise zu entdecken. Wir sind keine rastlosen Meckerer.

Wir wissen genau, wonach wir suchen – nach institutionellen Beziehungen, die ein vielversprechendes, investitionsfreundliches Umfeld bieten – wertvolle Teams, die die Einzelperson unterstützen, die die harte Arbeit von Xern anerkennen, ein Fundament schaffen, das einen weiteren Aufbau unseres Selbst ermöglicht, auf dem sich unser Wert frei entfalten kann. Aus welchem Grund sollten Xer wertvolle Zeit in Institutionen verschwenden, die dieses Umfeld nicht bieten können? Jene Xer, die im ersten Teil dieses Kapitels zu Wort kommen, beschreiben Manager, die Unternehmenskulturen schaffen, welche Xer als Persönlichkeiten unterschätzen, den Wert unserer Arbeit unterschätzen und den Selbstwertsteigerungsprozeß untergraben. Xer erzählten mir von Managern, die Loyalität und Teamfähigkeit fordern, aber kein Leadership bieten, keine Investition, keine Organisation, keinen Fokus und keine Anerkennung für den Wert von Xern als Individuen. Xer berichteten von Managern, die nicht mehr am Puls der Zeit sind und keine Vision bieten, von Managern, die mit Gewalt ihre Organisation abspecken wollen und dabei die menschlichen Ressourcen übersehen, die sie verschwenden, von Managern, die immer nur im Weg zu sein scheinen, von Managern, die Xer wie Maschinen behandeln und dann nicht kapieren, warum wir zusammenbrechen, von Managern, die es nicht handeln können, daß am Arbeitsplatz ein immer breiteres Spektrum gefragt ist, und die Talent in den Wind schreiben, das ihre Firmen sich gar nicht leisten können zu verlieren.

Die Geschichten in diesem Abschnitt geben Einblicke in die Sorte von Unternehmenskulturen, in denen Xer sich niemals zu voller Größe entfalten können – Kulturen, in denen wir Xer unsere Investition möglichst gering halten wollen und dann unser Heil in der Flucht suchen. Schließlich sind wir ja darauf vorbereitet, weiterzuziehen, uns schnell an eine neue Situation anzupassen, sie penibel, doch rasch zu bewerten und uns dann zu entscheiden, ob wir weiterwandern oder bleiben, solange das Umfeld genügend Möglichkeiten zur Selbstwertsteigerung bietet. Solange dies der Fall ist, verweilen wir und wachsen. Wenn nicht, gibt es immer noch die Möglichkeit, daß die nächste Institution uns besser aufnimmt, oder die nächste, oder die danach.

X Wo keine Mission ist, gibt es auch kein Team: Der Job ist EINFACH NUR EIN JOB

Wenn Manager von Xern Loyalität und Teamgeist verlangen, müssen sie aktiv daran teilnehmen, dem Team eine klare Mission zu schaffen. Da Xer von Natur aus eher dazu neigen, allein zu arbeiten, Raum und Zeit bei der Erzielung kreativer Endresultate selbst zu bestimmen, muß ein Team ganz besonders beschaffen sein, um unser Engagement für sich zu gewinnen. Bei der Bewertung eines Teams kommt für Xer an erster Stelle die Team-Mission, da ein Team ohne Mission kaum Chancen hat, wertvolle Endresultate hervorzubringen. Für ein Team, von dem wir annehmen müssen, daß es höchstwahrscheinlich unser Talent vergeudet, werden wir sicher nicht einen Teil unserer Autonomie opfern. Um unsere Ziele den Zielen eines Teams unterordnen zu können, müssen wir davon überzeugt sein, daß die Teamziele kohärent, klar definiert sind und gute Chancen haben, von Erfolg gekrönt zu werden.

Zudem werden Xer es kaum als selbstverständlich ansehen, daß Teamziele klar fokussiert sind, bloß weil sie institutionellen Ursprungs sind. Ganz im Gegenteil, wenn Teamziele eine Institution hinter sich haben, ist die Beweislast, die Xer fordern, umso größer. Im Klartext heißt das: Wenn Xer nicht in die Festsetzung von Teamzielen eingebunden sind, wenn Teamziele verkündet und uns aufgezwungen werden, dann müssen die Ziele schon verdammt was drauf haben. Sie sollten klugerweise Gelegenheit bieten zu wachsen und zu lernen – Gelegenheit, einen Beitrag zu einem wertvollen Endprodukt zu leisten. Denn unter diesen Voraussetzungen werden die Teamziele der einzige Bezugspunkt sein, mit dem wir Xer den Wert unserer Arbeit messen können.

X LEADERSHIP kann nicht zugeteilt, sondern muß verdient werden

Manager, die beharrlich Arbeitspläne erstellen und Teamziele festlegen, ohne das notwendige Leadership zur Stützung dieser Pläne und Ziele zu bieten, lösen bei Xern Frustration und Enttäuschung aus. Ohne Mitwirkung bei den Zielsetzungen des Teams und ohne Leadership der Zielsetzer gibt es keine Vision der Endresultate, zu denen die Arbeit von Xern beiträgt. Diese Kombination ist die schlimmste, die man sich vorstellen kann – unsere kreative Autonomie wird geschwächt und unsere Zeit in orientierungslosen Teams vergeudet.

„WIR HABEN KEIN TEAM, DA WIR KEINEN COACH HABEN"

Wir haben keinen Teamgeist, da wir keinen Coach haben. Die Vision von oben ist eher kümmerlich. Es gibt keine einigende Mission, keinen Sinn für Ziele. Es wäre schön, wenn einem das Gefühl vermittelt würde, ein Teil des Ganzen zu sein, Teil der Zeitschrift als Ganzes zu sein. Wir werden nicht geführt, also geben die Leute auf oder entwickeln sich zu Einzelkämpfern. Unter diesen Bedingungen wird das Produkt nie mehr als Mittelmaß erreichen.

Chefredakteur einer Zeitschrift

Xern ERKLÄRUNGEN ZU VERWEIGERN IST SINNLOS

Der Wendepunkt kam, als ich zu merken begann, daß ich lediglich für die Firma arbeitete, anstatt ein Teil von ihr zu sein. Das Management nahm eine komplette Umstrukturierung unserer Arbeit vor, ohne je unsere Meinung einzuholen, ohne Input zu bekommen, ohne zu erklären, was da lief oder warum. Wir waren in keiner Weise mit einbezogen. Das schadete der Moral, und die Produktivität erlitt einen empfindlichen Einbruch. Ich selbst hatte viel Aufwand, viele Überstunden und Mühen hineingesteckt. Mein Interesse, gute Arbeit zu leisten, verflüchtigte sich schließlich, weil uns allen die Kontrolle entzogen wurde. Ich hatte das Gefühl, daß mich die Arbeit eigentlich nichts mehr angeht.

Ingenieur

X Wann produziert Lean Management einen Zustand PATHOLOGISCHER UNTERERNÄHRUNG?

Einige Manager denken, daß wir Xer einfach gierig sind auf unser Stück vom Vergünstigungskuchen, auf die Limousinen, Drei-Stunden-Shrimp-Cocktails, Eintausend-Dollar-Nachtklub-Zechen, Erste-Klasse-Flüge, Präsidentensuiten und andere Spesenkonto-Extravaganzen, die wir in den achtziger Jahren via TV vorgesetzt bekamen. Diesen üppigen Gabenteller wird es aber in der Realität nicht länger geben. Die extravaganten achtziger Jahre sind ein Ding der Vergangenheit, und die mageren neunziger Jahre sind nur das Hors d'œuvre für ein noch magereres erstes Jahrzehnt des einundzwanzigsten Jahrhunderts.

Unternehmensleitungen heutzutage halten ein wachsames Auge auf die Spesenkonten und finden immer noch genügend Fett, das getrimmt werden muß. In ihrem Eifer, die in den achtziger Jahren praktizierte Geldprasserei stark einzubremsen, sozusagen auf Diät zu setzen, kippte bei manchen Firmen dieses Lean Management in Unterernährung um.

Xer sind nicht gierig nach ein paar Gourmethappen mehr, obwohl knausrige Manager ironisch-zynische Gefühle bei jenen Xern wecken, die die Verschwendungssucht der achtiger Jahre mit einer Mischung aus Eifersucht, Ehrfurcht und Ungläubigkeit verfolgten. Viele der Manager, die uns sagen, daß wir zuviel erwarten, sind dieselben Babyboomer, die während der sechziger und siebziger Jahre ihre antimaterialistischen Werte predigten, nur um in den achtziger Jahren als Yuppies den Ausverkauf derselben Werte zu betreiben.

Da nun den finanziellen Ressourcen der Arbeitgeber engere Grenzen gesetzt sind, können unsere Boomermanager sich nicht mehr wie bis vor kurzem uneingeschränkt aus dem Leckerbissentopf der Firmenvergünstigungen bedienen – und Xer schon gar nicht. Trotzdem, viele Manager sträuben sich ja sogar, Xern wenigstens die grundlegendste Betreuung und Fürsorge angedeihen zu lassen, die so sehr zu dem Gefühl persönlicher Sicherheit am Arbeitsplatz beiträgt.

X Management, das im Kleinen sparsam, aber im Großen verschwenderisch ist, UNTERMINIERT das Team

Xer verstehen, daß die finanziellen Ressourcen jetzt knapper sind, als sie es anscheinend in den achtziger Jahren waren. Aber der Weg zu einem schlanken Unternehmen kann nicht nur über Einsparungen führen. Manager müssen in der Lage sein, den Unterschied zwischen Fett und Muskel, zwischen Junk-Food und Vitaminen zu erkennen.

Welche Botschaft soll da vermittelt werden, wenn Manager selbst bei den geringsten Gefälligkeiten knausern – einer Tasse Kaffee, einer Feiertagsparty, ein paar Minuten am Morgen, einer Chance für ein Telefongespräch, eine kleine persönliche Angelegenheit regeln, zum Arzt gehen, zu Mittag essen, Freude am Job haben, ein bißchen Spaß? Diese Manager lassen Xer wissen, daß unsere Anwesenheit und unser Arbeitsprodukt nicht einmal hoch genug geschätzt werden, um die kleinste Investition in unser Wohl und Weh zu rechtfertigen. Diese Botschaft bringt Managern nur die Verachtung von Xern ein, die ohnehin bereits das Gefühl haben, daß unsere ganze Zukunft von der verschwenderischen Prasserei der achtiger Jahre getäuscht wurde.

Xer SIND OFT DIEJENIGEN, DIE LÄNGER ALS ALLE ANDEREN ARBEITEN

Einmal versuchte mir mein Manager klarzumachen, wie unheimlich wichtig ihm Pünktlichkeit sei, und er umschrieb es mit „Neun Uhr früh, Schrieb gelesen, Kaffee getrunken, und fertig zur Arbeit." Ich hätte mich vor Wut anpissen können, weil ich viel länger als alle anderen in diesem Laden arbeite. Die meisten in dieser Firma arbeiten von neun Uhr früh bis sechs Uhr abends, und ich bin hier regelmäßig bis zumindest acht Uhr abends. Das finde ich total scheiße. Wenn mich mein Manager bittet, aus irgendeinem bestimmten Grund früh da zu sein, dann bin ich vor jedem anderen gestellt, so früh er will. Für gewöhnlich bin ich vor ihm da. Wenn ich einmal in der Woche oder ab und zu einmal um neun oder neun Uhr zwanzig in der Früh komme und mich für eine Minute hinsetzen und meinen Kaffee trinken will, sollte er (fähig sein,) das (zu) akzeptieren.

Junior Account Executive einer mittelgroßen PR-Firma

EINE SCHRECKLICHE METAPHER FÜR DIE GANZE FIRMA

Für Nachschub an Büroartikeln mußte man Formulare ausfüllen. Sie verlangten was für den Kaffee, man bezahlte seine eigene Telefonrechnung. Überall mußten Kosten eingespart werden, und sie verhielten sich so schäbig. Ständig beschwerten sich Leute über Geld, daß sie unterbezahlt waren, daß sie reingelegt wurden. Wir mußten für unsere eigene Weihnachtsfeier bezahlen. Die sechsundfünfzig Dollar für die Feier einzusammeln war ziemlich mühsam. Jeder seufzte und stöhnte und klagte über Geldprobleme. Es war wie eine Metapher für die ganze Firma. Jeder ist ersetzbar, lautet hier die Parole. Sie bezahlen nichts für Loyalität. Sie sagen, das sei zum Klo runtergespültes Geld. Sie ziehen damit Mittelmaß an, weil sie Leute unterbezahlen und wie Scheiße behandeln. Das bedeutete, daß sie immer nur Leute anstellten, die Versager waren, meistens solche, die irgendwo anders aus gutem Grund gefeuert worden waren.

Pfandbriefhändler

EIN MANAGER, DER SO KNAUSERIG WAR, DASS ER ALLES VERLOR, WAS ER BESASS

Mein Boß maß unsere Arbeitszeit mit der Stoppuhr. Ich traute mich kaum, um achtzehn Uhr zu gehen, auch wenn ich nicht viel zu tun hatte. Wir hatten gerade mal eine halbe Stunde Mittagspause. Ich hatte sogar ein schlechtes Gewissen, wenn ich mir einen Arzttermin ausmachte. Allein das war jedes Mal ein Theater. Es kam vor, daß ich mit jemandem am Telefon sprach, ein Privatanruf natürlich, was ja passiert, und mein Boß kam plötzlich herein und stand in der Tür und schaute mich nur an, bis ich auflegte – abgesehen von allem anderen eine reine Zeitverschwendung für ihn. Es war ja nicht so, daß wir ständig alle am Telefon hingen. Er machte es nur, um etwas zu beweisen. Der Kerl glaubte nämlich, daß wir alle nur herumfaulenzen würden, wenn er uns den Rücken zudreht.

Er war so knauserig. Er hatte nur einen Teilzeit-Rezeptionisten, der von Dienstag bis Freitag von zehn Uhr früh bis vier Uhr nachmittags arbeitete. Bei den Telefonen ging es in dieser Firma mörderisch zu, Hunderte Anrufe. Und wann, glauben Sie, kommen all diese Anrufe? In der Regel erledigen die Leute viele ihrer Anrufe von vier bis sechs Uhr nachmittags, ganz zu schweigen davon, daß der Montag jedes Mal die Hölle ist. Genau zu diesen Zeiten hatten wir keinen Rezeptionisten. Es kamen Hunderte Anrufe rein, und es war hart, die alle zu bewältigen, einfach dauernd das Telefon abnehmen zu müssen.

Die Auswirkungen auf die Moral waren fatal, weil niemand seine eigentliche Arbeit machen konnte. Was das für unsere Arbeit bedeutet hat? Es gab Zeiten, da war er in seinem Büro mit einem Klien-

ten, und einer von uns schlich sich zum Convenience Store ums Eck, um für alle etwas zu trinken zu besorgen. Es war einfach lächerlich. Und klarerweise meldeten wir uns so oft wie möglich krank, nahmen uns jede Minute, die wir kriegen konnten, frei, wollten da jeden Tag so schnell wie möglich raus, wir haßten es. Es graute uns jeden Tag davor, in die Arbeit zu gehen. Und der ständige Mitarbeiterwechsel war schrecklich, weil das Arbeitspensum für den Rest von uns ständig schwankte.

Dann entstand im Büro dieses absurde Gefühl von uns zehn gegen ihn. Von den Anwälten bis hinunter zum Rezeptionisten, wir haßten ihn alle. Er machte sich sogar noch darüber lustig. Wir dachten alle, daß er doch irgendwann auf Urlaub gehen muß. Als er tatsächlich mal für eine Woche weg war, arbeiteten wir alle eine Woche davor doppelt so hart. Dann planten wir einen Tag, an dem wir nur im Büro herumlungern und nichts tun würden, nur um ihm eins auszuwischen. Wir saßen rum und lachten, wenn das Telefon läutete. Dann gingen wir gemeinsam Mittag essen, das Bier floß in Strömen. Am Weg zurück ins Büro kauften wir noch eine Ladung Bier, kamen zurück und tranken den ganzen Nachmittag. Ein paar machten sogar einen Handstand gegen die Wand. Einer von uns hinterließ den Abdruck seines Absatzes an der Wand. Die ganze restliche Zeit, die ich dort arbeitete, gingen wir alle an diesem Abdruck vorbei und kicherten. Es war sowas wie unser stilles Zeichen der Rebellion.

Anwaltsassistent einer kleinen Rechtsanwaltskanzlei

X Was macht man mit SO VIELEN Managern?

Zu viele Manager denken, daß wir Xer uns über Submanager beklagen, weil wir arrogant sind und uns mit niemandem außer den Topmanagern abgeben wollen. Es stimmt, daß es uns widerstrebt, Managern Rechenschaft abzulegen, deren einzige Rolle darin besteht, einen weiteren Autoritätsbereich in der Unternehmenshierarchie auszufüllen. Xer mißbilligen es, wenn man uns Submanager vor die Nase knallt, genauso wie wir andere Hindernisse für unsere Kreativität mißbilligen.

Unternehmenskulturen, die zu viele Management-Schichten aufweisen, zwängen Submanager in die Rolle von Hindernissen anstatt Förderern kreativer Produktivität. Wir Xer haben unsere eigene Mission am Arbeitsplatz – innovative Problemlösungen und wertvolle Endresultate zu schaffen. Überflüssige Manager verursachen Ineffizienz und unnötige Schikanen und beeinträchtigen unsere Befähigung, solche Resultate hervorzubringen.

Xer erzählten mir von hierarchischen Unternehmen mit zu vielen Management-Levels, wo sich Manager übereinandertürmen, einander austricksen, einander widersprechen und einander im Weg sind. Wir Xer sind mittendrin gefangen, stehen da und dort Rede und Antwort, werden zum Streitobjekt und versuchen, alle die Manager in unserem Leben auf die Reihe zu bringen. Wenn zu viel X-Zeit für unnötige Rivalitäten und unproduktive Managementbeziehungen draufgeht, können Xer nicht effektiv arbeiten.

Außerdem lesen wir in Unternehmenskulturen mit Managergetümmel wie in einem Buch – wir sehen Kulturen, die Autorität der Autorität willen unterstützen, anstatt individuelle Kreativität zu fördern. Daher trachten wir danach, Submanager und Unternehmenskulturen, in denen es nur so von ihnen wimmelt, nach Möglichkeit zu meiden.

EIN MANAGER, DER VON JEDEM HERUMKOMMANDIERT WIRD, KANN NICHT MANAGEN

Wir hatten drei Ebenen von Managern. Der Oberchef saß in seinem Büro und managte den Manager der mittleren Ebene. Der Manager der mittleren Ebene saß in seinem Büro und kam nur heraus, um Zoff zu machen. Die unmittelbar für mich zuständige Managerin war am unteren Ende angesiedelt und wurde ständig von jedermann herumkommandiert.

Chemischer Techniker im Entwicklungslabor einer großen Lebensmittelfirma

X SUBMANAGER lösen im Arbeitsumfeld von Xern Chaos aus

„ICH SCHUF MIR DIESE KLEINE NISCHE FÜR MICH SELBST"

Unser Boß war das Verkaufsas unserer Firma (und) einer der Hauptaktionäre. Die Stärke unseres Superbosses war das Verkaufen – das Managen war Sache seiner Assistentin. Ich sollte eigentlich für beide arbeiten. Sie war wie seine rechte Hand, in der Kommandogewalt an zweiter Stelle. Aber sie war (auch) defensiv, selbstgerecht und gehässig. Wir mußten ständig um sie herumarbeiten. Das war besonders hart, weil sie eigentlich ein Puffer zwischen seinem Verkaufsteam und ihm selbst sein sollte. Es gab lauter kleine Grüppchen, und jeder mußte sich bei der Arbeit eine kleine Nische für sich selbst suchen und irgendwie einen Schleichweg zum Verkaufsas für sich schaffen. Ich schaufelte eine kleine Nische für mich frei, um mehr zu meinen Bedingungen arbeiten zu können.

Grundstücksmakler

SUBMANAGER HERUMJONGLIEREN – UND DABEI ALLES FALLENLASSEN

Meine Managerin hat noch jemand anderen zwischen uns geschaltet, der sich direkt mit mir befassen soll, aber sie ist so eine Vollblutpraktikerin, daß sie sich sowieso immer direkt mit mir befaßt. Ein Großteil des Problems ist die Zeitplanung. Der Submanager fällt irgendeine Entscheidung, um zu versuchen, wenigstens etwas zu tun, doch prompt tritt die Managerin auf den Plan und korrigiert seine Entscheidung. Dann kommt er in mein Büro und schüttelt den Kopf. Es ist frustrierend, weil ich zwischen den Stühlen sitze und mich mit beiden herumschlagen muß.

Personalberater einer Consultingfirma für Informationssysteme

X Zwischen zwei Stühlen sitzende Xer wollen nur eines: FLÜCHTEN

„ICH WECHSELTE ZU EINEM ANDEREN TEIL DER FIRMA"

Als ich hier anfing, kümmerte sich meine Managerin in rührender Weise um mich, übertrug mir jede Menge Verantwortlichkeit, informierte mich über die strategischen Bereiche, die ich nach ihrer Vorstellung übernehmen sollte. In den ersten fünf Monaten liefen die Dinge in ihrer Abteilung für mich gut. Nach ungefähr fünf Monaten kam meine Managerin mit einem Vizepräsidenten daher und plazierte ihn zwischen sich selbst und mir. Das war merkwürdig. Ich hatte doch schon dieses gute Verhältnis zu meiner Managerin aufgebaut. Nachdem der neue VP dazustieß, wurden Zugang und Kontakt zu meiner Managerin stark reduziert. Es war sehr demoralisierend. Plötzlich ging der VP zu Sitzungen, an denen ich zuvor teilgenommen hatte, und ich war von der Liste gestrichen. Im Endeffekt wechselte ich zu einem anderen Teil der Firma.

Führungsnachwuchskraft einer Kabelfernsehgesellschaft

EIN DIENER ZWEIER HERREN STELLT KEINEN ZUFRIEDEN

Die Spannungen entstehen, wenn meine Managerin und ihr Boß ihr eigenes Süppchen brauen, wenn es darum geht, unsere Aufgaben für den Tag festzulegen und die jeweiligen Prioritäten zu bestimmen. Wenn jeder von ihnen am selben Tag viel für uns zu tun hat, dann reagiert der unmittelbar mir übergeordnete Manager gereizt und bekommt einen Anfall. Das macht die Sache ziemlich schwie-

rig, weil man versucht, zwei verschiedene Leute zufriedenzustellen, die mich und meine Arbeit über Gebühr beanspruchen.

Berater in einem politischen Büro in Washington, D.C.

X Wenn wir Xer unsere Manager managen müssen, IST KEINER MEHR für die Arbeit da

„ICH MUSSTE ZUSÄTZLICH ZU MEINER ARBEIT IHR EGO MANAGEN"

Manchmal wurde es fies, denn obwohl ich der Person direkt über mir unterstellt war, war ich noch immer der zwei Ebenen über mir Rechenschaft schuldig. Ich mußte also meine direkte Chefin und dazu noch den, der sie beaufsichtigte, zufriedenstellen. Aber die Account Executive wollte nichts davon wissen, daß sie der Oberchef umging und direkt zu mir kam. Also mußte ich zusätzlich zu meiner Arbeit noch ihr Ego managen.

Assistant Account Executive einer Werbeagentur

UNGUTE SITUATIONEN WERDEN ZUR WILLENSPRÜFUNG

Zwei verschiedene Anwälte prügelten sich um mich. Jeder von ihnen nahm mich beiseite und teilte mir mit, daß ich für ihn arbeiten würde und gab mir massenweise Arbeit. Ich wußte nicht, an wen ich mich wenden sollte und wie ich sie darauf ansprechen sollte, und ich arbeitete zu viele Stunden am Tag und zu viele Tage in der Woche. Ich war sehr verärgert und alles andere als beeindruckt von ihrem Mangel an Reife. Meiner Meinung nach sah es ziemlich nach Macho-Gehabe aus. Es ging nicht mehr darum, wieviel Arbeit zu tun war, sondern wer am Ende der Stärkere sein würde. So wie die Dinge lagen, mußte ich auf der Strecke bleiben. Ich war entschlossen, das Handtuch zu werfen, wenn dieses Problem nicht gelöst werden konnte. Da keiner von ihnen nachgeben wollte, mußte der für die Assistenten zuständige Ressortleiter einen anderen Anwaltsassistenten anstellen, um mich von der Kündigung abzuhalten.

Anwaltsassistentin

„SCHAUEN SIE MAL, ANSTATT SO VIEL ZEIT DAMIT ZU VERSCHWENDEN . . ."

Es gab drei Hardware- und zwei Softwaretechniker, alle in ihren Zwanzigern. Unser Manager suchte nach einem (Submanager), der die Wochenkoordination übernehmen sollte. Wir gingen zu unserem

Manager und sagten: „Schauen Sie mal, anstatt so viel Zeit damit zu verschwenden, einen (Submanager) zu suchen, wieso versuchen wir nicht als Team zu arbeiten?" Das Designteam hatte einen Plan entworfen, der die Funktionen, die normalerweise dem (Submanager) zufallen würden, unter uns aufteilte. Das würde uns als Team eng zusammenschweißen, und jeder von uns wäre nur allzu gerne bereit, einzuspringen und den anderen zu helfen . . . Das war unsere Lösung. Unserer Meinung nach war ein (Submanager) gar nicht notwendig. Wir dachten, daß unser Approach zur Bewältigung der anfallenden Arbeit sehr beeindruckend war und das Projekt ganz nach Zeitplan vorantreiben würde. Der Manager lehnte es rundheraus ab und hatte sogar noch einen Anflug von Lächeln auf den Lippen. Das hat dem Team einen ziemlichen Schlag versetzt, besonders das Gefühl, nicht ernstgenommen zu werden. Nach diesem Vorschlag dauerte es noch sechs oder sieben Monate, bevor der (Submanager) kam. Während dieser Zeit gab es weder ein Notstandsprogramm, noch ließ er uns natürlich unser System des Selbstmanagements implementieren. Als sie endlich mit diesem (Submanager) anrückten, hatten vier von acht Technikern des Designteams die Firma verlassen, und das Projekt war ein Jahr im Verzug. Tja, Pech für die Firma, daß unsere Manager nicht auf unseren Plan vertraut hatten und uns nicht die Verantwortung für das Projekt übertragen hatten.

Techniker

X Kulturen, die Xer behandeln, als ob wir jederzeit durch irgendein leistungsfähiges KOLLEKTIV ersetzt werden könnten

Manager, die wollen, daß wir Xer in institutionelle Beziehungen mit unseren Arbeitgebern persönlich investieren, müssen sich an unserer selbstwertsteigernden Suche nach Sicherheit beteiligen. Das bedeutet, daß sie den Xer als Individuum sehen und fördern sollten. Statt dessen berichteten mir viele Xer, daß sie sich am Arbeitsplatz höchstens wie Fußtruppen oder Maschinen eingesetzt fühlten.

Viele Xer sind weit davon entfernt, als Persönlichkeiten geschätzt zu werden, sondern werden wie entbehrliche Verbrauchsgüter behandelt, die durch jedes andere leistungsfähige Kollektiv ersetzt werden könnten. Unsere Manager ignorieren die Individualität von Xern, indem sie Unternehmenskulturen fördern, die unsere persönlichen Bedürfnisse mißachten und in unserer Arbeit keinen Freiraum für Originalität und Kreativität lassen.

Ein Grund, warum Manager heute weniger Zeit in Xer als Individuen investieren, liegt in der Realität der modernen Wirtschaft – nämlich dem Käufermarkt – begründet, der Arbeitgeber aus dem vollen schöpfen läßt – es gibt viel mehr junge leistungsfähige Arbeitskräfte als gute Jobs. Vielleicht sollten sich Xer also gar nicht beklagen. Aber wenn Manager nicht in Xer als Einzelpersonen investieren, dann werden wir uns beklagen und in unserer Leistung weit unter unseren Möglichkeiten bleiben, und wir werden etwas dagegen tun und unsere Jobs kündigen.

Viele Manager beteuern, daß sie nicht verstehen können, warum Xer in einer Minute unrasiert, mit Ringen unter den Augen durchs Büro schleichen, verängstigt, gestreßt und fix und fertig Deadlines hinterherjagen und dann in der nächsten Minute ihre Jobs kündigen. Das sind die gleichen Manager, die noch immer nicht kapieren, wie ein Fax funktioniert. Das Faxgerät kann nicht sprechen. Xer schon.

MISSGEMANAGTE Xer FÜHLEN SICH WIE ÜBERSCHÜSSIGE HARDWARE

Ich fühlte mich wie eine Maschine. Sie hat sich nie um persönliche Bedürfnisse gekümmert, bis der Kollaps da war.

Forschungswissenschaftler einer großen Universität

„UNSERESGLEICHEN WIRD WIE EINE NICHT-MENSCHLICHE RESSOURCE EINGESETZT"

Ich fühle mich wie jemand aus diesem berühmten Bild, das man mit Nahkampf-Krieg assoziiert – Schlachtreihen von Soldaten, die niedergemäht werden, eine Reihe nach der anderen, nur um wieder durch die nächste ersetzt zu werden. Ich fühle mich wie die Verlängerung einer Maschine. Ich arbeite zuviel, ich habe bei der Einteilung nichts mitzureden, ich hasse die Arbeit, die ich mache, und die Leute, mit denen ich arbeite, sind schrecklich. Gott, wenn mich jetzt jemand hört, bin ich so gut wie tot – ich spreche mit Ihnen noch vom Büro aus (um elf Uhr nachts an einem Donnerstag). Es ist wie ein Gefängnis. Ich arbeite mit diesen Bankern, die Überbleibsel aus den achtziger Jahren sind. Ich habe ehrlich das Gefühl, daß man unseresgleichen wie eine nicht-menschliche Ressource einsetzt. Da gibt es ein Mädchen, das arbeitet hier die ganze Zeit: sie ist wie ein lebendes Kruzifix, wie ein Bild des Leides.

Analyst einer Investmentbank

X **Wenn Manager uns Xer wie eine leicht ersetzbare Ressource behandeln, sollten sie sich nicht wundern, wenn Xer die Arbeit wie eine LEICHT ERSETZBARE BEZIEHUNG behandeln**

JEDER IST ERSETZBAR? VIELLEICHT NICHT JEDERZEIT

Ihre Philosophie ist es, einen Haufen von Kids, die auf Zack sind, anzustellen und ihnen allen genau dasselbe beizubringen. Sie wollen

ein einheitliches Produkt herausbringen: einen Consultant. Was der Consultant seinen Klienten vorlegt, ist immer exakt dasselbe, die Arbeit ist immer gleich. Sie haben Handbücher, die jeden Schritt vorgeben. Originalität und Kreativität sind nicht gefragt. Sie wollen alle gleich ausbilden und alles standardisieren, so daß sie jeden X-beliebigen in ein Projekt einschalten können. Das heißt, sie können Probleme einfach lösen, indem sie Leute massenweise darauf ansetzen. Die Faustregel war, daß man fünfzig Prozent des Anfänger-Jahrgangs im ersten Jahr verlor; die obersten fünfundzwanzig und die untersten fünfundzwanzig Prozent – also blieb das Mittelmaß über. Natürlich ist das Training für sie sehr kostspielig, aber ich denke mal, an Nachschub wird es ihnen nie mangeln.

Consultant für Managementsysteme

„WAGEN SIE ES JA NICHT, DIESE FIRMA ZU VERLASSEN"

Das erste, was man aus dem Mund dieses Managers hörte, war „Wagen Sie es ja nicht, diese Firma in den ersten zwei Jahren zu verlassen, denn dann verliere ich Geld durch Sie." Er teilte uns mit, daß die Firma in den ersten zwei Jahren durch uns Geld verlieren würde und wir mehr als zwei Jahre dableiben müßten, so daß er beginnen könnte, Geld durch uns zu verdienen. Das hat mich ziemlich abgestoßen. Beim Lunch saßen zwei andere Leute an meinem Tisch, die danach mit mir darüber redeten. Als die Headhunter Interesse anmeldeten, hatten (wir) keinerlei Loyalität ihm gegenüber.

Consultant für Informationssysteme

BEGEISTERUNG REDUZIEREN . . . VERACHTUNG PROVOZIEREN

Als ich mit dem Gedanken spielte, die Firma zu verlassen, ging ich zu meinem Manager, um mit ihm darüber zu sprechen, und er sagte: „Es ist so, ich brauche Sie für dieses Projekt, und wenn Sie diese Firma verlassen, werde ich alles in meiner Macht Stehende tun, um Ihrer Karriere zu schaden." Nach diesem Statement war meine Einstellung im Grunde nur mehr auf Durchhalten in dieser Phase des Projekts ausgerichtet, darauf, meinen Job zu tun, und zwar nach Punkt und Beistrich, keine Extrawürste, und dann zu verschwinden. Die Art, wie er mich behandelte, stellte jegliches Loyalitätsgefühl in mir ab. Ich blieb noch, bis sich die erste Möglichkeit zur Kündigung bot. Ich hatte nicht die Loyalität, länger zu bleiben und alle diese Überstunden einzulegen.

Analyst einer großen Kredikartenfirma

ZU VIEL MACHO-GETUE + KEINE CHANCE AUF APPLAUS = SCHLECHTES MANAGEMENT

Mir wurde gesagt: „Lassen Sie mich Ihnen etwas zum Nachdenken geben: Sie sind smart, aber jeder hier ist smart. Und es gibt viele

smarte, fähige Leute da draußen, die nicht hier arbeiten, aber liebend gerne hier arbeiten würden. Vielleicht sollten Sie sich das ins Gedächtnis schreiben." Mit anderen Worten, man ist unwichtig und durch jeden x-beliebigen anderen zu ersetzen, der nur darauf wartet, seine Chance zu bekommen. Für intelligente Menschen mit kreativen Ambitionen und Fähigkeiten gibt es in einer Firma mit einer solchen Philosophie keine Möglichkeit, sich selbst zu applaudieren und hochleben zu lassen. Die meisten Dinge, die junge Anwälte in einer Rechtsanwaltskanzlei tun, können sowieso auch von einer Armee von High-School-Schülern erledigt werden.

Associate einer großen Rechtsanwaltskanzlei

X Warum Programme für ein breites Gesellschaftsspektrum in so vielen Firmen NICHT GREIFEN

Viele Manager sind frustriert, da ihre Programme für ein breites Gesellschaftsspektrum nicht zu greifen scheinen. Die meisten Firmen versuchen seit den siebziger Jahren, Frauen und Farbige aufzunehmen. Das Problem dabei ist, daß zu viele derartige Programme genau dort enden, wo sie begonnen haben – in der Rekrutierungsphase.

Als Generation liefern Xer der Welt der Angestellten ein einzigartig gefächertes Arbeitskräftepotential – vielleicht die gebildetste und talentierteste Belegschaft an Frauen und Farbigen, die je eine Generation zu bieten hatte. Da Xer als vielschichtige und in der Gesellschaft integrierte Generation zusammen die Schulbank drückten, haben wir sehr hohe Erwartungen an das Spektrum am Arbeitsplatz.

Wir erwarten uns ein soziales Umfeld, das ein breites Gesellschaftsspektrum bietet und für mehr Perspektiven Platz schafft – wir haben gelernt, daß ein breites Spektrum Kreativität fördert. Aus diesen Gründen ist explizite Diskriminierung am Arbeitsplatz basierend auf Rasse oder Geschlecht für Xer ganz besonders intolerabel, egal ob sie uns selbst oder unsere Altersgenossen betrifft.

X FRAUEN UND MINDERHEITEN einzustellen ist für ein breites Arbeitskräftespektrum noch zu wenig

Während die meisten Firmen das Konzept des breiten Spektrums am Arbeitsplatz fördern, gibt es immer noch zu viele Manager, die durch ihr Verhalten am Arbeitsplatz ein feindliches Klima Frauen und Farbigen gegenüber nähren. Es ist traurig, daß viele der Frauen und Farbigen, die ich interviewte, Diskriminierung von seiten ihrer Manager am eigenen

Leib erfahren mußten. Xer sprachen davon, Feindseligkeit, Druck und herablassender Behandlung ausgesetzt zu sein – sie beklagten sich über den Mangel an Vorbildern, unfaire Beurteilungen und Beförderungen, die sich plötzlich in nichts auflösen.

Es ist klar, daß Diskriminierung eine seelische Belastung darstellt, unter der sich niemand entfalten kann, aber Xer, die Diskriminierung am Arbeitsplatz erleben, reagieren darauf mit aller Vehemenz. Xer werden diese Provokation kaum ignorieren, auch wenn wir vielleicht nicht gleich auf die Straße gehen und Sturm laufen. Wir Xer, die Diskriminierung erleiden, werden wahrscheinlich unsere eigene kreative Energie neu fokussieren und zwei Fliegen mit einer Klappe schlagen – wir werden präzise Strategien für den eigenen Erfolg forcieren, die auch das Problem der uns entgegengebrachten Diskriminierung einer Lösung zuführen.

Ich werde Ihnen eine Xerin vorstellen, die in der Bank, in der sie arbeitete, von ihrem Manager in diskriminierender Art und Weise behandelt wurde – nun ist sie eine Bürgerrechtsanwältin, die Banken wegen Rassendiskriminierung bei der Hypothekenvergabe verklagt.

„WILLKOMMEN IM VIERTEL"

Ich bekam eine geballte Ladung Feindseligkeit zu spüren, da ich ein neues Gesicht in der Firma war und schwarz bin. An jeder Ecke lauerten Probleme. Ich fühlte, daß die oberste Managementebene die Einstellung der unteren Managementebenen unterstützte, mich wie einen Außenseiter zu behandeln. Im Zuge einer meiner Leistungsbeurteilungen schrieb ein Manager doch tatsächlich, daß ich mich nicht bemühe, mit den anderen Leuten auf meiner Ebene Kontakte zu knüpfen. Das wäre ja so, als ob ich in ein neues Viertel kommen würde, das mich nicht haben will, und man erwartet von mir, von Tür zu Tür zu gehen, anzuklopfen und zu sagen: „Hi, ich bin neu hier im Viertel. Willkommen im Viertel. Wenn ich einmal irgend etwas brauchen sollte, kann ich mich dann einfach vertrauensvoll an Sie wenden?" Wie soll ich bitte in so einer Situation meine Arbeit machen?

Fraud Control Manager einer großen Telekommunikationsfirma

EINE TATSACHE: HÄRTER ARBEITEN, UM DASSELBE ZU ERREICHEN

Ich bin Afro-Amerikaner, also gibt es Themen, die für einige meiner Kollegen am Arbeitsplatz tabu sind. Dieses Gefühl ist immer unterschwellig da. Es steht immer die Frage im Raum, ob ich auf bestimmte Weise behandelt werde, weil ich schwarz bin. Ich fühle übertriebenen Druck, mich beweisen zu müssen. Ich habe das Gefühl, daß ich viel härter arbeiten mußte, um mich zu beweisen und befördert zu werden. Ich mußte immer den kniffligen Aufträgen nachlaufen, um dahin zu kommen, wo ich jetzt bin.

Finance Manager einer internationalen Firma

„WAS WOLLEN SIE WERDEN, WENN SIE ERWACHSEN SIND?"

Mein Manager war ein männlicher Chauvinist, wie er im Buche steht. Bei Sitzungen brachte er mich in Verlegenheit. Er pflegte so Dinge zu sagen wie „Was meinen Sie dazu, als Vertreterin der modernen berufstätigen Frau hier im Raum?" Bei Sitzungen mit anderen Berufskollegen, auch Leuten von außerhalb, machte er so ein gönnerhaftes Gedünse. Eines Nachts fragte er mich auf einer Party: „Was wollen Sie werden, wenn Sie erwachsen sind?" Ich antwortete: „Präsident", und er dachte, ich meinte Präsident der Firma. Seine Antwort war: „Sie sind wie meine Tochter, Sie glauben, alles erreichen zu können." Natürlich meinte ich Präsident der Vereinigten Staaten von Amerika. Als ich meine Kündigung bekanntgab, fand ich heraus, wie viel ich ihnen wert war – sie boten mir eine Menge, um mich zum Bleiben zu bewegen. Natürlich war es dafür dann schon zu spät.

Risk Manager einer Grundstücks-Investmentbank

X Die Schaffung eines breiten Spektrums macht es erforderlich, STÄNDIG OFFEN zu sein

„ICH SICHTETE NIEMANDEN, DER WIE ICH AUSSAH UND ERFOLG HATTE"

Es gab für mich keine Vorbilder, zum Teil deswegen, weil ich eine Frau bin, und es hier es keine Frauen gibt, die etwas zu sagen haben. Rein gefühlsmäßig war das kein Platz, an dem ich mein Bestes hätte geben können. Ich dachte eigentlich nie, daß ich hier wahnsinnig erfolgreich sein würde, weil ich niemanden sichtete, der wie ich aussah und Erfolg hatte.

Associate einer mittelgroßen Rechtsanwaltskanzlei

KEINE FRAUEN BEFÖRDERT – EIN SCHLECHTES ZEICHEN

Kürzlich war ich für eine Beförderung vorgesehen. Meine Verkaufszahlen übertrafen die aller anderen, und ich hatte sehr gute Beurteilungen erhalten. Ich wurde jedoch nicht befördert. Siebzehn Männer wurden befördert – und keine einzige Frau. Ich dachte nicht, daß ich je so etwas erleben würde. Schließlich leben wir in den neunziger Jahren. Das deprimiert und ärgert mich. Am liebsten hätte ich ihnen einfach gesagt: „Schert euch zum Teufel, ich gehe." Aber ich wollte kein böses Blut machen. Ich hatte meine Bedenken, das Thema aufs Tapet zu bringen, weil ich nicht will, daß sie denken, ich würde mich nur auf meinen Status als Frau ausreden. Ich möchte befördert werden, weil ich kompetent und fähig bin, aber ich will auch in derselben Liga wie die Männer in dieser Firma spielen.

Sales Associate einer Elektronikfirma

ER HAT EIN „PROBLEM MIT FRAUEN"

Nachdem ich dort eine Weile gewesen war, kamen vier oder fünf weibliche Anwälte unabhängig voneinander in mein Büro und sagten mir, wie unglücklich sie über den Abteilungsleiter seien. Es ist im Grunde so, daß er mit den Kerlen besser kann, und daher steigen sie auf. Mit Frauen kommt er nicht so gut aus, also werden sie kurzgehalten und bekommen nicht die anspruchsvolle Arbeit, die ihnen zustehen würde und die sie bekommen müßten, um sich selbst zu beweisen. Das war wirklich entmutigend für mich, da die Moral unter den Frauen dadurch natürlich ziemlich am Boden war. Solche Dinge kratzen an der Arbeitsmoral. Als ich dort hinkam, dachte ich, wow, da wird es ein Team geben, das ist eine öffentliche Behörde, aber jetzt glaube ich, daß ich etwas zu idealistische Vorstellungen von dem Ganzen hatte. Das ist entmutigend.

Assistant Corporation Counsel in der Rechtsbehörde einer großen Stadt

X Manager müssen die RICHTIGE KULTUR schaffen, sonst . . .

„JETZT VERDIENE ICH MEINEN LEBENSUNTERHALT DAMIT, BANKEN ZU VERKLAGEN"

Als schwarze Frau war ich an zwei von drei Arbeitsplätzen am Kreditsektor mit Diskriminierung konfrontiert. Es hatte einen Einfluß auf das Ausmaß an Verantwortlichkeit, das mir übertragen wurde, und schlug sich in meinen Beurteilungen nieder. Als ich über eine negative Beurteilung eines Managers Auskunft haben wollte, wurde mir gesagt, daß meine Fachkenntnisse verbesserungsbedürftig seien. Ich mußte eine Übungsaufgabe absolvieren und für meinen Manager und einen anderen Trainee, es sollte ein Altersgenosse von mir sein, eine spezielle Präsentation auf die Beine stellen. Kein anderer mußte so etwas tun. Es war demütigend, und ich fand es äußerst empörend.

Die anderen Afro-Amerikaner in der Bank hatten mit ähnlichen Problemen zu kämpfen. Die Bank stellte zwar bewußt Afro-Amerikaner ein, hatte aber Schwierigkeiten, sie zu halten. Von den Afro-Amerikanern, die während der Zeit, die ich dort verbrachte, in das Programm aufgenommen wurden, stiegen die meisten gleich nach dem zweijährigen Schulungsprogramm aus. Wie sich herausstellte, gehörte ich bei der Prüfung, die wir alle machen mußten, zu den be-

sten fünf Prozent der Schulungsklasse. Und kurz danach gewann ich bei einem Projektwettbewerb aller Banken unserer Region den zweiten Preis. Ich erkannte, daß sie alle falsch lagen und sagte mir: „Zur Hölle mit euch."
Diese Erfahrung trieb mich zu der Entscheidung, Jura zu studieren und Bürgerrechtsanwältin zu werden. Jetzt verdiene ich meinen Lebensunterhalt damit, Banken zu verklagen – wegen Rassendiskriminierung bei der Hypothekenvergabe. Ich kann da meine Bankkenntnisse gut gebrauchen, und jeden Tag sage ich zu mir: „Danke für die Erinnerungen, Burschen." Das heizt meine Motivation immer von neuem an.

Handelskreditgeberin, die Anwältin wurde

X Wie einige Manager Unternehmenskulturen schaffen, die Xer Selbstwertsteigerung und persönliche Sicherheit bieten – und UNSERE LOYALITÄT gewinnen

Genauso wie Xer Unternehmenskulturen ablehnen werden, die das Individuelle unterbewerten, so werden Xer an Kulturen Gefallen finden, die das Individuelle fördern und die Selbstwertsteigerung unterstützen. Eine der wirksamsten Strategien, mit denen Manager die Loyalität von Xern erobern können, ist, unseren Wert als Individuen so hoch einzuschätzen, daß er eine Investition in unser persönliches Wohlbefinden rechtfertigt.

Manager können Nadel-im-Heuhaufen-Kulturen ohne gigantischen Zeit- und Geldaufwand schaffen. Es ist eine Frage des Schwerpunkts. Xer suchen nach Unternehmenskulturen, in denen wir als Individuen willkommen sind und bei denen wir es innerhalb der Organisation zu etwas bringen können, Kulturen, die es uns erlauben zu wachsen, unsere Fähigkeit, allein zurechtzukommen, weiterzuentwickeln und eine eigengestützte Karrierestabilität aufzubauen.

Welche Schritte unternehmen Manager, um selbstwertsteigernde Firmenkulturen zu schaffen, um die Loyalität und das Engagement von Xern zu gewinnen? Jene Xer, die im Rest dieses Kapitels zu Wort kommen, beschreiben Manager, die X-freundliche Kulturen prägen – Kulturen, in denen Manager glaubwürdige Autorität ausstrahlen, indem sie immer am Ball sind, was die Arbeit von Xern betrifft, und klare Signale vermitteln, daß unsere Arbeit wichtig ist.

Xer erzählen Geschichten von Managern, die die Kommunikationskanäle und Autoritätsentscheidungen klar und durchsichtig gestalten, indem sie Xer bewußt in den gesamten Arbeitsprozeß mit einbeziehen, von der Festsetzung der Arbeitszeit bis hin zu den endgültigen Produktzielen, und Xern Mitsprache bei wichtigen Entscheidungen zugestehen. Jene Manager, die im Rest dieses Kapitels porträtiert werden, gewinnen die X-Loyalität, indem sie uns Loyalität demonstrieren – indem sie sich beim leitenden Management, den Klienten und anderen gemeinsamen Arbeitskreisen für uns einsetzen. Diese Manager verdienen sich das persönliche Engagement von Xern, indem sie sich für jeden einzelnen Xer persönlich engagieren.

X AUTORITÄT VERDIENEN, indem man die Arbeitsverpflichtungen von Xern im Detail kennenlernt

Geschickte Manager wissen, wie man auf den X-Arbeitsstil optimal eingeht und seine Autorität aufrechterhält, ohne sich dem kreativen Unternehmungsgeist von Xern aufzuzwingen. Diese Manager werden als potentielle Lehrer für Xer glaubwürdig, indem sie klarmachen, daß sie die Arbeitsverpflichtungen von Xern gut genug verstehen, um uns managen zu können. Dadurch, daß sie sich über den Job von Xern ständig am laufenden halten und immer etwas zu bieten haben, stehen sie im diametralen Gegensatz zu den überflüssigen Submanagern. Sie sind Förderer kreativer Produktivität, wertvolle Komponenten im Unternehmertum von Xern, und Xer respektieren daher ihre Autorität.

So wie Xer Manager verachten, die im Weg stehen und mit nichts anderem als sinnloser institutioneller Autorität aufwarten, vertrauen und bewundern Xer Manager, die unsere Arbeit im Detail verstehen – die Abkürzungen und die Fallstricke, die Hindernisse, die uns wahrscheinlich Probleme machen werden und die Zeit und Energie, die wir benötigen, um bestimmte Resultate zu erzielen.

Jeder Manager erreicht diese Glaubwürdigkeit auf die ihm eigene Art und Weise. In vielen Fällen haben Manager die gleichen oder ähnliche Aufgaben erfüllt, die jetzt von den Xern, die sie managen, erfüllt werden – diese Manager beziehen ihr Wissen über die Arbeit von Xern aus der direktesten Quelle und haben das höchste Mitgefühlspotential. Ist solch direkt angeeignetes Wissen nicht verfügbar, müssen Manager Alternativstrategien entwickeln, um die Arbeitserfahrung der von ihnen gemanagten Xer verstehen zu können.

Im folgenden Abschnitt werden sie über Manager lesen, die große Mühen auf sich nehmen, um Verständnis und darauf aufbauende Glaubwürdigkeit zu etablieren. Sie werden über eine Managerin lesen, die sich vorübergehend selbst degradierte und einen untergeordneteren Job annahm, nur um für eine Weile in die X-Haut schlüpfen zu können. Andere Führungskräfte bilden Teams, in denen Manager und Xer gemeinsam an der Lösung von Problemen arbeiten, die aus Mangel an nach oben fließender Information resultieren. Wieder andere Manager haben mit der offensichtlichsten Strategie zum Verständnis der X-Arbeitserfahrung Erfolg: sie fragen Xer regelmäßig, wie alles so läuft, sie hören ihren Antworten zu, und sie verwenden das, was sie daraus lernen, dazu, bessere Manager zu werden.

„SIE HABEN ES SELBST AUCH DURCHGEMACHT"

Alle Manager in unserer Organisation waren zuerst im Außendienst und haben genau das getan, was ich jetzt tue. Da sie dasselbe durchmachten, was ich jetzt erlebe, wissen sie, wie man damit umgeht – auf emotionaler als auch auf praktischer Ebene. Sie können oft mit praktischem Wissen aushelfen, wo ich manchmal Probleme habe. Außerdem hatten die meisten Manager wahrscheinlich mehr als eine persönliche Krise zu überstehen, während sie da draußen unterwegs waren. Sie wissen, was wir durchmachen, weil sie es selbst auch durchgemacht haben. Das macht es einfacher, für sie zu arbeiten.

Corporate Auditor eines internationalen Industrieriesen

STELLEN SIE FEST, WIE ES AN DER FRONT ZUGEHT

Einmal kam die CFO unserer Agentur zu mir, um mich nach einem bestimmten Account zu fragen. Als ich mit ihr darüber sprach, wurde ihr klar, daß sie total im dunkeln darüber tappte, welchen Aufgaben ich mich tagtäglich widmete. Sie bat uns, sie mit einem unserer Projekte zu betrauen, da sie lernen wollte, wie es denn so sei, in unserer Abteilung zu arbeiten. Nachdem sie es von Anfang bis zum Ende durchgeführt hatte, konnte sie alles viel besser verstehen. Sie nahm aus diesem Projekt großen Respekt für uns mit, und wir hatten großen Respekt vor ihr und hofften, daß mehr Leute ihrem Beispiel folgen würden. Seit damals ist sie uns gegenüber viel verständnisvoller.

Traffic Coordinator einer Werbeagentur

FOKUSSIEREN SIE SICH AUF DIE LÖSUNG AKUTER PROBLEME

Wir haben extra Teams zur Lösung akuter Probleme am Arbeitsplatz eingerichtet – Teams, die sich aus Mitarbeitern aller Ebenen zusammensetzen, angefangen von mir bis hinauf zur Chefetage. Die Firma versucht jedem, egal welcher Ebene, eine Rolle zuzuweisen. Dahinter steht die Idee, daß Manager durch die gemeinsame Arbeitserfahrung an akuten Problemen von der ungezwungeneren Interaktion mit den von ihnen gemanagten Leuten profitieren werden. Es hat unsere Kommunikation und Effektivität als Team enorm verbessert.

Associate einer Investmentbank

„ARBEIT WURDE ERLEDIGT UND GLEICHMÄSSIG AUFGETEILT"

Das Management wußte, wenn eine Gruppe zu viele Projekte hatte. Sie gingen herum und fragten die Mitarbeiter, woran sie gerade arbeiteten, und das hieß, daß die Arbeit erledigt und dazu noch gleichmäßig aufgeteilt wurde. Wenn eine Person permanent bis elf Uhr abends arbeitete, sahen sie das auf der Stechkarte. Also wußten die richtigen Leute, daß man so lange arbeitete. Sie stellten dann vielleicht fest, daß man bei seinen Projekten Hilfe benötigte und zuviel aufgebürdet bekommen hatte.

Analyst einer Marketing-Research-Firma

X Xer kennen den Unterschied zwischen Managern, die nur Lippenbekenntnisse ablegen und Managern, DIE INPUT WIRKLICH SCHÄTZEN

Manager, die große Mühen auf sich nehmen, um den Input von Xern in wichtigen Angelegenheiten zu erwirken und Xer in den Entscheidungsprozeß einzubinden, signalisieren Xern damit eindeutig, daß unser Beitrag am Arbeitsplatz vom Management geschätzt wird. Sie geben uns Xern auch die Chance, unsere Fähigkeiten durch die Herausforderung schwieriger Aufgaben zu verbessern.

So wie es Xern widerstrebt, in Manager zu investieren, die unsere Arbeit unterbewerten, können wir es kaum erwarten, bei Managern unser Bestes einzubringen, die großen Wert auf unsere Anstrengungen legen und die gewinnbringende Wirkung unserer besten Arbeit für beide Seiten erkennen.

Smarte Manager verstehen, daß es einer aktiven Demonstration der Wertschätzung unserer Arbeit bedarf, indem sie Xern Gelegenheit geben, bedeutsame Beiträge zu leisten. Wenn die Ideen, Meinungen und Arbeitsprodukte von Xern bei Managern gefragt sind, wenn Manager Xer bei Entscheidungen mit einbeziehen, die sich vom Büroumzug bis zu neuen Mitarbeitern und Kundenservice erstrecken, dann wissen Xer, daß wir wichtige Spieler im Team sind.

Wenn uns die Möglichkeit zu kreativem Input gegeben wird, ist die Wahrscheinlichkeit größer, daß wir Xer managementunterstützte Entscheidungen und Ziele auch als die unseren betrachten, daß wir alles tun werden, um dafür einzutreten und sie zu implementieren und in ihnen Chancen zu finden, um zu lernen, zu wachsen und unsere Fähigkeiten zu verbessern. Von den Resultaten können alle gleichermaßen profitieren.

LIPPENBEKENNTNISSE REICHEN NICHT

Obwohl die zwei anderen Leute in meinem Team ihr Doktorat auf diesem Gebiet gemacht haben und ich nicht, berücksichtigt meine Managerin trotzdem meine Ideen. Sie respektiert meine Kreativität, und sie legt nicht nur Lippenbekenntnisse ab. Wenn sie meine Vorschläge implementiert, gibt mir das einen gehörigen Anstoß, kreativ zu sein und Ideen zu unterbreiten.

Education Policy Aide im Büro eines Gouverneurs

SCHENKEN SIE JEDEM INPUT ZU ALLEN THEMEN GEHÖR

Mein Boß fordert ständig von allen Input zu allen Themen. Wir sind zum Beispiel gerade dabei, in ein neues Büro umzuziehen. Er ist um jeden einzelnen von uns besorgt, wie wir in Zukunft pendeln werden und was für Auswirkungen das auf uns hat. Ein anderes Beispiel: Als bei uns eine neue Office Managerin angestellt wurde, fragte er jeden von uns um seine Meinung, und danach wollte er von jedem wissen, was wir von ihrer Arbeit hielten. Er möchte immer wissen, was wir denken. Natürlich erhöht dies das Gefühl, ein wichtiger Teil des Teams zu sein.

Analyst einer kleinen Investmentbank

„DAS ERMUTIGT MICH, ZEIT HINEINZUSTECKEN UND ES WIRKLICH ZU VERSUCHEN"

Er hört seinen Angestellten wirklich zu. Er ist zwar nicht immer derselben Meinung, aber wenn er nicht zustimmt, ist es nie, weil er meine Worte abqualifizieren will. Aus diesem Grund bekommt er ein besseres Produkt. Wir haben gerade eben die Arbeit an einem Buch beendet, das nun Verlegern zugeschickt wird. Zwei Jahre hat die Arbeit daran gedauert. Weil er nach Input fragt und ihn auch wirklich will, kann unser Manager besten Nutzen aus unserer Arbeit für das Projekt ziehen. Ich glaube, daß ich genauso viel von seiner Arbeit redigiert habe wie umgekehrt, und er akzeptiert das nicht nur, er möchte es auch, er ermutigt dazu. Das ermutigt mich, Zeit hineinzustecken und wirklich zu versuchen, die bestmöglichen Vorschläge auszuarbeiten, weil ich weiß, daß er sie ernst nehmen wird.

Research Associate einer Non-Profit-Stiftung

VERMITTELN SIE Xern DAS GEFÜHL, DASS IHRE ARBEIT ZÄHLT

Wenn mein Boß an einem Entwurf arbeitet, gibt er ihn mir zu lesen und wartet auf Input. Ich erarbeite dann einen Kommentar oder schlage eine Ergänzung vor. Sehr oft berücksichtigt er meinen Kom-

mentar. Natürlich bedeutet dies, daß ich alles, was er mir zu lesen gibt, mit großer Sorgfalt studiere und mir viel dazu überlege, weil ich weiß, daß er auf mich zählt. Ich weiß, daß meine Arbeit möglicherweise in das Endprodukt Eingang findet. Es ist wichtig, weil ich dadurch mehr beitragen kann.

Staff-Assistant in einem Unterausschuß des US-Kongresses

X-REGEL: Xer arbeiten am härtesten für Manager, die X-Ideen implementieren und ihre Arbeit in das Endprodukt inkludieren

„KEINER FÜHLT SICH ÜBERGANGEN"

Der Executive Director versucht immer sicherzustellen, daß auch andere Leute in Entscheidungsfindungen involviert werden. Auch wenn es eine Entscheidung ist, die er selbst fällt, so bezieht er die Leute ein, die dabeisein sollten. Beim Budget, zum Beispiel, weiß jeder ganz genau, daß er die ultimative Entscheidungskompetenz und seine eigenen finanziellen Überlegungen hat, die im Endeffekt möglicherweise ausschlaggebend sein werden. Aber trotzdem bezieht er diejenigen mit ein, die mit dem Entscheidungsfindungsprozeß zu tun hatten. Niemand fühlt sich übergangen.

Admissions Director einer Non-Profit-Organisation im Erziehungsbereich

„SIE FRAGTE IMMER NACH MEINER MEINUNG"

Das Verhältnis zu meiner letzten Managerin war fantastisch. Sie war unheimlich gut organisiert und produktiv. Sie fragte immer nach meiner Meinung, wollte meine Vorschläge hören. Sie bat mich immer direkt um Kommentare und Ratschläge. Ich fühlte eine Verbundenheit mit meiner Arbeit und wollte wirklich für sie glänzen.

Grundstücks-Investmentanalyst einer Lebensversicherungsfirma

BEHANDELN SIE Xer WIE WERTVOLLE QUELLEN AN FACHKENNTNIS UND WISSEN

Ich bin auf einem Gebiet bewandert, in dem sich mein Manager nicht sehr gut auskennt. Ich weiß auch Fakten über den Markt, die er nicht kennt, da wir einen unterschiedlichen Werdegang haben. Er betrachtet mich als Informationsquelle. Meine Fachkenntnisse und mein Wissen werden geschätzt.

Marketing-Manager einer großen Financial-Services-Firma

ZÖGERN SIE NICHT, SCHWÄCHEN ZUZUGEBEN UND STÄRKEN ZU TEILEN

An meinem ersten Arbeitstag sagte meine Managerin zu mir: „Eines müssen Sie wissen: Dies ist unser Programm, nicht mein Programm, und Sie und ich arbeiten gemeinsam daran." Von Beginn an machte sie kein Hehl aus ihrer Erwartung, daß wir als Team arbeiten würden, was von großer Bedeutung für mich war. Sie nimmt mich zu Sitzungen mit allen möglichen Leuten mit, und sie sagt sogar, daß es für sie vorteilhaft sein kann, wenn ich weniger Information und Erfahrung als Ausgangsbasis mitbringe. Sie meint, daß meine Perspektive unsere Zusammenarbeit bereichert. Wenn wir an Sitzungen und Konferenzen teilnehmen, haben wir, bedingt durch unsere unterschiedliche Position und die Vorstellungen und Meinungen, die man sich über jeden von uns bildet, die Chance, ein breiteres Spektrum an Informationen zu bekommen. Ich unterhalte mich zum Beispiel mit den hochrangigen Leuten, die meiner Managerin gegenüber etwas reservierter sind, mit mir jedoch viel unbefangener plaudern. Meine Managerin sagt andauernd zu mir: „Ich bin so froh, daß Sie mit mir hier sind, denn ich würde nie die Seite der Geschichte zu hören bekommen, die man Ihnen anvertraut." Sie macht mich ständig darauf aufmerksam, daß wir beide Stärken zu bieten haben, Stärken die sich gegenseitig ergänzen. Und das macht uns zu einem Team.

Program Assistant einer Non-Profit-Organisation

VERDIENEN SIE DEN RESPEKT VON Xern, INDEM SIE SICH FÜR UNS EINSETZEN

Wenn ich einen Kommandooffizier habe, der sich für mich einsetzt, der auf mich schaut, auch wenn er mich hart hernimmt, dann werde ich mich so richtig ins Zeug legen.

Offizier der US-Streitkräfte

X Wie motivieren Manager Xer, sich INS ZEUG zu legen

Die meisten Xer müssen – zumindest am Anfang – ihren Job absolvieren, ohne selbst viel Einfluß nehmen zu können. Das hat nicht nur mit unserer Jugend zu tun, sondern auch mit der relativen Unstetigkeit von Xern am Jobmarkt von heute, durch die das Element des Neuen für den einzelnen Arbeitgeber noch stärker ist als für den Jobmarkt per se. Eine bedeutende Menge an Verantwortlichkeit tragen zu müssen, ohne den Einfluß zu haben, dieser Verantwortlichkeit auch voll entsprechen zu können, kann eine zutiefst frustrierende Erfahrung sein.

Wenn Xer am Arbeitsplatz an jemanden herantreten müssen, der seinen Einfluß für uns geltend macht, suchen wir oft bei unseren Managern Hilfe. In den meisten Fällen sind unsere Manager die einzigen Menschen, die Xer in dieser Beziehung ansprechen können, weil sie allein auch die Möglichkeiten dazu haben. Manager, die ihren Einfluß für uns geltend machen wollen, indem sie sich beim leitenden Management, bei Kunden, Klienten, Lieferanten und anderen Gruppen innerhalb der Organisation für Xer einsetzen, machen es uns leichter, unsere Arbeit als angenehm und maßgebend zu empfinden. Das bedeutet, daß wir Xer uns sicher fühlen, wenn wir für Manager umgekehrt in heiklen Situationen ins Feld steigen, weil wir wissen, daß wir unterstützt und nicht fallengelassen werden, wenn es ans Eingemachte geht.

Es bedeutet auch, daß wir uns bis auf die dünnen Äste hinauswagen, um kreative Resultate zu erzielen. Wie bei allen kreativen Unternehmern werden die größten Leistungen in dem Freiraum geboren, den wir haben, um Fehler zu machen. Xer können sich in einem Arbeitsumfeld zu voller Blüte entfalten, das Rückendeckung bietet und Leistung und kreatives Wachstum fördert. Manager, die ihre Loyalität und ihr Engagement für Xer demonstrieren, indem sie solch ein Umfeld schaffen, verdienen die tiefste Loyalität und den höchsten kreativen Einsatz von Xern.

„MEINE MANAGERIN STÄRKT MIR WIRKLICH DEN RÜCKEN“

Wenn meine Managerin mir wirklich den Rücken stärkt, dann ist das für mich eine Versicherung, daß ich nicht einfach für sie arbeite, sondern daß wir ein Team sind. Es bedeutet, daß ich meinen Kopf hinhalte, Risiken eingehe, tue, was auch immer erforderlich ist, um meinen Job zu erledigen.

Education Policy Aide eines Gouverneurs

X

Xer werden sich für Manager ins Zeug legen, die den Mumm haben, WIE EINE MAUER hinter uns zu stehen

DIE MANAGER MUSSTEN FÜR UNSEREN UNKONVENTIONELLEN STIL GERADESTEHEN

In unserem Team gab es keine Anzugträger. Wir hatten unseren eigenen Stil. Wir trugen zerrissene Jeans, kamen zu spät und überzogen unsere Mittagspause. Aber wir leisteten fantastische Arbeit.

Wir waren die besten Wissenschaftler in der Firma. Unser Manager mußte für unseren unkonventionellen Stil geradestehen. Er war bereit, uns bei unserem persönlichen Auftreten entgegenzukommen, weil die Qualität unserer Arbeit so gut war. Und jeder dort fühlte sich total verpflichtet, seinen Job toll zu machen, war total in seine Arbeit vertieft und ackerte mehr als jeder andere in der Firma.

Forschungswissenschaftler einer Elektronikfirma

X Warum ein wenig Fürsorge und UNTERSTÜTZUNG so ein starkes Signal an Xer sendet

Aufgewachsen in einer Gesellschaft, die den einzelnen atomisiert, ohne ihn zu unterstützen, die ihn Gefahren ausliefert und nur wenige sichere Häfen bietet, die den Diskurs über persönliche Sicherheit ohne parallele Mechanismen zur Selbstwertsteigerung anfacht, erscheinen Xern Institutionen, die unser Bedürfnis nach persönlichem Wohlbefinden anerkennen und anstreben wie Oasen in der Wüste.

So wie Xer sich veranlaßt sehen, Manager zu kritisieren, die Xern Sparprogramme aufzwingen, weil sie noch immer die Rechnung für die Extravaganzen der achtziger Jahre bezahlen, haben jene Manager bei Xern einen Stein im Brett, die noch immer gewillt sind, uns ein bißchen zu verwöhnen – auch in den neunziger Jahren, die vor allem eines sind: lean und mean.

Xer wissen, daß die Ressourcen knapp sind, und wir wollen und erwarten uns auch nicht, viel Firmenfett abzuschöpfen. Aber wie Ihnen jeder Ernährungsberater bestätigen wird, braucht jeder eine kleine Fettschicht – ein wenig Fett ermöglicht die Isolierung, erlaubt dem Körper, wichtige Nährstoffe zu absorbieren und hält ihn davon ab, bei Belastungen effizientes Muskelgewebe zu verbrennen. Ein bißchen Fett auf dem Firmenbraten ist für Xer eine Geste, die nicht viel kostet, aber für unsere Befriedigung bei der Arbeit ungleich mehr Dividende bedeutet.

Smarte Manager feuern ihre Leute in täglichen Pep-Talk-Meetings an, bestellen Pizza und Kekse, betreiben Gesundheits-Clubs und Kunstgalerien, geben Xern „Fun-Budgets", organisieren Letterman'sche Top-Ten-Listen-Parties und klopfen Xern auf die Schulter. Wenn Manager Zeit, Energie und Geld in Komfort, Gesundheit und Wohlbefinden von Xern investieren, zeigen sie damit ihre Bereitschaft, in die persönlichen Bedürfnisse von Xern zu investieren. Als umsichtige Investoren werden wir Xer auch eher bei solchen Managern in großem Stil investieren, die eine solche Bereitschaft demonstrieren.

„WOW, DAS IST IRGENDWIE KOMISCH“

Jeden Morgen starten wir den Tag mit einem Firmenmeeting. Wir sind ungefähr fünfzig, und das Meeting beginnt immer mit einem herzhaften „Guten Morgen, allerseits“. Wir setzen uns auf Stühle, die im Kreis aufgestellt sind, und jemand sagt: „Wie geht es euch heute morgen?“ Dann tönt es wie aus einer Kehle „Fantastisch!“ Danach legen wir ein paar Aufwärmübungen ein. Anschließend gibt es einige Verlautbarungen, und dann sprechen zwei oder drei Leute über erbrachte Leistungen der vergangenen Woche und die Ziele der nächsten Woche. Wir sprechen über die Ziele, die wir uns für diesen speziellen Tag gesetzt haben, und jene Ziele, die wir im Verlauf der aktuellen Woche erreichen wollen. Jedes Meeting wird mit einem anderen Anfeuerungsruf beendet – jemand wird ausgewählt, um den Schlußchor anzuführen und kann sich selbst etwas ausdenken. Die ersten paar Male, als ich zu diesen Meetings ging, dachte ich mir: „Wow, das ist irgendwie komisch.“ Aber diese Meetings sind wirklich immer sehr, sehr gut. Jedes einzelne Meeting beginnt und endet mit wirklich positiven, lautstark bekräftigten Gedanken, und man geht in den Tag voller Euphorie und hochfliegender Pläne. Dieses Meeting ist ein echter Gewinn, es wird geblödelt und gelacht, man feuert sich gegenseitig an und wird richtig aufgeputscht. Das bringt dich ganz schön auf Touren.

Sales Associate einer Elektronikfirma

X Wenn die Arbeit eine Möglichkeit bietet, sich gesund und glücklich zu fühlen, arbeiten Xer LÄNGER UND HÄRTER und bringen bessere Resultate

SIMPLE DINGE WIE PIZZA KÖNNEN EINE GROSSE WIRKUNG HABEN

Wir mußten ziemlich viele Wochenenden hintereinander durcharbeiten, was bedeutete, daß es einige Wochen lang praktisch keine Freizeit gab. Mein Manager ging das Ganze sehr cool an. Er verlangte nicht von uns, ins Büro zu kommen, er bat uns darum. Wenn wir am Wochenende arbeiteten, bestellte er Pizza, und so hatte der Tag zumindest einen angenehmen, besonderen Touch. Das ist zwar nur eine Kleinigkeit, hat aber sehr viel an unserer Einstellung zu den vielen Zwangsüberstunden geändert.

Researcher einer Firma für Investmentservice

BETRIEBSKEKSE KÖNNEN AUCH DEN ZWECK ERFÜLLEN

Am Donnerstag nachmittag hatten sie ein Ritual, das sie „Betriebskekse“ nannten, wobei sich alle in irgendeinem Büro versammelten und Kekse aßen. Die Kekse wurden ins Haus geliefert. Das war die Taktik des Unternehmens, Kameradschaft aufzubauen. Lustig daran ist, daß sich jeder schon auf Donnerstag nachmittag freute. In dieser einen Stunde hatte man das Gefühl, daß der Job aus mehr als nur Arbeit bestand.

Anwaltsassistent

WAS EIN FITNESS-CENTER FÜR WUNDER WIRKEN KANN

Jeden Tag bekomme ich ein Memo einen Ausflug, bei dem die Firma einen Bus mietet, eine Ski-Tour oder einen gemeinsamen Theaterbesuch betreffend. Wir haben auch ein Fitneß-Center, und Wellness wird hier großgeschrieben. Ich gehe während des Tages in das Fitneß-Center hinüber, und es ist randvoll mit Leuten, die Workout betreiben, Volleyball spielen oder sich die Laufmaschine geben. Natürlich fördern solche Aktivitäten die Zufriedenheit mit dem Job und die Loyalität zur Firma.

Executive Development Program Associate eines großen Chemiekonzerns

X KEKSE + PIZZA + WORKOUT = eine Investition in die X-Produktivität

„ICH KONNTE MEINE ENERGIE FÜR EINE KLEINE WEILE AUF ETWAS ANDERES FOKUSSIEREN"

Die Firma hatte ein Gesundheits-Center mit einem Gym und einer ganzen Liste von Aktivitäten wie Aerobics, Gewichtetraining, Meditation, Tai-Chi. Eine Stunde pro Arbeitstag durften wir da Fitneß tanken. Wenn ich mehr Zeit benötigte, war das okay. Sie waren der Meinung, daß ein gesunder Geist und Körper unsere Arbeit beflügeln würde. So war es auch. Es war nicht nur eine willkommene Pause, sondern machte den Job auch viel lockerer und flockiger. Wenn man sich manchmal fühlt, als ob man sich in ausgefahrenen Gleisen bewege, oder so ähnlich, dann fällt es oft schwer, auszubrechen. Aber hier bekam man all diese verschiedenen firmengesponserten Aktivitäten angeboten. Da konnte ich meine Energie für eine kleine Weile auf etwas anderes fokussieren und andere Mitarbeiter der Firma kennenlernen. In einer Aerobics-Gruppe, oder so, zusammen mit anderen Leuten aus der Firma, kriegte ich mit, was in anderen Teilen der Firma so alles ablief. Und noch besser . . . wenn man einmal gesehen hat, wie sich der VP beim Gewichteheben plagt, dann ist er plötzlich nicht mehr so ein furchteinflößender Typ wie zuvor, und das macht es einfacher, für ihn zu arbeiten. Diese Sache ist für die Firma sehr hilfreich, weil eine Attitude kultiviert wird, die neue und bessere Ideen und die Bereitschaft, Neues auszuprobieren, entstehen läßt, Risi-

kofreudigkeit, freie Kommunikation, Gemeinschaft. Die Firma kannte so etwas wie Krankenstände nicht, zumindest nannte sie es nicht so. Ich hatte meinen normalen Urlaub und Urlaub aus persönlichen Gründen, aber keinen Krankenurlaub. Bei ihnen gibt es keine kranken Menschen, nur gesunde Menschen mit persönlichen Bedürfnissen. Sie hatten sogar eine hauseigene Kunstgalerie, aus der ich auswählen konnte, was ich wollte, um mein Büro zu verschönern. Das hat bewirkt, daß ich meine Umgebung, meinen Arbeitsplatz, prima fand. Es gab mir das Gefühl, daß es meine Umgebung war, ich fühlte mich viel wohler, sofort mehr zu Hause, und mehr als mein eigener Herr über meinen Raum und meinen Job. Es gab mir das Gefühl, Teil der Firma zu sein.

Marketing-Manager eines Verlags

X Xer verbringen mehr Zeit am Arbeitsplatz, wenn unsere Jobs FUN sind

„JEDES TEAM BEKOMMT EIN FUN-BUDGET"

Bei dieser Firma waren fünfundzwanzig Prozent des Managerbonusses an die Zufriedenheit des Projektteams gekoppelt, die im Haus von einer außenstehenden Firma gemessen wurde. Es wird hier auch viel Wert auf Fun gelegt. Jedes Monat erhält jedes Team ein Fun-Budget, über dessen Gebrauch gemeinsam entschieden wird. Für gewöhnlich entscheiden die Juniorleute, was mit dem Budget geschieht, planen etwas, und machen es dann einfach. Diese Firma ist eine viel profitablere Firma, und die Mitarbeiter sind viel glücklicher und produktiver als in anderen Investmentbanken, in denen ich gearbeitet habe.

Associate einer Investmentbank

X Ohne David Letterman wäre für Xer WELTUNTERGANGSSTIMMUNG angesagt

TOP-TEN-LISTEN BLEIBEN EIN X-MARKENZEICHEN

Unsere Organisation hat ein Informations-Newsletter abonniert, das die tägliche Top-Ten-Liste von David Letterman abdruckt. In jenem Sommer, in dem David Letterman zwischen NBC und CBS schwebte oder gar nicht auf Sendung war, hatte das Newsletter einen Wettbewerb ausgeschrieben, bei dem man Pseudo-Top-Ten-Listen einsenden konnte, die dann täglich abgedruckt wurden. Ich brainstorm-

te Ideen für eine Liste über eines unserer Themen, die unsere Organisation einschicken könnte. Ich braute eine Liste zusammen, aber dann wurde uns gesagt, daß der offizielle Briefkopf der Firma dafür tabu wäre. Ich war enttäuscht. Aber dann ließen sie mich unsere eigene bürointerne Top-Ten-Liste organisieren. Es gab viele Beiträge, und Freitag nachts feierten wir in diesem Sommer Partys und verliehen Preise für einige der besten Listen. Es machte Spaß und regte die Leute auch dazu an, über die heitere Seite unserer Hauptthemen nachzudenken. Und ich für meinen Teil fand es gut, daß sie mich nicht einfach abgewürgt hatten.

Research Assistant einer Public-Interest-Organisation

X Gerade genug Fett für einen SÜSSEN NACHGESCHMACK

„MANCHMAL GEHEN WIR ALLE EINMAL SO RICHTIG FEUDAL LUNCHEN"

Manchmal schalten wir einfach den Telefonanrufbeantworter ein und gehen alle einmal so richtig feudal lunchen. Niemand bleibt zurück. Jeder kommt mit. Ja klar, es ist ein kleines Büro. Aber in einer großen Firma können das ja einzelne Abteilungen oder Gruppen tun. Man muß es ja nicht so oft machen, daß Störfaktoren auftreten, sondern gerade richtig dosiert, um einen Touch von Abwechslung zu bieten. Die anderen Leute im Büro lassen sich von der guten Stimmung anstecken. Er ist so großzügig zu uns, daß wir alle großzügiger zueinander sind. Und auch zu der Firma. Ich mag fast gar nicht mehr fragen, ob ich frei haben kann, weil ich weiß, daß er es bewilligen wird, egal wieviel ich frei haben will und warum.

Analyst einer kleinen Investmentbank

WENN MAN'S RICHTIG MACHT, IST SOGAR KÜSSEN EIN MOTIVATIONSANTRIEB

Der Vorstandsvorsitzende pflegte in der Firma herumzugehen, jedermann anerkennend auf die Schulter zu klopfen und einen Kuß auf die Wange zu drücken. Es war eine richtige Kuß-Firma. Zumindest einmal die Woche gingen die Manager auf ihre Kuß- und Schulterklopfrunde. Es war eine faszinierende, coole und smarte Firma mit Schmiß. Der Vorstandsvorsitzende kannte einfach jeden. Man war der Firma in Treue ergeben, und jeder verdiente mächtig Kohle. Die Leute arbeiteten hart, und es gab wenig Kommen und Gehen. Die Wahrscheinlichkeit war größer, daß jemand in der Firma

> ***heiratete als daß er kündigte. Man arbeitete härter, sie konnten bessere Leute an Land ziehen, ständig waren gute Dinge am Laufen und jeder kannte jeden. Man sieht sich noch immer.***
>
> *Commissioned Real Estate Tax Shelter Broker*

X Wie kann man das ENGAGEMENT von Xern gewinnen?

Smarte Manager verstehen, daß der militante Individualismus von Xern unserem Teamgeist nicht schadet – aber sehr wohl einen Einfluß auf unseren Teamarbeitsstil hat. Wenn Managementexperten über „Team Management" reden, dann meinen viele damit das japanische Modell, in dem Angestellte lebenslange Jobstabilität im Austausch für Engagement und Loyalität für das Firmenteam erhalten, das gleichzeitig der Angelpunkt des gesellschaftlichen Lebens ist. Jobstabilität ist in Amerika jedoch passé, zudem ist das Team à la Japan für Xer sowieso nicht geeignet.

Während man in der westlichen Welt generell der Idee, seine individuellen Interessen den Interessen eines Teams unterzuordnen, skeptisch gegenübersteht, wüßten Xer nicht einmal, wie das gehen soll. Trotzdem können Xer vor Teamgeist nur so sprühen – Xer finden in der gemeinsamen Erfahrung Halt und Inspiration, und wir stellen oft fest, daß wir in einer Teamatmosphäre mit Rückendeckung unsere besten Leistungen bringen können.

„GEMEINSAM TEIL DIESER SCHWIERIGEN ERFAHRUNG ZU SEIN"

> ***So ein zusammengewürfelter Haufen, der gemeinsam durch die Hölle geht, hat schon was für sich. Es gibt keinen Nicht-Doktor, der versteht, was es heißt, Assistenzarzt zu sein. Hier gibt es Kameradschaft. Schon allein die Tatsache, Teil dieser Feuerprobe, die für jeden die gleiche ist, zu sein, gibt mir ein Gefühl des Rückhalts. Und wir machen diese Erfahrung gemeinsam durch, aus der jeder von uns als ausgebildeter Arzt hervorgeht.***
>
> *Assistenzarzt in der Chirurgie*

X Xer fühlen sich beseelt von Teams, die DAS INDIVIDUELLE potenzieren

Arbeitsteams können für Xer fantastische Wachstums-, Lern- und Selbstbestätigungsmöglichkeiten sein. Wenn das richtige Rezept aus Unterstützung und gemeinsamem Zielbewußtsein gefunden wird und jeder Person Chancen geboten werden, Ergebnisse zu beeinflussen und kreative Endresultate hervorzubringen, können Arbeitsteams jenes provisorische feste Fundament schaffen, das für Xer so rar ist.

Obgleich Xer sich Teams mit Haut und Haaren verschreiben, die die Einzelleistung unterstützen, führt die kollektive Kraft unserer einzelnen engagierten Bemühungen zu einem intensiveren Teamgeist. Teams, die sich dadurch auszeichnen, daß jeder den anderen unterstützt, indem jeder einzelne auch individuelle Einzelerfolge für sich verbuchen kann, sind für die Selbstwertsteigerung von Xern wahre Paradiese eines festen Fundaments. Solche Teams werden für Xer fast so etwas wie Ersatzfamilien, da sie einzigartige Zusammensetzungen emotional-kreativer Unterstützung bieten, welche wiederum unser persönliches Wachstum weiter vorantreiben. Unser Engagement für das Team wird sich in dem angestrengten Versuch ausdrücken, unsere individuellen Beiträge zu verbessern und zu vergrößern, und wir werden glücklich sein, in solcher Weise den gemeinsamen Teamzielen dienlich zu sein.

GUTES MANAGEMENT HAT EINE PERSÖNLICHE NOTE

Es ist eine sehr ungewöhnliche Rechtsanwaltskanzlei, weil die meisten der Anwälte Frauen sind und weil die Mehrzahl der Anwälte farbig ist, also irgendwie das genaue Gegenteil von dem, was man sich unter einer traditionellen Rechtsanwaltskanzlei vorstellt. Wir sind wie eine Familie. Wir sind ein Kollektiv, in dem jedes persönliche Anliegen von den anderen wichtig genommen und unterstützt wird. Darum ist die Arbeit hier so schön, weil es menschlicher ist, jeder hier hat das Gefühl, Unterstützung zu haben und seine Individualität ausleben zu dürfen.

Anwalt einer kleinen Public-Interest-Firma

„WIR BAUEN EIN UNHEIMLICH STARKES BAND ALS TEAM AUF“

Es ist ein wenig wie bei den Anonymen Alkoholikern. Wir machen alle dieselben Erfahrungen, und wir verlassen uns aufeinander. Jeder in diesem Job wollte schon viele Male alles hinschmeißen, weil er endlose Arbeitstage und mühsame Aufgaben mit sich bringt. Aber als Team unterstützen wir uns gegenseitig in schwierigen Zeiten und helfen einander, in diesem Programm zu bleiben. Wir bauen ein unheimlich starkes Band zwischen uns auf und werden zu einem regelrechten Unterstützungsnetzwerk füreinander – und das ist gut so, denn machmal stressen wir einander auch gehörig. Ich zähle auf all diese Leute als Erfahrungsautorität, Ratgeber und Beistand, denn unser Team beinhaltet Menschen verschiedenster Nationalitäten und Backgrounds, und ein Einblick in ihr Wissen trägt dazu bei, meine Arbeit zu verbessern. Außerdem habe ich immer jemanden bei der Hand, auf

den ich mich verlassen kann, bei dem ich meinem Frust freien Lauf lassen kann und mit dem ich über jedes nur erdenkliche Problem sprechen kann, und das ist eine große Hilfe.

Corporate Auditor eines internationalen Industrieriesen

BELASTUNGEN UND VORTEILE AUFTEILEN

Wir haben einen Team-Approach und eine Atmosphäre, die sehr auf Qualität ausgerichtet ist. Wir haben Planungsmeetings, damit jeder weiß, was der andere tut, und wir helfen uns alle gegenseitig auf allen Ebenen. Jedermanns Ziel ist es, das Projekt unter Dach und Fach zu bringen. Ich fühle mich in meinem Team gut aufgehoben, fühle, tun zu können, was ich tun muß, um einen Beitrag leisten zu können, der am Ende Wirkung zeigt.

Analyst einer Marketing-Research-Firma

X Gemeinsame Mission + Star-Xer + Star-Xer + Star-Xer = X-TEAMGEIST

„ER MÖCHTE EIN DYNAMISCHES TEAM VON STARS"

Unser Manager meint, wenn er es schafft, uns gut aussehen zu lassen, dann fällt das auch auf ihn zurück. Ich war in Meetings mit ihm und im Prinzip geht's ihm darum, daß nicht er die Hauptperson ist, sondern wir alle. Unser Manager denkt, daß er Erfolg hat, wenn er uns nach allen Regeln der Kunst hochpusht. Er möchte ein Team von richtig dynamischen Stars. Mein Boß ist einer von der coolen Sorte.

Business Development Manager einer Kabelfernsehgesellschaft

6

KOMMUNIZIEREN MIT KINDERN DER INFORMATIONSREVOLUTION

X DIE X-LEICHTIGKEIT stellt das Management vor neue Herausforderungen

Was Xer vielleicht mehr als jeder andere Wesenszug charakterisiert, ist unsere große Leichtigkeit im Umgang mit Information. Es ist Fakt, daß Xer einen Lern- und Kommunikationsstil an den Tag legen, der Managern älterer Generationen unbekannt ist. Nach Meinung von älteren Managern scheinen Xer ungeduldig auf Antworten zu warten, ständig Informationen zu fordern und Fragen zu stellen und gleichzeitig auf mehreren Ebenen zu recherchieren.

Was für manche Manager wie ein Mangel an Aufmerksamkeit aussehen mag, ist in Wahrheit Schnellfeuerinteraktion mit Information – für uns Kinder der Informationsrevolution eine Selbstverständlichkeit.

Xer haben ein anderes Verhältnis zu Information als unsere Vorfahren, da wir die Mechanismen und den Flow des Informationszeitalters praktisch mit der Muttermilch aufgesogen haben. Erinnern Sie sich – wir Xer waren die Schlüsselkinder und babysitteten uns nach der Schule mit Computerspielen, TV und Mikrowellen-Dinners selbst. Die größte Kontinuität in unserer Kindheit war die unablässige Flut von multivalenten Signalen aus den vielfältigsten Informationsquellen – Fernsehen, Radio, Telefon, computergestützte Büchereien, Bulletin Board Systems und Indizes, Voice-Mail, Faxe und Computerspiele.

Für Xer waren die freifließenden Messages des Informationszeitalters immer schon die greifbarste und verläßlichste Problemlösungs-Ressource.

Das Auftauchen der Xer ist eine gute Nachricht für nach vorne orientierte Firmen, da Xer in einzigartiger Weise dafür prädestiniert sind, Manager zum Arbeitsplatz der Zukunft zu führen. Wir mußten Informationstechnologien nie extra in unsere Arbeitsgewohnheiten integrieren, so daß sämtliches postmodernes Equipment keinerlei Unbehagen bei uns auslöst. Zudem ist unser hohes Harmonie-Level und unser geschulter Umgang mit dem Computerkeyboard und CD-ROM-Tech, neuer Software, neuer Hardware, Faxgeräten, Voice-Mail, E-Mail, Online-Suche und dem Internet nur ein kleiner Teil des Werts von Xern am Arbeitsplatz.

Die Veränderung, die den Arbeitsplatz der Zukunft charakterisiert, betrifft nicht nur die Technologie, sondern die gesamte Atmosphäre. Xer wissen bereits, wie die Arbeit in einem virtuellen Büro aussieht, in dem das einzig Greifbare das Log-on-Paßwort ist. Wir fühlen uns im virtuellen Labor wohl, in dem der erfinderische User die Bits und Bytes des Cyberspace manipuliert. Wir sind autarke Subjekte am virtuellen Markt, auf dem der Sinn als wichtigster Rohstoff gehandelt wird.

In jeder Beziehung wird die Fähigkeit von Xern, ungeheure Massen an Information in verschiedenster Form blitzschnell und effizient zu verarbeiten, ganz gewiß das Schlüsselkriterium für das Überleben in der Arbeitswelt des einundzwanzigsten Jahrhunderts sein.

X Xer sind gewohnt, INFORMATIONEN AUF ABRUF parat zu haben

Xer brauchen Manager, die mit unserem unstillbaren Appetit nach Information Schritt halten können – Manager, welche die Kommunikationskanäle offenhalten und das Arbeitsumfeld mit Herausforderungen und neuen Projekten mit zeitgemäßen fachlichen Anforderungen in Schuß halten und ständig Informationen, Interpretationen und Zielsetzungen auffrischen.

Wenn Sie darüber nachdenken, was Xer wollen, dann rufen Sie sich die Worte des Elektroingenieurs ins Gedächtnis, der mir sagte: „Ich möchte in einem Umfeld arbeiten, wo ich jeden Tag mit einer neuen Herausforderung konfrontiert bin, wo ich ständig lernen kann, wo ich die Möglichkeit habe, die heißesten Entwicklungen im eigenen Schweiße zu erarbeiten und mein Repertoire an Fähigkeiten zu erweitern, so daß ich in punkto Technologie immer up to date bin." Und erinnern Sie sich an die Frau, die in der Personalabteilung eines großen Chemiekonzerns arbeitet und Lernmöglichkeiten als einzigen Befriedigungsfaktor in ihrer Arbeit angibt. Sie sagt: „Ich bin bereit, jede Arbeit zu machen, wenn ich etwas dazulernen kann . . . Ich möchte in einem Umfeld arbeiten, in dem ich ständig vom Wissen und der Erfahrung anderer lernen und meine Fähigkeiten ausbauen kann."

Nichts kann Xer schneller zerstören und demoralisieren als eine Einschränkung unseres Informationszugriffes. Umgekehrt gewinnen Manager, die Xern Information in beliebiger Menge zuschleusen und uns die Freiheit einräumen, Information in der uns eigenen Geschwindigkeit zu verarbeiten, die Loyalität von Xern, indem sie eine positive Lernatmosphäre schaffen und unsere Produktivität fördern.

Was passiert, wenn Xer KEINEN ZUGANG zu Information haben?

BEI MILITÄRISCHEN OPERATIONEN WIRD DIE NOTWENDIGKEIT VON GUTER INFORMATION AUGENFÄLLIG

Das Militär hat starke Ähnlichkeit mit einem großen Unternehmen. Wenn der Befehlshaber Informationen verschweigt, die für den weiteren Verlauf wichtig sind, wenn er uns nicht sagt, wo es langgehen soll, die Ziele nicht klar festlegt und nicht in Reichweite bleibt, und wenn wir nicht in der Lage sind, ihn über jedwedes Problem oder ungewöhnliche Vorkommnisse im Zuge der täglichen Operationen auf dem laufenden zu halten, dann wird das über kurz oder lang zu Problemen führen. Man kann keine effektive Operation ohne gute Kommunikation durchführen.

Offizier der US-Streitkräfte

Wie Xer um INFORMATIONSMONOPOLE herumarbeiten

Manager, die glauben, daß Xer kurze Aufmerksamkeitsspannen haben, verstehen weder die X-Kommunikationsgewohnheiten noch die X-Lernstile. Bevor Manager nicht endlich lernen, mit Xern effektiv zu kommunizieren und unser Learning-on-the-job zu fördern, werden sie weiterhin von der konstanten Forderung nach Information und der endlosen Fragerei frustriert sein – sie werden weiterhin nicht verstehen, warum wir darauf beharren, mit Information auf die uns eigene Weise umzugehen. Was noch wichtiger ist, wir Xer werden uns am Arbeitsplatz weiterhin „dazed and confused" (gelähmt und verwirrt) fühlen, ständig um die elementarsten Probleme kreisen und doch nie einen Volltreffer landen, wertvolle Zeit verschwenden und viel Geld kosten, nur aus dem Grund, weil wir nicht die Informationen bekommen, die wir brauchen.

Jene Xer, die im ersten Teil dieses Kapitels zu Wort kommen, sind „ready, willing and able", sich all das Wissen anzubüffeln, das jeder Karriereneuling haben muß – „ready, willing and able", auch in der täglichen Routine hart am Ball zu bleiben. Aber Xer werden von Managern, die die Kommunikationskanäle nicht offenhalten und kein lernfreundliches Umfeld schaffen, behindert.

Xer erzählten mir von Managern, die Information vorenthalten, sie horten, nicht den Schimmer einer Ahnung davon haben, keine Zeit haben, sie zu teilen, oder nicht wissen, wie sie sie vermitteln sollen; Manager, die Xer im dunkeln tappen lassen – absichtlich, unwissentlich oder unwillentlich; Manager, die es entweder nicht können oder es ablehnen, Xern Informationen zukommen zu lassen, Xern Anleitung zu geben, Xer zu unterweisen oder auch nur die Fragen von Xern zu beantworten; Manager, die es für Xer fast unmöglich machen zu lernen und sich dann beschweren, daß wir eine kurze Aufmerksamkeitsspanne haben und nicht rigoros genug sind, um uns selbst etwas beizubringen.

Wenn Manager das Bedürfnis von Xern nach Information nicht erfüllen, sind wir nicht in der Lage, zu lernen und zu wachsen, dann sind wir auch weniger effektiv in unserer Arbeit, unzufriedener und haben geringeres Vertrauen, daß sich unsere harte Arbeit jemals bezahlt machen wird. Das ist der Moment, in dem wir nach der Fernbedienung greifen: Xer beginnen, den Arbeitsplatz nach alternativen Informationsquellen abzuzappen und jeden, angefangen von unseren Kollegen bis zu freundlicher gesinnten Senior Managern, mit Fragen zu scannen. Monitoring lautet dann das Schlagwort der Stunde, und auch der Schreibtisch des Chefs ist vor unseren Recherchen nicht mehr allzu sicher.

Xer werden versuchen, Manager zu ändern, wenn wir können, und uns selbst beruflich zu verändern, wenn wir müssen. Manchmal klinken wir Xer uns jedoch auch schlicht und einfach aus – verlieren das Interesse an den Programmen unserer Manager, weil wir ohnehin nicht die blasseste Idee haben, was sie eigentlich wollen. Eines ist sicher, Xer werden sich nie auf ein Arbeitsumfeld einstellen, das uns nicht genügend Zugang zu Information bietet und uns das Lernen und Wachstum nicht erleichtert.

X Informationsmonopole sind ein Ausdruck von MACHTHUNGER

Manchmal versuchen Manager, Xer bewußt zu boykottieren, indem sie Information für uns unerreichbar positionieren. Diese Manager sind für gewöhnlich in den unteren Führungsebenen anzutreffen und fühlen sich vielleicht durch die in ihrem Nacken sitzenden Xer bedroht. Viele dieser Boomermanager sind nicht davon abzubringen, daß wir Xer uns zuviel zumuten und noch nicht über genügend Erfahrung für höhere

Aufgaben verfügen. Sie hindern uns bewußt daran, Erfahrung und Wissen zu erwerben, das wir in wertvolle Endresultate umsetzen und damit möglicherweise unsere Manager in den Schatten stellen würden.

Wenn Manager uns behindern, arbeitsbezogene Informationen zu bekommen, indem sie uns Hindernisse en masse vor die Füße knallen, werden wir Wege finden, diese Hindernisse zu umlaufen, darüberzuspringen oder unten durchzukriechen. Eine Xerin, die im folgenden Abschnitt spricht, tat, was sie tun mußte – sie warf verstohlene Blicke auf Memos auf dem Schreibtisch ihres Managers und quasselte die Sekretärin ihres Managers total zu, nur um herauszufinden, welche Aufgaben und Pflichten sie denn nun wirklich zu erfüllen hat.

„ER HIELT WICHTIGE INFORMATIONEN ZURÜCK"

Unser Manager hielt wichtige Informationen zurück, auch wenn es sich um Infos handelte, die der beziehungsweise die Betreffende dringend benötigt hätte, um im Job erfolgreich zu sein. Sogar solch entscheidende Punkte wie Abschnitte von Verträgen, die ich ausverhandeln sollte. Ich mußte wegen simpler Ja/Nein-Antworten ständig zu meinem Manager laufen – und das inmitten von Vertragsverhandlungen. Können Sie sich das vorstellen?

Führungsnachwuchskraft einer Kabelfernsehgesellschaft

X Haben Babyboomer Angst, daß Xer ENTSCHEIDENDE INFORMATIONEN besser als unsere Manager nutzen, wenn wir nur Zugriff darauf haben?

SIE SAGTE MIR IMMER: „DAS MÜSSEN SIE NICHT WISSEN"

Wann immer eine Sitzung oder eine Konferenzschaltung anstand, fragte ich sie, ob sie mich dabeihaben will. Sie erklärte mir immer, daß ich mich „heraushalten" sollte. Oder wenn sie etwas vorbereitete, dann wagte ich eine leise Frage, und sie sagte: „Das müssen Sie nicht wissen." Genau da liegt jetzt der Hund begraben: Oft kam kurzfristig irgendeine andere Verpflichtung für meine Managerin dazwischen und sie sagte dann nur „Übernehmen Sie das", und das alles, während totale Hektik herrschte und sie nur kopflos herumrannte. Also versuche ich ihre Verpflichtung zu übernehmen, kann aber niemandem befriedigende Auskunft geben, weil sie mich vorher überhaupt nicht eingeweiht hat. Sie versicherte mir, daß ich mich in so einer Situation nicht nützlich machen könnte. Es kommt vor, daß schnelles Handeln gefragt ist und der Boß meiner Managerin meine Managerin nicht finden kann – dann kommt sie zu mir und erwartet sich, daß ich was über die Sache weiß und helfen

kann. Aber alles, was ich sagen kann, ist: „Naja, damit hatte ich eigentlich nichts zu tun." Ich haßte es, das sagen zu müssen, weil es mich nutzlos erscheinen läßt. Die müssen sich ja fragen: „Was macht sie hier eigentlich den lieben langen Tag?" Ich schufte hier wie ein Ackergaul und werde als Idiot hingestellt, nur weil meine Managerin aus allem ein Geheimnis macht.

Manchmal ging ich zu ihr und sagte: „Ich weiß, daß Sie wirklich beschäftigt sind, aber ist es vielleicht möglich, daß Sie nur ein paar Minuten für mich erübrigen, damit ich weiß, was passiert und was von mir erwartet wird?" Meistens antwortete sie, daß dafür keine Zeit wäre. Wenn sie sich doch Zeit nahm, dann begannen wir unser Gespräch, wurden jedoch ständig durch Telefonanrufe unterbrochen und konnten es nie beenden. Ich lernte, unsere Kurzunterhaltungen immer so anzulegen, daß ich eine ganz bestimmte Teilinformation aus ihr herausholen konnte, und stellte ganz spezifische Fragen, die kurze Antworten erforderten. Ich machte mir eine Liste von allen Dingen, die ich wissen müßte, aber nicht wußte, und wann immer ich die Chance hatte, versuchte ich, ihr irgendein winziges Stückchen Information zu entlocken. Ich mußte richtige Minisitzungen inszenieren. Dann lernte ich, quasi zum Schnüffler zu werden. Sooft ich in das Zimmer meiner Managerin ging, um etwas auf ihren Schreibtisch zu legen, versuchte ich schnell, alle anderen Sachen auf dem Schreibtisch zu lesen, um mich über alles, was so vorging, zu informieren. Also bezog ich das meiste, was ich wußte, aus den Papieren, die auf ihrem Schreibtisch lagen. Manchmal ging ich zur Sekretärin meiner Managerin und verwickelte sie in ein Gespräch, nur um zu sehen, was sie gerade tippte, indem ich über ihre Schulter schielte, während ich mich mit ihr unterhielt. Nichts lag mir ferner als herumzuspionieren, es war für mich einfach die einzige Möglichkeit, die Dinge zu erfahren, die nötig waren, um meinen Job zu machen. Mit diesen erschnüffelten Informationen in petto hatte ich die einzigen Erfolgserlebnisse, etwas sagen zu können, was Hand und Fuß hatte und dazupaßte, anstatt „Ich weiß nicht, ich hatte damit nichts zu tun" erklären zu müssen.

Assistant Account Executive einer Werbeagentur

X Was passiert, wenn Xer von Information ABGESCHNITTEN werden?

Da Xer an eine komplexe und manchmal gefährliche Welt voller multivalenter Botschaften aus vielfältigen Informationsquellen gewöhnt sind, haben wir gelernt, Information als Ressource einzusetzen, um Komfort und Sicherheit inmitten von Instabilität zu erlangen.

Wir Xer brauchen Zugang zu Information, um uns am Arbeitsplatz kompetent und fähig zu fühlen. Xer sind mit den Informationsumfeldern von Massenkultur und gehobener Bildung bestens vertraut – Umfelder, in denen Information in rauhen Mengen vorhanden ist. Zu oft verabsäumen es Manager, genügend Zeit und Energie aufzuwenden, um offene Informationsumfelder zu schaffen und aufrechtzuerhalten, die wir Xer als Ressource benutzen können, um unsere Effektivität zu maximieren.

Wenn Xer keinen Zugang zu offenen Informationsumfeldern haben, werden wir paddeln müssen, um uns in einem Umfeld über Wasser halten zu können, in dem unsere Orientierungsressourcen nicht ausreichen, um dem Maß an Verantwortung, das wir erfüllen müssen, gerecht zu werden.

WENN MAN UNBEDINGT JEMANDEN BRAUCHT, DER DEN WEG KENNT

Es ist so, als ob man zu Ihnen sagt: „Hier, übernehmen Sie, dafür sind Sie jetzt alleinverantwortlich." Stellen Sie sich vor, mit Ihrem Auto auf einer Straße zu fahren, Ihr Ziel zu kennen . . . die Adresse, ungefähr die Fahrtroute zu wissen, aber keine Ahnung zu haben, was zwischen hier und dort liegt. Sie wissen weder über Abzweigungen noch Orientierungspunkte Bescheid und brauchen unbedingt jemanden, der Ihnen den Weg weist. Okay, jetzt stellen Sie sich vor, daß Sie sich in dieser mißlichen Situation befinden, Ihr Beifahrer diese Straße aber schon Millionen Male befahren hat, den Weg auswendig kennt, jeden Orientierungspunkt kennt. Und er brüllt Sie jedesmal an, wenn Sie falsch abbiegen oder nur einen Moment zu lange darüber nachdenken. Ein bißchen Hilfe würde mir helfen, meine Arbeit effizienter zu gestalten – so jedoch muß ich mich enorm herumplagen.

Associate einer großen Rechtsanwaltskanzlei

„RUFEN SIE EINEN ARZT"

Am ersten Tag im Spital wurden wir uns selbst überlassen. Ich erinnere mich, daß da ein schwerkranker Patient war, und ein Sanitäter kam, um mich zu holen. Es war offensichtlich, daß der Patient im Sterben lag, und der Sanitäter fragte mich: „Was sollen wir tun?" Ich sagte: „Rufen Sie einen Arzt." Das war mein erster Tag als Arzt.

Arzt im ersten Turnusjahr

Xer BRAUCHEN ANLEITUNG, UM KEINE ZEIT ZU VERSCHWENDEN

Das Problem ist, daß ich fast alles autodidaktisch erlernen mußte. Ich habe kaum so etwas wie professionellen Rat erhalten. Mir wurde nie irgend etwas gelehrt. Als Angestellter muß man die Initiative zu lernen selbst ergreifen. Aber ich glaube, daß ich viel effekti-

ver hätte arbeiten können, wenn ich schon früher mehr Anleitung bekommen hätte. Ich hätte weniger Zeit verschwendet. Ich wäre effizienter gewesen und hätte meine Fachkenntnisse besser fokussieren können. Manchmal probierte ich, etwas in Angriff zu nehmen, und es ging schief, weil ich nicht einmal die Aufgabenstellung richtig verstanden hatte. Ich kann mich nicht erinnern, daß je einer zu mir sagte: „Vielleicht möchten Sie es einmal so probieren" oder „Das hat diese Vorteile und jene Nachteile."

Researcher einer Kabelfernsehgesellschaft

X

Xer brauchen ein gehöriges Maß an Information, um EFFEKTIV LERNEN zu können

VERLASSEN SIE SICH NICHT AUF HOPP-ODER-DROPP-TESTS

Ich kam in die Firma, ohne die blasseste Ahnung von der Materie zu haben. Wir wurden nur sehr oberflächlich eingeschult. Sie warfen uns ins kalte Wasser, und wir mußten strampeln, um uns irgendwie an der Oberfläche halten. Nicht nur die Einschulung war schlecht, unser Manager ließ uns auch nie wissen, ob wir gute Arbeit leisteten beziehungsweise ob wir die Dinge richtig machten, also habe ich mir so meinen eigenen Reim gemacht.

Kreditspezialist einer Hypothekenbank

VERMEIDEN SIE, ENERGIE ZU VERPULVERN, OHNE ETWAS VON WERT ZU SCHAFFEN – UND STÖHNEN SIE NICHT NUR

Im großen und ganzen komme ich mir hier vor wie ein Schiff auf einem großen Ozean, und weit und breit ist niemand zu sehen. Aber Sie müssen wissen, daß ich nicht im Verkauf arbeite, wo man gleich herausbekommt, was man hineinsteckt. Ich brauche Hilfe, die Einbindung in ein Gruppenmuster, Anleitung. Ohne Anleitung, Ablaufplan und Unterstützung kann es geschehen, daß man Tonnen an Energie verpulvert, jeden Tag bei Jahresberichten herumstümpert und nichts von Wert schafft. Unterhaltungen mit meinem Manager dauern für gewöhnlich ungefähr eineinhalb Minuten. Meistens sieht das so aus, daß ich in sein Büro komme, kurz irgendein Statement abgebe, und er sich dann umdreht und brummt oder je nach Laune irgendeinen anderen Laut von sich gibt. Ich habe keine Ahnung, ob die Projekte, an denen ich arbeite, positiv bewertet werden.

Equity Researcher eines Retail Brokerage House

X Wenn man uns Xer ohne Information ins kalte Wasser wirft, kann man uns gleich in einen leeren Pool werfen – die Alternativen schwimmen oder untergehen stellen sich uns nicht, WIR CRASHEN EINFACH

ICH HATTE KEINEN SCHIMMER, WAS VON MIR ERWARTET WURDE

Man hat mir viel Freiheit, aber wenig Orientierung geboten. Also habe ich mich irgendwie durchlaviert. Ich sah meinen Forschungsdirektor nur etwa einmal im Monat. Es ging viel Zeit damit drauf, nach Dingen zu suchen. Ich habe das Rad ein paarmal neu erfunden. Für mich war die Diagnose klar: Ich hatte keinen Schimmer, was von mir erwartet wurde. Ich dachte, es würde wie in der Schule sein, wo sie dir Sachen beibringen – aber weit gefehlt. Sie warfen mich einfach ins kalte Wasser. Persönliche Unterstützung gab es nicht gerade viel, dafür aber jede Menge Resultate zu liefern.

Chemiker an einer großen Universität

GROSSE VERANTWORTLICHKEIT ERFORDERT INFORMATIONSFLUSS

Das Problem lag darin, daß mir großteils viel zu viel Verantwortlichkeit aufgebürdet wurde, ohne mir irgendeine Anleitung zur Verfügung zu stellen. Ich hatte die ganze Zeit das Gefühl, daß ich das Kind irgendwie alleine schaukeln und dann für uns beide die Verantwortung übernehmen sollte. Ich mußte ihn in die Enge treiben, um herauszubekommen, was Sache war. Ich mußte ihm quasi scherzhaft sagen: „Okay, jetzt müssen Sie mir aber sagen, was hier los ist." Wir konnten uns nicht riechen. Ich haßte ihn. Weiß-ich-wie-oft mußte ich alles allein ausbaden. Im Endeffekt war mir das dann egal. Ich haßte ihn. Er behandelte seine Angestellten und seine Klienten einfach schrecklich. Ich meine, ich war für ihn immer der Dumme, und ich haßte ihn, also war mir der ganze Laden nach einiger Zeit schnurzegal.

Anwaltsassistent

X Wenn Xer faken müssen, LEIDET DIE QUALITÄT

Was passiert, wenn die Arbeitsziele von Xern nicht klar definiert sind?

Einige Manager geben Xern zum Auftakt von komplexen Aufträgen nur sehr vage Instruktionen, auch wenn sie dann ziemlich pingelig sind, was die Details des von ihnen erwarteten Endproduktes betrifft. Manager, die Xern unklare Richtlinien geben, tendieren auch dazu, die Arbeitsziele ständig abzuändern und ihre ursprünglich vagen Instruktionen immer mehr zu konkretisieren, indem sie jeden Entwurf von Durchgang zu Durchgang zerpflücken. Bei jedem neuen Entwurf wenden sich Xer frustriert ab und murmeln: „Wieso haben Sie das nicht gleich gesagt?"

Wenn Manager die Arbeitsziele von Xern mit Revisionsprozessen dieser Art so elendiglich langsam abstecken, übernehmen sie die Kontrolle über unsere Arbeitserfahrung und reduzieren die kreativen Chancen, die uns Xern in unserer Arbeit geboten werden. Diese Manager benutzen Xer als Marionetten, um ihre eigenen kreativen Prozesse zu verwirklichen, und steuern unaufhaltsam auf die allseits gefürchtete Management-Krankheit zu – Mikromanagement.

X Vage Instruktionen: das erste Symptom der gefürchteten Management-Krankheit . . . MIKROMANAGEMENT

EINE TOTAL VERBLÖDETE PROZEDUR: IMMER WIEDER HIN UND HER

Machen Sie ja keine Randale, wenn Sie mir so dürftige Informationen geben und mir dann eine Frage stellen, auf die ich nicht die Antwort geben kann, die Sie haben wollen. Weil ich nach mehr Informationen frage, wenn mir die Frage gestellt wird, werde ich noch dazu komisch angeguckt, als ob ich meine Nase in alles stecken würde oder so. Anstatt mir die Information am Anfang auf den Tisch zu legen, ist es schon die Regel, daß ich zehn Mal hin- und herlaufe, was total verblödet ist.

Staff-Assistant bei einer Big-Six-Accounting-Firma

X Mikromanager wissen nicht, was sie mögen, bis man es ihnen VORSETZT

EIN MARODES MODELL: ALLGEMEINE INSTRUKTIONEN, SEHR SPEZIFISCHE ERWARTUNGEN

Wenn er mir einen Auftrag gibt, sind seine Instruktionen immer sehr allgemein gehalten, obwohl er sehr spezifische Erwartungen hat. Anstatt daß er gleich mit diesen Erwartungen herausrückt, nehmen sie erst durch seine Bemerkungen während des Projekts konkrete

Gestalt ein. Wenn ich spezifisch sage, dann meine ich Spitzfindigkeiten bis hinunter zur Schriftgröße auf dem Bericht, den ich vorbereite. Ich entschlüssele seine Erwartungen, indem ich einen Entwurf vorlege, und wenn er sich dann herabläßt, ihn zu begutachten, gibt er Kommentare über jedes winzige Detail ab: „Diese Schrift ist zu groß" oder „Ich mag diese Farbe nicht" und andere Haarspaltereien. Das geht so über mehrere Runden, und bei jedem Durchlauf findet er wieder Details, an denen er etwas auszusetzen hat, oder ändert seine Meinung über irgend etwas. Das ist ein sehr ineffizienter Prozeß.

Associate einer Investmentbank

X Manager, die vage Instruktionen geben, haben wahrscheinlich KEINE klaren Ziele

ARBEIT IST KEIN RATESPIEL

Es gab da einmal einen Brief, den ich an einen Klienten schreiben sollte. Mein Manager sagte: „Ich möchte ihn sehen, bevor Sie ihn wegschicken." Dann war er den ganzen Tag unauffindbar. Ich konnte ihn auf seinem Schreibtisch deponieren, aber dann würde er ihn mir sicher nicht wiederbringen. Also mußte ich abwägen: Ist das Ding so wichtig, daß es raus muß, mit oder ohne Okay meines Managers? Tja, da er gesagt hatte, daß er den Brief zuerst sehen wolle, entschloß ich mich, lieber zu warten. Am nächsten Tag, als er den Brief auf seinem Schreibtisch sah, sagte er: „Warum haben Sie ihn nicht abgeschickt? Der Klient hätte das Schreiben gestern abend benötigt. Sie sollten es ihm gestern faxen. Was ist los mit Ihnen?" Er war fuchsteufelswild, weil ich das Ding nicht abgeschickt hatte. Alles, was ich sagen konnte, war: „Sie haben mir gesagt, daß Sie den Brief sehen wollen, bevor er rausgeht, Sie kamen nicht mehr zu mir, und Sie haben nichts davon gesagt, daß er so wichtig war, daß er auch ohne Ihr Okay letzte Nacht hätte raus müssen." Damit war die Geschichte vorerst beendet.
Eine Woche später fand ich mich in genau der gleichen Situation wieder. Ich hatte einen Brief, der rausgeschickt werden sollte, und mein Manager war an diesem Tag nicht im Haus. Nach meinem ersten Mißgeschick beschloß ich diesmal, den Brief abzuschicken. Natürlich sah er am nächsten Tag die Kopie des Briefes auf seinem Schreibtisch. Er fand, daß ich irgend etwas nicht nach seinem Geschmack formuliert hatte und wurde wieder fuchsteufelswild. Er sagte: „Ich kann nicht glauben, daß Sie das abgeschickt haben, ohne es mir vorher zu zeigen." Wie soll ich bitte schön zwischen diesen zwei Erfahrungen unterscheiden und herausfinden, wie ich es in Zukunft richtig machen soll?

Account Coordinator einer Werbeagentur

X Wie sollen Xer Produkte abliefern, wenn Fragen UNERWÜNSCHT sind?

Viele Xer sagen, daß sie es schwer haben, ihre Manager am Arbeitsplatz etwas zu fragen. Sie erzählen über Manager, die immer auf Achse sind, sich weigern, Zeit für Xer zu erübrigen, Manager, die unnahbar, unzugänglich, ungeduldig, unorganisiert, rücksichtslos sind, Manager, die voreilige Schlüsse ziehen, die mitten im Satz zum Telefon greifen, nach dem Schuhputzer pfeifen, Xer unterbrechen und Xer kreuz und quer herumlaufen lassen, aber noch immer unsere Fragen ignorieren.

Manager, die sich nicht mit den Fragen von Xern auseinandersetzen wollen, müssen sich vergegenwärtigen, daß wir Xer daran gewöhnt sind, von hilfsbereiten Pädagogen, Informations-Hotlines, Computer Research Tools und auch Büchern prompt Antworten auf unsere Fragen zu bekommen. Xer sind smarte Informationskonsumenten, und die Fragen, die wir an Manager richten, sind wahrscheinlich nicht durch andere Informationsquellen zu beantworten. Aus diesem Grund sind wir so frustriert, wenn Manager unsere Fragen ignorieren.

„WENN ICH FRAGEN HABE, WERDEN SIE UNGEDULDIG"

Ich lerne nichts, mache meinen Job wahrscheinlich nicht gerade professionell und arbeite mit Menschen, die sich einen Dreck um mich oder das Produkt meiner Arbeit scheren, was ich seltsam finde. Sie teilen mich einfach für eine Arbeit ein und sagen: „Also, legen Sie los." Sie sollten mir zeigen, wie ich genau vorgehen soll. Ich mache es so gut ich kann, aber wenn ich währenddessen Fragen stelle, klinken sie gleich aus, werden ungeduldig und ärgerlich. Natürlich ist das frustrierend, außerdem erschwert es mir die Erreichung meines Ziels: meinen Job gut zu machen.

Associate einer großen Rechtsanwaltskanzlei

HETZEREI KILLT KLARHEIT UND STARKEN INFORMATIONSFLUSS

Meine Managerin verschwendet kaum einen Gedanken darauf, was ich schon weiß, was ich gelernt habe, was ich noch lernen muß. Sie scheint sich nicht zu überlegen, was ich aus einem Projekt lernen kann oder was noch über meinen Horizont hinausgeht. Ich muß versuchen, sie durch gezielte Fragen einzubremsen oder mir ansonsten von anderen Leuten in der Gruppe quasi ad-hoc-Informationen

zu beschaffen. Es kann wirklich schwierig sein, bei ihr ein bißchen auf die Bremse zu treten, um selbst minimale Orientierungshilfen zu bekommen. Also wende ich mich woanders hin, an einen anderen Banker oder einen Kollegen, die vielleicht ein bißchen mehr darüber wissen.

Associate einer Investmentbank

FOKUSSIEREN SIE SICH AUF IHRE LEUTE

Dieser Manager beachtete mich gar nicht, wenn ich versuchte, mit ihm zu reden. Ich redete mit ihm und versuchte, seinen Augen zu folgen, aber sie wanderten herum und fokussierten mich nie, und dann läutete das Telefon, und er ging ran. Ich hatte das Gefühl, um seine Aufmerksamkeit kämpfen zu müssen, um ihn dazu zu bringen, mir bei irgendeinem Problem zu helfen. Wenn etwas sehr dringend zu sein schien, dann war er gezwungen, mir Beachtung zu schenken, und dann hat er meistens überreagiert.

Kreditspezialist einer Hypothekenbank

ÜBERSTÜRZTE ANTWORTEN SCHADEN MEHR ALS SIE NÜTZEN

Viele meiner Kollegen sagen, (mein Manager) biete sehr wenig Orientierung. Ich würde ihn nie als meinen Anwalt wollen. Er delegiert Arbeit an Leute, aber vernachlässigt seine Aufsichtspflicht. Stellen Sie sich vor, Sie sind ein Klient, und dann wird Ihr Fall von diesem Manager einem blutigen Anfänger übertragen, der ohne ein Fünkchen von Anleitung keine Ahnung hat, was er eigentlich tun soll. Das bedeutet, daß die Arbeit nicht kompetent durchgeführt wird. Es kam vor, daß ich zwar einen Haufen Fragen, aber auch das Gefühl hatte, daß sie nicht erwünscht waren. Wenn ich entscheidende Fragen im richtigen Moment stellen könnte, wäre das eine ungeheure Zeitersparnis, und ich könnte meine Arbeit zehnmal so effizient erledigen, und wenn es wirklich um jede Minute geht, dann ist es doch nur plausibel, es so zu machen.

Associate einer großen Rechtsanwaltskanzlei

X Wenn Manager X-Fragen nicht beantworten, VERMINDERN sie unsere Produktivität

ZERFAHREN BEDEUTET NICHT BESCHÄFTIGT

Der erste Manager, den ich hatte, war immer irgendwo unterwegs, sehr desorganisiert, niemals pünktlich. Es war frustrierend, weil dieser Kerl meinem Gefühl nach nie Zeit für mich hatte – Zeit, die mir zustand. Am Anfang war es am schlimmsten, weil ich da wirklich Training und Unterstützung brauchte. Neu zu sein und mit Leuten zusammenzuarbeiten, die dreißig Jahre Business-Erfahrung am Buckel hatten, war schon schwierig genug, aber dann noch dazu kein Gehör zu finden, keine Fragen stellen zu dürfen – das war schrecklich.

Versicherungsagent

X Manager, die X-Fragen als Trivialität einstufen, strahlen die Message aus, daß auch unsere Arbeit TRIVIAL sein muß

VERMEIDEN SIE, DURCH ÜBERBETONUNG IHRER POSITION UNNAHBAR ZU WIRKEN

Mir wurde gesagt: „Behelligen Sie diesen Kompagnon nicht mit trivialen Fragen, er ist zu beschäftigt." Ich bin kaum mit ihm in Kontakt getreten, und ich weiß nicht, ob ich überhaupt Wert darauf lege. Wie soll ich wissen, was zu trivial für ihn ist? Die Junior Associates diskutieren oft miteinander, um herauszufinden, ob der Kompagnon gerade in guter Laune ist. Das Komische ist, daß sein Büro am selben Gang liegt – aber er ist einfach unerreichbar. Ich muß mich immer fragen, ob es der richtige Zeitpunkt ist, um mich an ihn zu wenden. Manchmal läßt man mich spüren, daß meine Frage unnötig war, daß ich allein hätte dahinterkommen müssen. Sogar wenn es sich um eine Ermessensfrage handelt, die ich ja wirklich nicht in einem Buch nachschlagen kann.

Associate einer mittelgroßen Rechtsanwaltskanzlei

„DAFÜR HABE ICH JETZT KEINE ZEIT"

Mein Manager ist immer schon am Sprung zu seiner nächsten Verpflichtung. „Dafür habe ich jetzt keine Zeit." Oder: „Sie haben recht, das zu erwähnen, aber das ist zu kompliziert. Gut, okay, das sind die Dinge, über die wir jetzt wirklich reden müssen – a,b,c,d." Dann, wenn nur mehr eine Minute bleibt, sagt er: „Gibt es noch irgend etwas?" Wenn ich dann etwas erwähne, worüber er nicht reden will, sagt er einfach, daß die Zeit zu knapp ist. „Schön, Sie zu sehen, leider jetzt keine Zeit dafür." Das ist die „Zu-beschäftigt-Taktik".

Senior Staffer einer Non-Profit-Stiftung

X Viel zu oft müssen wir Xer loslegen und unseren Job ohne die ERFORDERLICHEN ANTWORTEN erledigen

„ER WEISS NICHT, WIE MAN MENSCHEN ZUHÖRT"

Ich glaube, daß er ein guter Anwalt ist, aber als Manager fühlt er sich unter Menschen nicht wohl. Er ist sehr kurz angebunden, angespannt, fahrig. Er hört nicht zu und unterbricht mich oft mitten im Satz. Einmal mußte ich mit ihm darüber sprechen, welches von zwei meiner Projekte ich vorrangig behandeln sollte. Er wurde sehr ungeduldig und teilte mir nur seine Schlußfolgerungen mit, und ich mußte ihn korrigieren und darauf hinweisen, daß seine Schlußfolgerungen falsch waren. Er hörte mir überhaupt nicht richtig zu, sondern zog aus Ungeduld voreilige Schlüsse, so daß ich meine Fragen nie auf den Tisch legen konnte. Ich sprach mit einer Kollegin über mein Problem, und sie riet mir, keine seiner Aussagen persönlich zu nehmen. Das haben mir schon eine Menge Leute gesagt. Ich glaube nicht, daß er boshaft ist, ich denke, er weiß einfach nicht, wie man Menschen zuhört.

Assistant Corporation Counsel einer Rechtsbehörde einer großen Stadt

X Manager, die X-Fragen als Einladung zum Mißbrauch hinstellen, VERLIEREN UNSEREN RESPEKT

BELEIDIGENDE UNTERGRIFFE UNTERMINIEREN JEGLICHE GLAUBWÜRDIGKEIT

Einmal mußte ich einen Manager meiner Gruppe ein paar Dinge fragen. Ich ging in sein Büro, nahm Platz, stellte eine Frage, er nahm einen Telefonanruf an, ich frage ihn nochmals, er nahm den Hörer zur Hand. Ich fragte noch einmal, wieder ging er ans Telefon. Er legte den Hörer auf und pfiff nach dem Schuhputzjungen. Dieser Manager hatte doch tatsächlich vor, sich vor meiner Nase die Schuhe putzen zu lassen. Von mir zu erwarten, daß ich ihm dabei zusehe, wie seine Schuhe geputzt werden, während ich mit ihm rede, war so erniedrigend – erniedrigend für den Schuhputzjungen, erniedrigend für mich und so selbstherrlich von ihm. Ich empfand es als unprofessionell, und es trieb mir die Zornesröte ins Gesicht. Wahrscheinlich war es sowieso wirkungslos, aber ich stand auf und verließ den Raum. Kommt gar nicht in die Tüte, daß ich dort sitze und diesem Mann dabei zusehe, wie man ihm die Schuhe putzt. Ich glaube, er hat es nicht einmal bemerkt.

Analyst einer Investmentbank

X Manager, die uns Xern Zugriff auf unsere verläßlichste Problemlösungs-Ressource gewähren, können aus unserem Verhältnis zu Information MAXIMALEN NUTZEN ziehen

Manager, die unser Verhältnis zu Information verstehen, sind am besten in der Lage, eine Atmosphäre des Lernens und Wachstums zu schaffen und damit Zufriedenheit, Produktivität und Innovationsgeist von Xern zu fördern. Während das hohe Harmonie-Level von Xern im Umgang mit Technologie für unseren Wert am Arbeitsplatz der Zukunft von entscheidender Bedeutung ist, hängt die Fähigkeit von Managern, diesen Wert zu maximieren, in ebenso entscheidender Weise davon ab, ob sie den einzigartigen Lern- und Kommunikationsstil von Xern für ihre Zwecke einsetzen können. Im richtigen Informationsumfeld ist die X-Fähigkeit, große Mengen an Information aus vielen verschiedenen Quellen schnell auszuwerten und aufzunehmen, unsere größte Stärke.

Da Xer an Technologie gewöhnt sind, die eine ungeheure Menge an Information in diversen Formaten liefert und eine breite Palette an unterschiedlichen Perspektiven repräsentiert, arbeiten wir am besten in Informationsumfeldern, die diese Erfahrung widerspiegeln.

Die Maximierung des speziellen Verhältnisses von Xern zu Information kann am besten dadurch erreicht werden, daß man Xern die Freiheit gewährt, auf Informationen, die aus den vielfältigsten Informationsquellen in reichhaltigen Mengen und diversen Formaten kommen, in unserem eigenen Tempo zuzugreifen und zu diese verarbeiten.

Informationsumfelder, die die Voraussetzung von optimalem Zugriff und offener Kommunikation erfüllen, vermitteln Xern ein Gefühl der Sicherheit, Kompetenz, Power und Kreativität in unserer Arbeit. Da ein solches Umfeld den einzigartigen Stil von Xern fördert, anstatt ihn zu unterdrücken, sind Xer effizienter und produktiver, entwickeln Respekt vor ihren Managern als Lehrern, werden bereitwilliger sein, härter für sie zu arbeiten und eher in der Lage sein, besser für sie zu arbeiten.

X Wie versorgen FÄHIGE MANAGER Xer stets mit Information?

Xer sind sehr effektive Informationskonsumenten, wenn Manager uns genügend Informationsressourcen zur Verfügung stellen. Jene Xer, die in diesem Abschnitt zu Wort kommen, sprechen über Manager, die sehr effektiv darin sind, Xer stets bestens informiert zu halten, indem sie klare Ziele festlegen und die Kommunikationskanäle öffnen.

Xer beschreiben Manager, die Information zu Verfügung stellen, indem sie regelmäßige Meetings abhalten, welche Managern Zeit und Gelegenheit bieten, Projekte mit Xern zu erörtern und uns die neuesten Managemententwicklungen näherzubringen. Auch die Festsetzung von Wochenzielen und das Checken von Resultaten – um Projektziele noch genauer zu justieren –, das Beantworten von Fragen und das Erörtern von Problemlösungsstrategien kann im Rahmen dieser Meetings stattfinden. Auf diese Weise versorgen effektive Manager Xer ständig mit Information und ermöglichen den mühelosen Zugriff auf konstant fließende Informationsströme – so leicht verfügbar, wie Kanäle mit einem Knopfdruck auf der Fernbedienung. Das Ergebnis sind Xer, die selbstbewußt, effizient, produktiv und kreativ sind.

NEHMEN SIE SICH DIE ZEIT, UM IHRE MITARBEITER AUF TRAB ZU BRINGEN

Unsere Mitarbeiter-Meetings sind einfach toll. Man geht alle Projekte durch und kann jederzeit Fragen stellen. Sie nehmen sich die Zeit, um die Mitarbeiter auf Trab zu bringen. Wir alle wissen, was läuft, und wir sind alle eifrig bemüht, die Dinge so hinzukriegen, wie unser Manager sie haben will.

Analyst einer kleinen Investmentbank

REGELMÄSSIGE MEETINGS SOLLTEN KURZ UND DETAILORIENTIERT SEIN

Die Firma hat ein „Resultate-Meeting" jeden Montag morgen. Wir diskutieren die Resultate, die für jeden Klienten im Laufe der vergangenen Woche erzielt wurden. Gleich nach dem Resultate-Meeting treffe ich mich mit meinem Manager und erstelle mit ihm gemeinsam unseren eigenen Arbeitsplan für die jeweils nächste Woche. Zu diesem Zweck führen wir beide Notebooks mit gleicher thematischer Konfiguration – für jeden Kunden werden auf einer eigenen Seite Stichworte sowie die spezifischen Aufgaben eingetragen, die von jedem von uns für diesen Kunden jeweils erfüllt werden sollen. Wir gehen bei der Erstellung der Liste der zu erledigenden Aufgaben so vor, daß wir uns zuerst gemeinsam die Liste der vergangenen Woche ansehen, checken, was jeder von uns erreicht hat, welche Notwendigkeiten sich daraus ergeben, und dann koordinieren wir einen Arbeitsplan neuer Aufgaben für jeden Kunden.

Junior Account Executive einer mittelgroßen PR-Firma

„ER NIMMT SICH DIE ZEIT, UM MIT MIR ZU REDEN“

Ich habe das Gefühl, daß ich jederzeit in sein Büro gehen kann. Auch wenn es für ihn nicht besonders wichtig ist, nimmt er sich die Zeit, um mit mir zu reden. Mit kurzen, kleinen Meetings lösen Leute ihre Probleme. Es gibt keine Grenze. Ich kann ihn zu Hause anrufen. Es besteht kein Zweifel, daß er der Boß ist, aber man hat das Gefühl, daß er auf deiner Seite ist.

Admissions Director einer Non-Profit-Organisation im Erziehungsbereich

SAGEN SIE Xern, WIESO WIR TUN, WAS WIR TUN

Sie war ein guter Manager, weil sie mir gut vermitteln konnte, wieso ich tat, was ich tat. Ich stellte Testsamples mit minimaler Variationsbreite her. Weil ich wußte, was die Firma damit untersuchen wollte, steigerte das natürlich mein Interesse an den Resultaten beträchtlich.

Chemischer Techniker im Entwicklungslabor eines großen Lebensmittelkonzerns

VERGEUDETE STUNDEN SIND SCHWER ZU VERRECHNEN ODER ABZUSCHREIBEN

Der Managementstil, der an meinem neuen Arbeitsplatz praktiziert wurde, machte es möglich, Fragen zu stellen und die nötigen Informationen zu bekommen. Meine Manager hielten mich immer darüber auf dem laufenden, was ich warum tat und waren zur Stelle, wenn ich Anleitung brauchte. In meinem ersten Monat kam ich auf ungefähr zweihundertundfünfzig anrechenbare Stunden, was ziemlich viel ist, meine Memos waren viel prägnanter als vorher, meine Analyse war besser, und ich konnte spüren, daß ich jetzt viel mehr lernte. Ich war viel produktiver als zuvor, und ich vergeudete keine Stunden, so daß sie nicht abgeschrieben werden mußten, wenn die Rechung für den Klienten ausgestellt wurde.

Associate einer großen Rechtsanwaltskanzlei

X Wie sollte die LEHRTÄTIGKEIT als Teil des X-Managements gestaltet werden?

Xer sprachen mit Bewunderung und Zuneigung über Manager, die erkennen, daß die Komponente des Lehrens für effektives Managen von Xern äußerst entscheidend ist.

Die effektivsten Manager widmen dieser Aufgabe außergewöhnlich viel Zeit und Energie, sie vermitteln ihre Fachkenntnis und investieren in Xer, indem sie unser Wissen und unsere fachlichen Grundlagen aktiv verbessern. Sie tun weit mehr, als Xern bloß die Informationsressourcen zur Verfügung zu stellen, die wir zur Durchführung unserer Arbeit brauchen. Manager, die sich aktiv um die Weiterbildung von Xern am Arbeitsplatz bemühen, demonstrieren ihr Engagement, Xern bei der Entfaltung ihrer Persönlichkeitswerte im Hinblick auf die Zukunft beizustehen – als Lehrer können sich Manager am effektivsten direkt an der Selbstwertsteigerung von Xern beteiligen. Manager, die ihre Lehrtätigkeit ausüben, sind sich dieser Tatsache bewußt.

Obwohl die primäre Lernressource, die Xer zur Verfügung haben und auch gebrauchen, ein endloser Fluß an Information ist, waren Lehrer immer unsere primären menschlichen Stützen außerhalb der Familie (manchmal auch inklusive Familie). Xer ersuchen Manager kaum je um unaufbereitete, trockene Information – Xer wollen vielmehr von Managern Kenntnisse vermittelt bekommen, die keine andere Quelle bietet.

Da wir nicht auf jahrelange berufliche Erfahrung zurückblicken können, ist es der totale Thrill für uns, wenn Manager uns als Lehrer Einblick in ihr hochwertiges professionelles Urteilsvermögen gewähren. Mit dieser zusätzlichen Lernmöglichkeit sind wir Xer um ein Vielfaches besser gerüstet, unsere kreative Energie auf Problemlösungen zu richten. Xer sind sogar gewillt, die Hilfe von Manager-Lehrern bei der Fokussierung unserer Informationssuche in Anspruch zu nehmen, wenn diese ihren Einsatz für unser Lernen und Wachstum eindeutig belegt haben.

In diesem Abschnitt beschreiben Xer Manager, die Zeit und Energie investieren, um uns zu unterweisen, unseren Fragen Gehör zu schenken und Antworten, Erkenntnisse und Insider-Wissen zu übermitteln, das wir kaum anderswo finden können. Indem Manager durch ihre Lehrerrolle Xern dabei helfen, Urteilskraft und Schlauheit in unseren Lernprozeß einzubringen, tragen sie auch dazu bei, die Aneignung von Wissen und fachlichem Können zu beschleunigen und unsere Arbeitsrepertoires in schnellerem Tempo kontinuierlich zu verbessern.

Aus diesem Grund können sich Manager-Lehrer unseres tiefstempfundenen Respekts, unserer Loyalität sowie unserer größten Bemühungen versichert sein. Zu Lehren ist für Manager eine weise Investition. Je mehr Xer lernen, desto fähiger, unabhängiger und effektiver werden wir – und desto wertvoller können wir nicht nur für uns selbst, sondern auch für unsere Manager sein.

BEWAHREN SIE SICH IHRE GRUNDSÄTZLICHE BEREITSCHAFT ZU TEILEN

Mein größter Gewinn hier ist, daß mein Manager ein Superstar auf seinem Gebiet ist und bereit ist, dies mit mir zu teilen. Er ist der Industrie mit Haut und Haar verschrieben, und er ist ein Experte, und er

ist bereit, ein Lehrer zu sein. Das ist ein berauschendes Gefühl für uns selbst und unsere Gruppe und gibt uns unheimlich viel Power.

Business Development Manager einer Kabelfernsehgesellschaft

„ER NAHM SICH VIEL ZEIT, UM SICHERZUGEHEN, DASS ICH ALLES VERSTANDEN HATTE"

Mein Manager hat sehr eng mit mir zusammengearbeitet, es war fast wie ein Tutoring-on-the-job. Er nahm sich Zeit, um sicherzugehen, daß ich alles verstanden hatte. Je mehr ich lernte und je mehr meine Fähigkeiten wuchsen, desto mehr Verantwortlichkeit übertrug er mir. Wenn ich eine Frage auf der Zunge hatte, dann stellte ich sie ihm einfach, und er erklärte alles geduldig und ausführlich, nicht nur oberflächlich. Ich konnte eine Menge lernen, indem wir Seite an Seite arbeiteten und ich ihn beobachten konnte. Es war ein gutes Gefühl. Ich fühlte mich als ein Teil des Teams und empfand alles, was ich tat, als wichtigen Beitrag. Er spornte mich an, nach immer mehr Verantwortlichkeit zu streben und hart für diese Firma zu arbeiten. Jeder war voll dabei.

Associate in der Planungsabteilung einer großen Autofirma

Xer BEWUNDERN MANAGER, DIE ERKLÄRUNGSKOMPETENZ BESITZEN

Es gibt da einen Kompagnon, den ich bewundere, weil er ein Problem in einfachen und verständlichen Worten ausdrücken kann. Er ist in seiner Ausdrucksweise sehr präzise, spricht langsam und klar und scheint zu begreifen, welche Erfahrungen ein Associate meiner Ebene an diesem Punkt der Karriere schon gemacht haben könnte. Zuerst sagt er mir deutlich, was er will. Er hört sich alle Fragen an, die ich zu einem bestimmten Auftrag habe. Er steht im allgemeinen auch für weitere Fragen zur Verfügung. Er ist auch bereit zuzugeben, daß er etwas nicht ganz versteht, was mir zeigt, daß er ein Mensch geblieben ist. In so einem Fall wendet er sich dann auch an mich um eventuelle Klarstellung.

Associate einer großen Rechtsanwaltskanzlei

X Manager, die ihre Lehrtätigkeit wahrnehmen, können die primären menschlichen X-STÜTZEN werden

„JENE DINGE, DIE SIE ZU MIR SAGT, BLEIBEN WIRKLICH IM GEDÄCHTNIS HAFTEN"

Meine neue Managerin ist jemand, den ich als Mentor betrachte und der mir eine Menge beibringen kann. Sie ist sehr anspruchsvoll, aber sie läßt mich ohne weiteres meinen Standpunkt vertreten und

ermutigt mich dazu, Fragen zu stellen. Wenn sie mir etwas mitteilt und ich dazu nicke, dann hält sie inne und fragt mich: „Sind Sie sicher, daß Sie verstanden haben, was ich gerade gesagt habe?" Sie kann abschätzen, wann ich Schwierigkeiten habe, wann sie nach mir sehen und nachhelfen muß. Sie nimmt sich immer die Zeit, um die Dinge darzulegen – nicht in herablassender Weise, sondern mit dem Ziel, daß ich sie auch ganz sicher verstanden habe. Die Dinge, die sie zu mir sagt, bleiben wirklich im Gedächtnis haften. Sie hat meinen Respekt, und ich arbeite gerne für sie.

Research Assistant einer Public-Interest-Organisation

KEIN GEFÜHL VON HIERARCHIE, ABER EIN ECHTES GEFÜHL VON AUTORITÄT

Bei meinem Arbeitsantritt wurden mir ein Mentor sowie vier Studenten, die Tutorenbetreuung besonders dringend benötigten, zugeteilt. Ich benutzte die Studenten als Versuchslabor, um an meinen Unterrichtsfähigkeiten zu feilen. Dann besprach ich mit meinem Mentor eine Stunde pro Tag die Lehrmethode, anhand derer wir dann unsere Reflexionsphase organisierten. Das ging ungefähr acht Wochen so und baute mich unheimlich auf. Dieser Mann war ein echter Profi, stark engagiert, eine Koryphäe auf seinem Gebiet. Was mich so positiv stimmte, war das absolute Fehlen eines Gefühls von Hierarchie. Obwohl seine Autorität sehr wohl zu spüren war. Er mußte sich nicht auf eine Hierarchie berufen. Sein Stil strahlte Autorität aus, und seine Souveränität war klar ersichtlich, was mir und anderen Respekt einflößte und in mir den Wunsch weckte, hart für ihn zu arbeiten. Es hatte etwas sehr Inspirierendes.

High-School-Lehrer

X Manager, die Xern FÄHIGKEITEN LEHREN = X-Verantwortlichkeit für die Fähigkeiten × Unendlichkeit

„BEIM NÄCHSTEN MAL WÜRDE ICH DAS PROBLEM LÖSEN"

Es gab da einen Manager, der der beste war, den ich je hatte. Er war smart, er wußte wirklich, wovon er sprach, er kümmerte sich um die Leute, die für ihn arbeiteten und zeigte Mitgefühl für sie. Eines Nachts um ungefähr zehn Uhr arbeitete ich schon seit mindestens zwei Stunden an einem Problem, an dem ich mir bisher die Zähne ausgebissen hatte. Es war während des zweiten Spiels der NBA-Finalrunde, und ich erinnere mich gut daran, weil ich wegen meiner Schufterei das Spiel nicht sehen konnte. Er wußte, daß ich ein großer Basketball-Fan bin. Dieser Manager war echt toll. Er zog sich einen Stuhl heran, und wir plauderten ein wenig über das Spiel, das wir versäumten. Dann sagte er: „Schauen wir mal, ob wir das Problem irgendwie hinkriegen", und wir arbeiteten gemeinsam ungefähr eine Stunde daran, bis es endlich hinhaute. Er stürzte sich mit mir kopfüber in die Arbeit, und wir fanden gemeinsam eine Lösung, und er zeigte mir, wie man so ein Problem zu behandeln hat. Diese Erfahrung war enorm aufschlußreich und sagte viel über diesen Manager aus. Er war das Idealbild eines Lehrers. Er wußte: Sollte sich dieses Problem noch einmal stellen, wäre ich ab nun der richtige Mann, um es zu lösen.

Consultant für Informationssysteme

7

RAUM UND ZEIT – WIE MAN DAS KREATIVE POTENTIAL VON Xern MAXIMIERT

X DIE KREATIVE BEGABUNG dieser Generation

Die meisten Menschen blühen auf, wenn sie ihrer Kreativität Ausdruck verleihen können. Was ist also das Einzigartige an der kreativen Begabung der Generation X? Die Investition in unsere kreativen Möglichkeiten ist eng mit unserer Suche nach Selbstwertsteigerung in unserem Leben und unserer Karriere verbunden. Betrachten Sie einmal die innovative Natur von Xern im Brennpunkt unseres persönlichen Profils.

Da wir mit der Realität unserer persönlichen Verletzlichkeit in bezug auf die verschiedenartigen Kräfte, die auf uns einwirken, bestens vertraut sind, die Technologie der Informationsrevolution unsere Amme, der schnell fließende Strom unterschiedlicher Messages unser Lehrer war und wir die Kunst der selbständigen Problemlösung beherrschen, sind Xer darauf konditioniert, Information schnell zu sortieren und zu evaluieren, Probleme unabhängig zu definieren und zu lösen, kreative Risiken einzugehen und Sicherheit in der Innovation zu suchen.

Xer steuern vorsichtig auf Oasen zu, die ein festes Fundament bieten, wir sind eisern in unserem Selbstvertrauen und entschlossen, zu lernen und zu wachsen, uns selbst und unsere Fähigkeiten weiterzuentwickeln. Wir möchten selbst Nutznießer sein, indem wir bedeutende Beiträge für Institutionen leisten, die unsere Arbeit schätzen und unseren Wert als Unternehmer unserer eigenen kreativen Fähigkeiten ständig vergrößern. Wir möchten auch etwas aufbauen – eine neue Form der Karrierestabilität, die in uns selbst keimt und eine aus uns selbst entspringende Zukunft, die mehr Sicherheit für unsere Generation und die nach uns folgenden Generationen bietet.

Für Xer sind unsere kreativen Fähigkeiten das entscheidende Tool für ein sicheres Navigieren in der Welt. Unsere kreative Fähigkeit ist auch jener X-Aktivposten, der eine Investition in unsere Karrieren am lohnenswertesten macht – durch die Schaffung wertvoller Endprodukte hoffen wir Xer, unsere Fähigkeiten ausreichend demonstrieren zu können, um uns mehr Verantwortung und größere Chancen zur kreativen Verwirklichung einzutragen. Wenn Xer freie Hand haben, diese Form der kreativen Investition zu verfolgen, wird sich dies in einer nach oben zeigenden Spirale von Innovation und Produktivität auswirken.

Xer sind dann am leistungsfähigsten, wenn wir als verantwortungsvolle, unabhängige und kreative Kräfte gemanagt werden – mit der Freiheit, Risiken einzugehen, Fehler zu machen, unsere eigenen Lösungen auszutesten. Manager, die in der Lage sind, unseren Prozeß der kreativen Investition zu fördern, werden nicht nur von der erhöhten Motivation und dem Engagement von Xern profitieren können, sondern auch von den Früchten unserer Innovation.

Xer haben ein einzigartiges kreatives Leistungsvermögen zu bieten, das für Manager großen Wert in sich birgt. Auf Grund unserer Leichtigkeit im Umgang mit Information, unserer Fähigkeit, die unterschiedlichsten Messages aus vielfältigen Quellen blitzschnell zu sortieren und zu speichern, unserer chamäleonartigen Anpassungsfähigkeit und unserer Flexibilität, uns auf neue und verschiedenartigste Arbeitsumfelder einzustellen, erkennen Xer dort neue Anknüpfungspunkte, wo ältere Generationen nur Verwirrung und Chaos sehen. Wo andere Probleme sehen, sehen Xer Möglichkeiten. Das kreative Leistungsvermögen von Xern wird durch Gelegenheiten zur Definition und Lösung von Problemen gepusht – zur eigenen Herausforderung im selbstbestimmten Rahmen von Raum und Zeit.

X-REGEL: Es gibt keine Probleme, nur Projekte

Durch die Schaffung von Handlungsspielraum können Manager am besten den Unabhängigkeitsdrang von Xern befriedigen und unseren natürlichen Innovationsgeist stärken. Um das Konzept des Handlungsspielraumes vollends begreifen zu können, sollten Manager in räumlichen, physischen Kategorien denken – Raum ist weniger ein Konzept als eine existierende physische Distanz zwischen Managern und den täglichen Arbeitszielen von Xern, eine physische Distanz, die für Xer ein alles entscheidendes Arbeitsterrain erschließt, dessen alleinige Eigentümer wir sind.

Mit nur wenigen Materialien und Tools können Manager um den kreativen Arbeitsprozeß von Xern herum einen spürbaren Freiraum errichten, der unsere größtmögliche Produktivität zur Entwicklung bringt. Die Materialien, die man für die Errichtung dieses Handlungsspielraumes braucht, sind leicht verfügbar – Ziele, Verantwortlichkeit, Abwesenheit und Information.

Xern müssen klare Ziele in Form von Verantwortlichkeit für greifbare Endprodukte vorgegeben werden. Die Klarheit der Zielsetzung erfordert jedoch mehr als eine exakte Definition des Endproduktes. Der Punkt, der vorrangig klargestellt werden muß, bezieht sich auf den Besitzanspruch auf die Ziele – dies wird erreicht, indem man deutliche Unterscheidungen trifft, welche greifbaren Endresultate Xern und welche den Managern zuzuschreiben sind.

Oft wird zu diesem Zweck sehr früh eine Zergliederung des Projektes in klar abgegrenzte Segmente nötig sein – ein Management-Tool, das an sich schon nützlich ist. Selbstredend wird mit Fortgang des Projektes das Prioritäts-Level gewisser dazwischengeschalteter Endresultate fluktuieren.

Das ist okay – Xer sind bereit, sich schnell und problemlos an plötzliche Änderungen anzupassen. Wir werden mit großen und kleinen Verpflichtungen fertigwerden, Resultate im Vor-, Zwischen- und Endstadium hervorbringen – solange unsere Endziele klar sind. Indem die Besitzverhältnisse an den geforderten Endresultaten in jeder Phase des Projekts konsequent definiert werden, sorgen Manager dafür, daß Xer mit Sicherheit wissen, welche Endresultate wir in Eigenregie produzieren können. Indem sie Ziele und Verantwortlichkeit wie Puzzlestücke zusammensetzen, bringen Manager es zuwege, das Fundament für den Handlungsspielraum von Xern zu errichten.

Auf diesem Fundament müssen Manager dann die zwei verbleibenden Elemente austarieren – Abwesenheit und Information. Manager können den X-Handlungsspielraum zwischen Zielsetzung und Deadlines stärken, indem sie sich diszipliniert von diesem Raum fernhalten. Xer sind nur allzu gerne bereit, Anweisungen zu befolgen, innerhalb von Parametern zu bleiben, Richtlinien einzuhalten und Spezifikationen zu beachten. Wie auch immer die Abgrenzungen unseres Handlungsspielraumes aussehen mögen, Xer müssen hundertprozentige Verantwortlichkeit für das Endresultat tragen, das von diesem Raum eingesäumt ist.

Der Handlungsspielraum von Xern ist aber nicht einsam. Vergessen Sie nicht, das letzte Element ist unsere verläßlichste Problemlösungsressource, unsere konstante Stütze – Information.

X Manager, die Xer auf ihrem EIGENEN TERRAIN arbeiten lassen, genießen die Früchte unseres Unternehmergeistes

Um die Konstruktion des idealen X-Handlungsspielraumes abzuschließen, müssen Manager sicherstellen, daß Xer auf ein Maximum an Information von diesem Raum aus zugreifen können.

Der erste, offensichtlichere Schritt ist die Bereitstellung jeder nur erdenklichen Informationsressource – in gedruckter Form, online und in Form menschlicher Kontakte. Mit diesen Ressourcen können wir selbst bestimmen, wann und wie schnell wir je nach Bedarf Information sammeln und uns aneignen wollen.

Der zweite, schwierigere Schritt besteht für Manager darin, eine Balance zu finden zwischen ihrer eigenen Abwesenheit und notwendigen Informationsgesprächen mit Xern – es ist sehr wahrscheinlich, daß wir Fragen stellen und Input wollen. Sollten Manager sich dann als schwer erreichbar positionieren? Ist das Teil der Abwesenheit, die für den X-Handlungsspielraum nötig ist? Wenn Manager anfangen, sich kompliziert anzustellen, signalisieren sie Xern damit höchstens, daß sie unsere Selbstwertsteigerung nicht ernsthaft unterstützen – sie verdeutlichen, daß sie kein Potential als Lehrer haben, und beginnen, an Glaubwürdigkeit zu verlieren.

Manager die es wirklich ernst meinen, Xern jede nur mögliche Information innerhalb des X-Handlungsspielraums zur Verfügung zu stellen, können eine simple Regel befolgen – warten Sie, bis wir Xer zu Ihnen kommen. Überlassen Sie uns die Initiative. Wenn Manager Xern erlauben, Ausmaß und Häufigkeit der Managementinteraktionen selbst zu bestimmen, erkennen sie schnell, daß Xer sich nur mit sehr brennenden, schlauen Fragen an Manager wenden – immer auf der Suche nach Information, die keine andere Quelle bieten kann.

Manager, die den Fragen von Xern aufmerksam zuhören, sind in der Lage, schlau zu antworten ohne unseren Raum zu entern – indem sie nur unsere Fragen beantworten, und es uns anschließend ermöglichen, in Frieden in unseren Raum zurückzukehren.

Manager, die die Elemente Verantwortlichkeit, Ziele, Abwesenheit und Information kombinieren und den idealen Handlungsspielraum für Xer errichten, werden vom X-Innovationsgeist in seiner Höchstform profitieren. Wir Xer werden für Manager das Letzte geben, die uns die Verantwortlichkeit für Endresultate übertragen und uns die entsprechende Freiheit einräumen, diese Resultate zu erreichen, für Manager, die Xer herausfordern und uns bei Problemen, die sich Tag für Tag stellen, Entscheidungsgewalt übertragen – Entscheidungsgewalt, die eine Entfaltung unserer Kreativität ermöglicht.

Manager, die Xern den Freiraum geben, sich auf kreative Lösungen zu fokussieren, Risiken einzugehen und Fehler zu machen, neue Approaches zu entdecken und die Früchte in Form von Selbstwertsteigerung und persönlicher Sicherheit zu ernten, werden mit der Generation X auf der Erfolgswelle schwimmen. Diese Manager können sich den Unternehmergeist von Xern zunutze machen und Endresultate erzielen, die sich direkt auf das Unterm-Strich-Ergebnis auswirken.

X Das Paradoxe am Generation-X-Management: DELEGIEREN ist der beste Weg, Fachkenntnisse auszuschöpfen

„ICH ARBEITE BESSER, WENN ICH ES AUF MEINE ART MACHEN KANN"

Ich habe großen Respekt vor meinem Manager, weil er sehr präzise in seinen Forderungen, aber sehr flexibel, was den Weg dorthin betrifft, ist. Er sagt mir zum Beispiel: „Die Situation sieht im Moment so und so aus. Wir möchten Punkt X erreichen. Die Information, die wir brauchen, ist A,B,C. Ich erkläre Ihnen nun, was genau ich wissen will. Bitte kümmern Sie sich darum, ich brauche bis Datum Z ein Ergebnis." Das gibt mir etwas mehr Freiheit, an das Projekt heranzugehen. Es ist positiv, weil ich die Dinge auf meine Art machen kann, und meine Arbeit wird dadurch besser als sie es unter anderen Umständen sein würde.

Head Of Circulation einer Zeitschriftenholding

„ER LÄSST MICH DEN JOB MACHEN, FÜR DEN ER MICH ANGESTELLT HAT"

Mein Manager rückt mir nicht ständig auf die Pelle und will wissen, was ich jeden Tag in jeder Minute mache. Es ist klar, was von mir verlangt wird, und mein Manager vertraut mir, daß ich professionell arbeite, um meine Resultate zu erzielen. Er läßt mich den Job machen, für den er mich angestellt hat, läßt mich die täglichen Entscheidungen treffen, die notwendig sind, und versucht nicht, mich zu babysitten. Das gibt mir den Spielraum, meine Arbeit so zu machen, wie ich es will, es bedeutet, daß ich Dinge auf meine Art in Angriff nehme, und das macht mich viel produktiver.

Business Development Manager eines großen Konsumgüterunternehmens

ÜBERLASSEN SIE UNS DIE LAST UNSERER VERANTWORTLICHKEIT – WIR PACKEN DAS

Das Plus ist, daß die Manager gewillt sind, uns Eigenverantwortlichkeit zu übertragen. Wir haben Richtlinien, in deren Rahmen wir uns bewegen, aber davon abgesehen, kann ich autark entscheiden, wie ich meine Verpflichtungen erfülle. Ich kann wochenlang arbeiten, ohne einmal mit meinem Manager zu reden, solange ich meinen Job mache und gute Arbeit leiste. Auf diese Weise bin ich mir selbst überlassen, ziehe mein Ding durch und bin in der Lage, mich auf Resultate einzuschießen. Ich weiß, was das anvisierte Unterm-Strich-Ergebnis ist und kann je nach Gutdünken entscheiden, wie ich dahin komme.

Marketing-Executive eines Handelsgüterproduzenten

X-REGEL: Als Verantwortlichkeitsträger haben wir schon den ganzen Handlungsspielraum, den wir brauchen

„ICH RESPEKTIERE DAS, WEIL ES TEIL MEINER VERANTWORTLICHKEIT IST"

Es gehört zu meiner Verantwortlichkeit, jeden Tag ein bestimmtes Handelsverfahren zu checken, und die ganze Gruppe vertraut in dieser Sache auf mich. Es ist Tag für Tag eine Verantwortlichkeit, die ganz allein mich betrifft. Wenn ich es nicht jeden Tag mache und etwas übersehen wird, könnten wir sehr schnell Hunderttausende Dollar verlieren. Das Lohnende ist, daß ich weiß, was für Tücken und Fehler da lauern, aber daß ich die Geduld aufbringe, in diesem Verwirrspiel jedesmal wieder den Durchblick zu finden. Ich respektiere die Aufgabe, weil sie in meiner Verantwortlichkeit liegt, und obwohl es genug Möglichkeiten gibt, Mist zu bauen, habe ich dabei nicht einmal versagt.

Portfolio Assistant einer großen Handelsbank

GEBEN SIE Xern IHR „EIGENES KLEINES UNTERNEHMEN"

Ich arbeite jetzt von einem Heimbüro aus. Im großen und ganzen ist es wie Chef seines eigenen kleinen Unternehmens zu sein. Das sieht bei mir so aus, daß ich Wochenziele habe und einen Wochenbericht abliefern muß. Den tippe ich dann und faxe ihn jeweils Montag morgen an meinen Manager. Solange ich meine Wochenziele erreiche, kann ich die Arbeit machen, wie immer ich auch will, anstatt mich auf die Ablenkungen in der Unternehmenszentrale zu konzentrieren. In meinem kleinen Heimbüro sitze ich am Drücker.

National Account Manager eines großen Konsumgüterunternehmens

„WENN ETWAS NICHT FUNKTIONIERT, KANN ICH OHNE WEITERES AUF ETWAS ANDERES UMSTELLEN"

Innerhalb der Grenzen meines Lehrplans habe ich viel Freiheit, den Unterricht nach meinen Vorstellungen zu gestalten. Ich plane meine Stunden gerne selbst. Das verbessert die Qualität der Interaktion mit den Kindern, weil ich nicht gezwungen bin, sie in irgendeiner bestimmten Weise zu unterrichten. Wenn etwas nicht funktioniert, kann ich ohne weiteres auf etwas anderes umstellen. Das hält mein Interesse an dem Job wach. Für mich besteht die Quintessenz des Unterrichtens darin, in jeder nur erdenklichen Weise, mit neuen Ideen, den Kindern den Lehrstoff nahezubringen.

Naturkunde-Lehrer an einer High-School

„ICH KONNTE TUN, WAS NOTWENDIG WAR . . . UND MEINEN MANAGER GUT DASTEHEN LASSEN"

Ein gößeres Maß an Verantwortlichkeit brachte mir auch mehr Unterstützung von seiten meines Managers ein, und das erlaubte mir, meine Position und meinen Beitrag in der Firma zu vergrößern. Ich konnte in der Firma aufsteigen, weil mein Manager mich dazu ermutigte, meinen Job selbst zu gestalten. Wenn ich nach Gelegenheiten suchte, unabhängiger zu agieren, dann gab er sie mir. Wenn mir eine Lösung für ein Problem oder eine innovative Idee einfiel, durfte ich selbst die Implementierung übernehmen. In diesem Umfeld konnte ich tun, was notwendig war und meinen Manager gleichzeitig gut dastehen lassen.

Marketing-Koordinator eines Verlagshauses

X HANDLUNGSSPIELRAUM ist das Mikromanagement-Antiserum

Jene Xer, die in diesem Abschnitt zu Wort kommen, beschreiben Manager, die für die Erreichung greifbarer Endresultate klare Deadlines festlegen und Informationen und Ressourcen zur Verfügung stellen, die wir Xer brauchen, um Resultate in unserem eigenen Tempo zu erzielen. In der Phase zwischen Zielsetzung und Deadlines überlassen es diese Manager Xern, die Häufigkeit der Interaktion zwischen ihnen zu bestimmen – es sei denn, Dramatisches tritt ein. Die Gewährleistung eines selbständigen Zeitmanagements und eines eigenen Zeitplans ist untrennbar mit dem Managen von Xern als verantwortungsvolle und unabhängige kreative Kräfte verbunden.

Wenn Manager die Unabhängigkeit von Xern unterstützen, indem sie uns die Freiheit einräumen, unsere Arbeitszeit selbst einzuteilen, sind wir Xer gewillt, unserer Arbeit mehr Zeit zu widmen. Die meisten Manager werden feststellen, daß wir Xer Aufgaben am schnellsten bewältigen, wenn wir unser Tempo selbst bestimmen können – ständige Kontrolle behindert und verlangsamt unsere Problemlösungskompetenz.

„ICH KANN MEINE EIGENE ZEIT MANAGEN"

Der Manager legt beim ersten Meeting die zu erledigenden Punkte fest und gibt eine Reihe von Terminen vor, bis zu denen bestimmte Ziele erreicht werden müssen. Ansonsten sind wir bei der Ent-

scheidung über Details des allgemeinen Problems vollkommen uns selbst überlassen. Zwischen diesen Terminen muß ich meinen Manager gar nicht konsultieren, es sein denn, es ist von meiner Warte aus ein Gespräch dringend erforderlich. Ich weiß, was ich in einem gewissen Zeitraum zu tun habe, und ich kann mir meine Zeit einteilen, wie ich will, solange ich im Einklang mit meiner Verantwortlichkeit die entsprechenden Resultate liefere. Das heißt, daß ich an Probleme so herangehen kann, daß ich in der Lage bin, mein Bestes zu geben.

Consultant einer Unternehmensberatungsfirma

Xer SIND EFFEKTIVE ZEITKONSUMENTEN

Ich mag den Job, weil ich da ziemlich viel Freiheit habe, meinen eigenen Zeitplan zu erstellen. Das weiß ich sehr zu schätzen, weil ich verantwortlich bin und es schön ist, wenn man mir so weit vertraut, daß man mich einfach arbeiten läßt. Ich bin froh, daß ich keine Stechuhr benutzen muß. Ich fühle mich bei dieser Arbeitsweise wohler, und es macht mich zu einem unabhängigen Individuum in dieser Firma. Man erwartet von mir, eine gewisse Anzahl von Krediten abzuschließen, und wenn voller Betrieb herrscht, bleibe ich hier, solange es nötig ist. Was ich daran positiv finde, ist die Tatsache, daß ich selbst die Zügel in der Hand habe und entscheiden kann, wann ich hier arbeiten will und damit meine produktivste Zeit voll ausnützen kann. Wenn die Arbeit sich wirklich haufenweise türmt, ist es doch nur sinnvoll, daß ich dann im Büro bin, wenn ich in effizientem Tempo Ergebnisse liefern kann.

Kreditspezialist bei einer Hypotheken-Maklerfirma

„ES IST SO EINE ART SYSTEM AUF EHRE UND GEWISSEN"

Der Job ist in den Arbeitszeiten flexibel, das heißt, ich kann mir frei nehmen und meine Stunden nach Bedarf verschieben. Man kann kommen, wann man will, solange man nur seine Arbeit macht. Es ist so eine Art System auf Ehre und Gewissen, und es wird von den Mitarbeitern erwartet, daß sie auch Zeit investieren, besonders da das Management schon so cool ist, auf unser Pflichtbewußtsein zu setzen. Es gibt mir die Flexibilität, mich gewissen Dingen in meinem Leben dann zu widmen, wenn es für mich ideal ist, was auch meine Einstellung zur Arbeit, wenn ich hier bin, positiv beeinflußt. Das bedeutet, daß ich auch wirklich im Büro sein will, wenn ich hier bin, und das läßt mich natürlich auch meinen Job viel mehr schätzen. Ich habe das Gefühl, daß sie uns vertrauen, und sie lockern die Arbeitszeitvorschriften, weil sie erkennen, daß es verschiedene zeitliche Anforderungen gibt. Aus diesem Grund haben wir viel Respekt voreinander.

Researcher bei einem Investment-Informationsservice

ERMUTIGEN SIE Xer, ACHTZIG PROZENT DES WERTES IN ZWANZIG PROZENT DER ZEIT ZU SCHAFFEN

In dieser Firma heißt es „80/20". Das bedeutet, wenn man achtzig Prozent des Wertes in zwanzig Prozent der Zeit erreichen kann, dann soll man es auch tun. Entscheidend ist, was wir am Ende beim Kunden abliefern. Intern wird man hier respektiert, wenn man seine Arbeit vor der Zeit erledigen kann und dann einfach geht. Wenn ich also meine Probleme lösen und ein Ergebnis vorweisen kann, ist mein Job beendet. Sie können darauf wetten, daß niemand deswegen seine Arbeit hinschludert, nur um schneller fertig zu sein. Es heißt nur, daß es einen echten Anreiz gibt, dann, wenn man arbeitet, mit Effizienz zu arbeiten. Unterm Strich ist das Produkt wichtig, nicht die dafür aufgewendete Zeit.

Associate einer Investmentbank

ICH KANN EIN SCHILD RAUSHÄNGEN, AUF DEM „BIN BEIM FISCHEN" ZU LESEN IST

Mein Manager legt die Ziele fest, die ich erreichen soll, und läßt mich dann selbständig arbeiten. Wenn ich ein Wochenziel in einem Tag schaffe, ein Monatsziel in einer Woche oder ein Jahresziel in einem Monat, kann ich ein Schild raushängen, auf dem „Bin beim Fischen" zu lesen ist. Das ist ein Ansporn, etwas zu leisten, und gibt mir das Gefühl, daß ich über meine Zeit frei verfügen kann, daß ich mein eigener Boß bin, und es ist viel besser, für dich selbst zu arbeiten als für jemand anderen.

National Account Manager eines großen Konsumgüterunternehmens

X SMARTE MANAGER lassen Xer ihre Zeiteinteilung selbst bestimmen, während sie noch immer unsere Arbeit managen

Xer sind Naturtalente im Problemlösen, weil wir gewohnt sind, persönliche Herausforderungen im Alleingang anzunehmen. Die Problemlösungsbegabung ist in der Tat der Schlüssel zu unserer Eigendefinition und unserem Stolz – die Hauptkonzentration unseres Unternehmertums liegt in dem regelmäßigen Beweis für andere und der Bestätigung für uns selbst, daß unsere kreativen Fähigkeiten im Wert steigen.

Wenn man uns ausreichenden Zugang zu Information ermöglicht und volle Verantwortlichkeit überträgt, Lösungen zu finden, werden Xer fast jedes Problem als eine Chance auf Erfolg betrachten. Da Xer mit wertvollen Beiträgen in Form von Endresultaten investieren wollen, ist jedes Problem, das wir lösen können, und jedes Resultat, das wir hervorbringen können, eine Investitionsgelegenheit.

Jene Xer, die in diesem Abschnitt zu Wort kommen, beschreiben Manager, die sich und ihrer Firma die innovative Power von Xern zunutze machen, Xern vertrauen, Probleme zu definieren und kreative Lösungen zu verfolgen, Risiken einzugehen und Fehler zu machen, Grenzen auszudehnen und zu improvisieren. Wenn Manager Xern erlauben, uns in unserer Arbeit zu verwirklichen, dann werden wir Probleme in aufregendster, tatkräftigster, erfinderischster und innovativster Weise lösen und ihnen fetten Gewinn eintragen.

„ICH HABE KEINE ANGST, FEHLER ZU MACHEN"

Der Schlüsselfaktor meines Erfolges war das Vertrauen meines Managers in meine Kompetenz, ein gegenseitiges Vertrauen, das stark genug war, um Verständnis dafür aufzubringen, daß ich nicht unfehlbar bin. Ich habe keine Angst, Handlungen zu setzen, weil ich keine Angst davor habe, Fehler zu machen. Ich spüre oft Lösungen für uralte Probleme auf, die niemand hier sich je hätte vorstellen können.

Program Assistant einer Non-Profit-Stiftung

X Problem + Information + Raum + Zeit = X-INNOVATION

UNTERSTÜTZEN SIE KREATIVITÄT MIT EINER ATMOSPHÄRE DES VERTRAUENS

Ich wußte, daß mein Manager an mich glaubte. Er vertraute meinem Urteil und übertrug mir viel Verantwortlichkeit. Er nahm mich beim Wort, anstatt alles, was ich sagte, gleich nachprüfen zu wollen. Das gab mir die Gewißheit, daß ich geschätzt wurde und sein Vertrauen genoß. Diese Art von Vertrauen von seiten eines Managers wirkt sich sehr positiv auf meine Arbeit aus, weil ich dadurch nicht so überkritisch zu mir selbst bin. Das Wissen um das Vertrauen meines Managers in meine Urteilsfähigkeit gibt mir selbst den Mut, Dinge ein wenig anders zu sehen und etwas Neues auszuprobieren, und das erhöht meinen kreativen Output.

Marketing-Koordinator eines Verlags

DER GRÖSSTE MOTIVATOR FÜR EINEN PROBLEMLÖSER: DAS PROBLEM SELBST

Wenn ich einen Bericht für einen Kunden zusammenstelle, brauche ich die Freiheit zu improvisieren. Wenn ich etwas Neues mache, das funktioniert, ist mein Portfolio Manager hocherfreut, und ich genieße es zu wissen, daß ich selbständig kreativ war und dies auch entsprechend gewürdigt wurde. Das kann eine Rolle dabei spielen, ob ein Kunde mehr Geld in die Bank einlegt, was der ganzen Gruppe und der Bank weiterhilft und für jeden von Vorteil ist. Wenn ich freien Spielraum habe, bei der Lösung von Problemen für Kunden zu improvisieren, kann ich mein Bestes geben.

Portfolio Assistant einer großen Handelsbank

LASSEN SIE Xer PROBLEME DEFINIEREN, SO DASS WIR LÖSUNGEN ENTWICKELN KÖNNEN

Wir jonglieren hier mit einer Unmenge von Zahlen herum und sind dabei so weit wie möglich auf uns selbst gestellt. Ich glaube, daß wir so anders sind, daß keiner versteht, was wir tun. Wir haben wie alle ein Ziel, auf das wir hinarbeiten. Unser Manager übt zwar seine Kontrollfunktion aus, aber nicht auf unangenehme Weise, sondern nur um sicher zu sein, daß wir noch auf dem richtigen Weg sind. Er sagt uns, was wir tun sollen, versucht jedoch, uns kreative Freiheit zu geben, denn wenn man uns allein arbeiten läßt, hecken wir erfahrungsgemäß mit die lukrativsten neuen Handelsstrategien oder Computermodelle aus.
Seit etwa zehn Jahren kommen Physiker an die Wall Street. Für uns ist das ist so eine Art Rache der Nerds.

Doktor der Physik, für die Entwicklung von Computermodellen bei einer großen Investmentbank zuständig

„ES IST VISIONÄR, STRATEGISCH"

Es ist so, als wenn ich mein eigenes Unternehmen aufziehen würde, weil wir ganz von vorne anfangen. Ich führe die Analyse durch, stelle die Fragen und gebe die Antworten. Ich formuliere das Angebot, das dem Topmanagement unterbreitet wird. Die Verantwortung ist groß, und dieses Projekt wird in Zukunft einen guten Teil meiner Zeit in Anspruch nehmen. Es gefällt mir, weil es ganz neu ist und ich die treibende Kraft bin. Es ist zutiefst befriedigend, Empfehlungen abzugeben, die man dann auch umgesetzt sieht. Ich gestalte die Vision in vielerlei Weise. Das ist bei weitem der lohnendste Teil meines Jobs. Ich räume diesem Projekt Priorität ein, weil es am interessantesten ist, es ist visionär, strategisch.

Marketing-Manager einer großen Financial-Services-Firma

X Besitzanspruch auf Resultate bringt INTENSIVES ENGAGEMENT

Die greifbarste Form der Investition von Xern ist das Endprodukt. Da das kreative Leistungsvermögen der Eckpfeiler des X-Selbstverständnisses ist, sind unsere Endprodukte Erweiterungen unserer eigenen Person – der Wert unserer Endprodukte ist eine Reflexion unseres eigenen Wertes und unserer Fähigkeit, etwas von Wert zu schaffen. Mit Hilfe von greifbaren Endprodukten demonstrieren wir Xer unsere Fähigkeiten, erbringen sichtbare Beweise, daß unsere Arbeit wertvoll ist und bestätigen uns selbst diesen Wert.

Der kreative Ausdruck und die Produkte dieses Ausdrucks bilden ein Versuchsgelände für unseren gesamten Selbstwertsteigerungsprozeß.

Durch den individuellen Erfolg erfahren Xer, wie weit unsere Suche fortgeschritten ist, Sicherheit im eigenen Leistungsvermögen zu finden. Die Bedeutung dieser Erfahrung wird in den Worten jener Xer spürbar, die im folgenden Abschnitt zu Wort kommen. Manager, die Xern den Weg ebnen, unserem Selbstwertsteigerungsprozeß grundlegenden Ausdruck zu verleihen, verschaffen Xern eine bedeutungsvolle und lebensbejahende Arbeitserfahrung.

DAS HOCHGEFÜHL BEIM ARBEITEN

Man muß Befriedigung in der Arbeit selbst finden, weil sie so anstrengend und stressig ist. Aber es erfordert Kraft und Können, im Operationssaal zu arbeiten, in Menschen hineinzuschneiden und in der Notaufnahme einen Bruch einzurichten – Fokus und Konzentration und körperliche Ausdauer sind genauso gefragt wie fachliches Können. Und das Lohnende daran ist, einfach wirklich zu sehen, daß es meinen Patienten besser geht, daß die Operation gelingt – zu sehen, daß das Fachwissen und das Training, für das ich so hart gearbeitet habe, Menschen tatsächlich helfen kann. Das ist der absolute Thrill. Das Können und das Privileg zu haben, Menschen zu heilen, kann man umschreiben mit: „Hallo, ich bin ein Doktor, ich darf in Menschen reinschneiden und sie wieder zusammenflicken." Das ist der größte Lohn.

Assistenzarzt in der Chirurgie

Xer WOLLEN SICH ABHEBEN

Es war toll, etwas zu schaffen, das meine eigene Handschrift trägt. Die Arbeit an meinem schriftlichen Beitrag für das Newsletter der Firma war mir die liebste Aufgabe in meinem Job. Ich durfte selbst

meine Themen bestimmen – es war mein eigenes Projekt. Dafür gab ich mir natürlich ganz besonders viel Mühe. Meinen Artikel in jedem Newsletter gedruckt zu sehen, war für mich mit Sicherheit das Highlight meines Jobs.

Researcher eines Investment-Informationsservice

„DIE ENTSCHEIDUNG, DIE RAUSGEHT, IST IM GRUNDE MEINE"

Dies ist einer der wenigen Jobs, in denen meine Meinung wirklich zählt. Die letzte Entscheidung der Agentur liegt im Verantwortungsbereich meines Managers, aber er orientiert sich an mir. Das gibt mir viel Macht und hat großen Einfluß darauf, wie ich an meine Arbeit herangehe. Ich gestalte das Endprodukt – die Entscheidung, die aus dieser Agentur rausgeht, ist im Grunde meine. Ich bin sehr stolz auf die Entscheidungen, und ich arbeite hart, um sicherzugehen, daß meine Entscheidungen besser sind als die überwiegende Mehrzahl an Entscheidungen, die in dieser Agentur getroffen werden.

Beamter in einer Bundesbehörde in Washington

Xer SUCHEN NACH DER „UNGLAUBLICHEN FREIHEIT, KREATIV ZU SEIN"

Vereinzelt hatte ich Gelegenheit, dem Kongreßabgeordneten eine Idee für einen Gesetzesentwurf persönlich zu unterbreiten, und er meinte dann manchmal, ich solle doch den Entwurf selbst schreiben. Das durfte ich ein paarmal machen – eine unglaubliche Erfahrung, die Chance zu haben, ein Gesetz zu formulieren, ein Gesetz direkt zu beeinflussen. Ich empfand das als eine so unglaubliche kreative Freiheit – ich arbeitete bei weitem intensiver an diesem Projekt als an jedem anderen. Ich verfolgte den Weg des Gesetzesentwurfes bis in den Kongreß, wenn er so weit kam. Diese Chancen, selbst gesetzgebend zu wirken, das allein macht den Job schon lohnenswert.

Legislative Assistant in einem Kongreßbüro

8

WIE MAN DAS BESTE AUS DER GENERATION X HERAUSHOLT

X Xer sind ein WACHSENDES PHÄNOMEN

Was beim Managen der Generation X auf dem Spiel steht, ist nicht weniger als die wirtschaftliche Zukunft einer Nation und das Talent einer ganzen Generation. Xer werden die Arbeitswelt der Zukunft dominieren. Unsere Vorherrschaft wächst weiter, indem wir zunehmend entscheidende Positionen einnehmen – und uns schon darauf vorbereiten, die Manager von morgen zu sein.

Es wird nicht mehr allzu lange dauern und Xer werden die Macht in jenen Firmen übernehmen, in denen Babyboomer heute noch die Machterben sind. Das ist gut so. Durch unser Harmonie-Level im Umgang mit Technologie und unsere Anpassungsfähigkeit an Veränderungen sind wir für den Arbeitsplatz der Zukunft perfekt geeignet. Die besten Manager erkennen diesen Trend und machen sich ihn zunutze.

Zweifelnde Boomer sollten einmal über die Coups nachdenken, mit denen sie im Moment ihre eigenen Vorgänger aus den Aufsichts- und Verwaltungsräten überall im Land kicken. Wenn Boomermanager nicht lernen, wie man Xer effektiv managt, könnten die verdutzten, von Anachronismus gekennzeichneten Gesichter im Sitzungsraum bald die ihren sein. Aber es geht um viel mehr als nur darum, wer in den Vorständen von morgen sitzen wird, denn Xer produzieren einen großen Teil von dem, was Manager heute verkaufen. Werden wir gut gemanagt, sind Xer eine wertvolle Komponente des Unterm-Strich-Ergebnisses von heute – ein Wert, der von Boomern verschleudert wird, die die Management-Bedürfnisse von Xern um jeden Preis totschweigen wollen.

X Fallen Sie nicht auf BILLIGE KLISCHEES herein

Viele der Manager, die in diesem Buch beschrieben werden, managen Xer falsch, weil sie den Charakter dieser Generation grundsätzlich fehleinschätzen. Sie wollen nicht einsehen, daß die Herausforderung des X-Managements mit speziellen generationsbedingten Bedürfnissen und Erwartungen verbunden ist. Als Folge dieses fehlenden Verständnisses unterschätzen diese Manager den Wert von Xern und streichen sich damit selbst von der Liste unserer persönlichen Investment-Portefeuilles – das Manko an Verständnis zieht einen unmittelbaren Verlust für das Unterm-Strich-Ergebnis nach sich.

Da sie die Suche von Xern nach einem festen Fundament als die Manifestation eines plumpen und unrealistischen Ehrgeizes mißinterpretieren, haben diese Manager keine Ahnung, wie sie Xer motivieren sollen. Unfähig, das Konzept des Hochdienens aus der Sicht von Xer zu begreifen, können sich diese Manager die neue Abmachung, die Xer aushandeln wollen, nicht vorstellen – kurzfristige Investitionen von Xern in Form von wertvollen Endresultaten im Austausch für Dividenden, die uns dem Ziel einer neuen eigengestützten Karrierestabilität näherbringen.

Diese Manager mißverstehen unsere angeborene Skepsis gegenüber institutionellen Beziehungen und unser vorsichtiges Investitionsgebaren und nehmen daher an, daß wir von Natur aus illoyal sind. Sie begraben die Chance, Unternehmenskulturen zu etablieren, in denen sich Xer willkommen fühlen. Da diese Manager sich der Bedeutung des einzigartigen Kommunikations- und Lernstils von Xern nicht bewußt sind, sind sie einfach nicht darauf vorbereitet, Xern die erforderlichen Informationsressourcen zur Verfügung zu stellen und lassen Xer mit einem Gefühl der Unterversorgung und Unsicherheit zurück.

Weil sie die kreativen Unternehmerqualitäten von Xern nicht verstehen, sind diese Manager nicht imstande, den richtigen Handlungsspielraum und Zeitrahmen um Xer herum zu errichten, um die Schaffung von greifbaren Endprodukten zu fördern. Diese Manager schöpfen die wertvolle Ressource der Generation X viel zu wenig aus – und berauben sich selbst und die Unterm-Strich-Ergebnisse ihrer Firmen des Engagements und Talents der Xer. Zudem berauben sie Xer wunderbarer Gelegenheiten zur Selbstwertsteigerung – und sie berauben die Gesellschaft des unschätzbaren Wertes der unzähligen potentiellen X-Innovationen.

X Ein neues Verständnis eines NEUEN PROFILS

Kann dieses Buch Managern helfen, die speziellen Bedürfnisse und Erwartungen der Generation X zu verstehen? So gut zu verstehen, daß Manager mit seiner Hilfe der Herausforderung gewachsen sind, das Talent von Xern zum Vorteil aller Beteiligten zu maximieren? So gut zu verstehen, daß sie anfangen, das Beste aus der Generation X herauszuholen?

Mit der Präsentation eines neuen Verständnisses der X-Geschichte will dieses Buch ein neues Profil der Generation X propagieren, eine Neuinterpretation des Charakters, der unsere Generation definiert, ein neues Versprechen für die Zukunft, deren Geschicke wir ausersehen sind zu lenken, sowie eine neue Perspektive für das Managen von Xern am Arbeitsplatz.

Sie können sich darauf verlassen, daß Xer keine Generation von illoyalen, desinteressierten, zynischen Slackern sind – dieser Mythos muß einfach sterben. Diejenigen, die nicht ablassen, auf diesem Mythos herumzureiten, werden ihre Rolle in der Zukunft einbüßen. Xer sind weit davon entfernt, der Arbeit gleichgültig gegenüberzustehen, im Gegenteil, wir betrachten Arbeit und Karriere als fundamentale Bestandteile unserer Eigendefinition.

Die primäre Herausforderung, mit der wir Xer uns in unserer Karriere konfrontiert sehen, ist die Suche nach einer neuen Form von Karrierestabilität, die das überholte Konzept der Langzeit-Jobstabilität im Dienste eines einzigen Arbeitgebers ersetzt.

Manager, die das wahre Wesen von Xern verstehen, können unser Verhalten und unser Potential interpretieren. Sie wissen, daß das karrieregesteuerte Streben nach persönlicher Sicherheit eine historische Managementchance bietet. Xer sind für den Arbeitsplatz der Zukunft einmalig prädestiniert. Unsere innovative Power ist der Schlüssel zu noch unentdeckten Quellen von großem Wert.

Behandeln Sie die Generation X als eine kostbare Ressource, verstehen Sie unsere Geschichte, schätzen Sie unseren Stil, kultivieren Sie unsere Individualität, investieren Sie in unsere Selbstwertsteigerung, und tragen Sie Ihr Scherflein zu einer wirtschaftichen Zukunft bei, in der Erfolg und Sicherheit sich gegenseitig definieren – eine Zukunft, in der Xer beginnen, die neue eigengestützte Karrierestabilität, nach der wir suchen, zu verwirklichen.

Geformt durch die historischen Kräfte der Atomisierung und Informationsrevolution, Instabilität und rapiden Veränderung, sind Xer dazu geboren, die DRITTE WELLE ins einundzwanzigste Jahrhundert zu führen. Die selbstsichere Kreativität von Xern ist mehr als der bestimmende Charakter unserer zukünftigen Führungsmethode. Hier ruht der Samen der Innovation, durch den unsere Vision der Zukunft schlußendlich Realität werden wird.

Manager, die an diese Generation glauben, müssen sich engagieren, um ihren Managementstil für Xer umzustellen. Erwarten Sie nicht von Xern, sich in traditioneller Weise hochzudienen. Erwarten Sie nicht von Xern, sich in derselben Art wie unsere Vorgänger in Teams einzufügen. Erwarten Sie nicht von Xern, Information zu verarbeiten, wie Sie es tun, zu kommunizieren, wie Sie es tun, Technologie einzusetzen, wie Sie es tun, Wissen zu nutzen, wie Sie es tun. Erwarten Sie nicht von Xern, in denselben Parametern von Raum und Zeit oder derselben Kultur zu arbeiten, in denen Sie sich bewegen. Denken Sie nur ja nicht, daß Xer keine geeigneteren Approaches für die virtuelle Wirtschaft und den virtuellen Arbeitsplatz der Zukunft finden werden.

Engagieren Sie sich für die Suche von Xern nach eigengestützter Karrierestabilität. Indem sich Manager am Selbstwertsteigerungsprozeß von Xern beteiligen, können sie Co-Nutznießer unserer größten kreativen Investitionen werden. Eine Beteiligung an diesem Prozeß ist über den Aufbau von Unternehmenskulturen möglich, die den Wert von Xern als Individuen unterstützen, über die Wertschätzung unseres Verhältnisses zu Information, über die Anpassung an unseren einzigartigen Lern- und Kommunikationsstil und die Würdigung des kreativen Leistungsvermögens von Xern, die sich darin äußern sollte, Xern Handlungsspielraum und Zeit zu geben. Manager können das unternehmerische Naturell und den kreativen Geist dieser Generation fördern, indem sie uns Xern ermöglichen, unsere Arbeit als die kraftvollste Erweiterung unserer Person zu erleben. Der Nutzen für den Manager liegt in der Verpflichtung von Xern zu Innovation, dem Beweis unseres kreativen Talents und Bestätigung unseres Selbstwerts – jenes feste Fundament, das nur in uns selbst ruhen kann.

X Positive Erfahrung + Chancen auf Erfolg = X-LOYALITÄT

Die Erfolgsstories, die das ganze Buch durchziehen, versprechen der Zukunft der Generation X am Arbeitsplatz einiges. Es ist aufbauend, von Managern zu lesen, welche die in unseren Karrieren so gesuchte Selbstwertsteigerung und persönliche Sicherheit bieten, die Unternehmenskulturen schaffen, in die wir Xer mit Freude unsere Arbeit im

Unternehmerstil investieren wollen, und uns Xer dazu inspirieren, unseren Innovationsgeist einzusetzen, um managementgesteuerte Ziele zu erreichen.

Erfolgreiche Xer beschreiben Manager, die offene Informationsumfelder schaffen, in denen wir Xer effektiv kommunizieren und in unserem eigenen Tempo aus den vielfältigsten Informationsressourcen lernen können. Aufstrebende Xer erzählen von Beziehungen, in denen Manager Xer als Mentoren Empowerment verleihen, die Xer herausfordern, sie unterweisen, ihnen den Freiraum geben, den wir brauchen, um unseren Individualismus in unserer Arbeit manifestieren zu können, uns Verantwortlichkeit für greifbare Endprodukte übertragen und ausreichende kreative Freiheit gewähren, um innovative Resultate hervorzubringen. Zufriedene Xer sprechen über Manager, die aussagekräftige Statusberichte über die erbrachte Leistung liefern – prägnantes, genaues, spezifisches und aktuelles Feedback.

Die besten Manager wirken aktiv an unserer Karrierebildung mit, indem sie Xern Chancen geben, aufzusteigen und zu führen. Es sind diese Manager, von denen andere lernen können, wie man das Beste aus der Generation X herausholt. In Höchstform sind wir hochmotiviert, innovativ, produktiv und entschlossen, die Früchte der X-Kreativität mit den Leuten zu teilen, die an uns glauben.

„WENN ICH GLÜCKLICH BIN, ARBEITE ICH VIEL HÄRTER"

Der Vorsitzende ist stets darauf bedacht, mir positive Erfahrungen zu ermöglichen. Er versteht es sehr gut, exakte Ziele klar festzulegen und sie dann auf eine Art und Weise durchzusetzen, die die Arbeit zu einem angenehmen Erlebnis werden läßt. Seine Erwartungen sind klar umrissen und fair, und er hat mich auf großartige Weise in meiner Karriere geleitet und unterstützt. Er weiß, daß das auch für ihn gut ist, weil ich viel härter arbeite und viel bessere Arbeit leiste, wenn ich glücklich bin. Als ich in dieser Firma meine Arbeit begann, dachte ich, ich würde hier achtzehn Monate bleiben und dann wieder gehen. Aber ich war so erfolgreich und bin so dankbar, daß ich eine große Chance aufgeben würde, wenn ich jetzt ginge.

Assistent des Vorsitzenden einer großen Bekleidungsfirma

GUTES MANAGEMENT FÖRDERT LANGFRISTIGES DENKEN

Unser Manager fand die richtige Mischung zwischen Autonomie auf der einen Seite und Input und Unterstützung auf der anderen Seite, und er konnte immer wieder unseren Teamgeist stimulieren. Was ihn zu so einem guten Manager machte, war seine durchorganisierte Handhabung von Arbeits- und Belastungsaufteilung. Er konn-

te gut zuhören und sich sehr klar ausdrücken. Seine besondere Qualität bestand darin, Leuten zwar Führung und Orientierung zu bieten, ihnen die selbstverdienten Lorbeeren jedoch neidlos zu überlassen. Er bewies, daß er unsere Zeit respektierte, indem er gut plante und Arbeit effizient delegierte. Der Unterschied zwischen ihm und den schlechten Managern meiner bisherigen Berufslaufbahn ist, auf den Punkt gebracht: Er ist nicht so ichbezogen wie andere. Sein Managementstil trägt dazu bei, daß man über den Job und die Firma in langfristigen Kategorien denkt. Und das stärkt das Selbstbewußtsein. Wir hatten das unglaublichste, produktivste Team, das diese Firma je erlebt hatte. Alle Mitglieder unseres Teams sind seither in der Firma aufgestiegen. Unser Manager wurde in eine leitende Position befördert, weil die Firma mit den Resultaten unseres Teams so sehr zufrieden war.

Strategic Planner einer großen Einzelhandelsfirma

Information + Lernchancen = MAXIMALE X-PRODUKTIVITÄT

STELLEN SIE RESSOURCEN ZUSAMMEN, LEGEN SIE GRUNDSÄTZLICHE REGELN FEST, UND VERTRAUEN SIE IHREN LEUTEN

Mein Manager schaffte es, mich auf Trab zu bringen, mir den richtigen Weg zu weisen und mich dann meinen Job erledigen zu lassen. Wenn ich Fragen hatte, konnte ich ihn jederzeit um Hilfe bitten. Er nahm sich wirklich Zeit, mich zu schulen und führte mich langsam in meine Verantwortlichkeitsbereiche ein. Wenn ich dann soweit war, ließ er die Zügel schießen. Dann gab er mir Spielraum, neue Gebiete zu erforschen und meine Arbeit durch meine eigene Initiative auszuweiten. Ich erschließe Märkte, von denen mein Manager nie zu träumen gewagt hätte. Jetzt klettert er in der Firma die Karriereleiter hinauf und ich mit ihm.

Marketing-Manager eines Verlags

MEMO für Generation-X-Manager

Basierend auf den Recherchen für dieses Buch, präsentiere ich hier eine Zusammenfassung der Empfehlungen, wie man das Beste aus der Generation X herausholen kann.

- Werfen Sie den Slacker-Mythos über Bord
- Beachten Sie die generationsspezifischen Erwartungen von Xern

- Unterscheiden Sie zwischen Arroganz und Unabhängigkeit
- Unterstützen Sie die Suche von Xern nach eigengestützter Karrierestabilität
- Arbeiten Sie in vorderster Linie, um dementsprechend delegieren zu können
- Schaffen Sie Unternehmenskulturen, die die individuelle Persönlichkeit jedes Mitarbeiters schätzen
- Bieten Sie Xern Chancen, sich selbst zu übertreffen
- Schaffen Sie Xern psychologischen Freiraum, brillieren zu können
- Fokussieren Sie sich auf Resultate, nicht auf Arbeitsprozesse
- Übertragen Sie Xern Verantwortlichkeit für greifbare Endprodukte
- Legen Sie klare Deadlines für greifbare Endprodukte fest
- Versorgen Sie Xer mit soviel Information wie möglich
- Halten Sie die Kommunikationskanäle offen
- Sehen Sie die Fragen von Xern als Gelegenheiten zu lehren
- Umreißen Sie Ziele so genau wie möglich, und definieren Sie sie exakt
- Überlassen Sie es uns Xern soweit wie möglich, unsere Zeit selbst zu managen
- Machen Sie die Arbeit zu einem Versuchsgelände für die Kreativität von Xern
- Verwirklichen Sie kontinuierliche Feedback-Schleifen
- Bieten Sie Feedback, das genau, aktuell und spezifisch ist
- Feiern Sie die Erfolge von Xern

Natürlich sind diese Schlüsse aus Interviews gezogen worden, die zu einer spezifischen Zeit mit einer spezifischen Gruppe von Menschen geführt wurden. Diese Schlüsse lassen sich jedoch auf eine breite Palette von Situationen anwenden.

Die wichtigste Voraussetzung für das Management dieser Generation – und jeder neuen Generation – ist die Demontage vorgefaßter Meinungen und die Befreiung von Zwängen, die eine optimale Leistung behindern könnten. Das war immer ein Ziel guten Managements und wird auch dann noch gelten, wenn Xer die bärbeißigen alten Brummbären in der Chefetage sind.

Gute Manager von heute werden Xern dabei helfen, die Führungskräfte des nächsten Jahrtausends zu werden.

SCHLUSSWORT

ABSCHLIESSENDE BEOBACHTUNGEN EINES Xers

X DER ULTIMATIVE LERNPROZESS

1993 begann ich an diesem Buch zu schreiben. Mit jeder neuen Phase des Arbeitsprozesses gewann ich aus den Worten meiner Interviewpartner neue Erkenntnisse und mehr Klarheit über das Wesen dieser Generation – ich gelangte mehr und mehr zu der Überzeugung, daß die Generation X das Rüstzeug dazu hat, im einundzwanzigsten Jahrhundert Führungsverantwortung zu übernehmen.

X Managern bietet dieses Buch ZWEI NÜTZLICHE Schlußfolgerungen

Erstens möchte ich, daß Sie an die Generation X glauben. Ich hoffe, Sie werden die von Ihnen gemanagten Xer mit neuen Augen betrachten, vielleicht auch die Xer in Ihrer Familie und in Ihrem Bekanntenkreis. Versuchen Sie bitte, Ihre Interpretationen von deren Bedürfnissen und Erwartungen, deren Perspektiven und Motivationen aus neu zu fokussieren. Wenn Sie Ihr Verständnis mit Hilfe dieses Buches neu fokussieren, werden Sie den Menschen hinter dem Xer kennenlernen – und den ersten Schritt tun, die Talente dieser Generation optimal zu nutzen.

Zweitens enthält dieses Buch nicht nur Selbstporträts von Xern, sondern auch Xer-Porträts von Ihnen – von Ihrer besten und von Ihrer schlechtesten Seite. Erkennen Sie sich selbst in diesem Buch? Lassen Sie Ihre Interaktionen mit Xern Revue passieren – vielleicht ein paar Highlights und ein paar Tiefpunkte. Wenn diese Interaktionen für Sie nun einleuchtender sind, dann hat dieses Buch sein Ziel erreicht. Ich hoffe, dieses Buch kann Licht in die Triebfedern Ihrer Managementinteraktionen mit Xern bringen und Ihnen helfen, die kausalen Zusammenhänge, die die Reaktionspalette von Xern beeinflussen, klarer zu sehen. Verwenden Sie dieses Buch als einen Wegweiser, um die erhofften Reaktionen bei den von Ihnen gemanagten Xern auszulösen.

X Xer sollten ein unverfälschteres Selbstporträt in diesem Buch finden

Ich möchte, daß Xer dieses Buch lesen, weil es so viel Selbstporträts, so viele gemeinsame Erfahrungen beinhaltet. Ich hoffe, daß Xer, die in schlechten Managementbeziehungen festgefahren sind, in diesem Buch die Bestätigungen finden, die sie sich beim Lunch und im heimlichen Gespräch hinter verschlossenen Türen von Freunden holen wollen. Ich hoffe, daß die Erfolgsstories von selbstwertsteigernden Managementbeziehungen in diesem Buch einen Quell der Hoffnung für die Zukunft darstellen.

Für jene Xer, die sich durch das von den Medien heftigst propagierte „Slacker"-Image gekränkt fühlen, bietet dieses Buch ein alternatives Porträt – die Generation X aus der Warte der Generation X. Wir können es nicht zulassen, daß wir von Leuten definiert werden, die unsere Geschichte und Zukunft nicht verstehen. Die Wahrheit ist: unsere Zukunft liegt in unseren Händen. Die Wirtschaft der Zukunft wird von unserer selbstbewußten Kreativität geprägt werden, eine Wirtschaft, angetrieben von neuen Quellen der Wertschöpfung, eine Wirtschaft, die eine in uns selbst ruhende Karrierestabilität fördert.

X Wie ein Xer vom Gemanagten ZUM MANAGER wurde

Während dieses Buch aus der Sicht der Gemanagten geschrieben ist, hat sich meine eigene Perspektive seit Beginn des Projektes verschoben. Ende Januar 1994 verließ ich die Rechtsanwaltskanzlei an der Wall Street, für die ich arbeitete.

Ich kündigte, um mein eigenes Unternehmen zu gründen, die nunmehr in Connecticut ansässige Firma Rainmaker Information Analysis & Strategic Consulting, Inc. Diese Firma beschäftigt sich mit Meinungsforschung, Management-Consulting und Wahlkampf-Management. (Ich organisiere Wahlkämpfe bereits seit meinem dreizehnten Lebensjahr.)

Natürlich muß ich jedesmal lächeln, wenn ich über die Unternehmernatur von Xern schreibe, denn ich verwirkliche zur Zeit selbst meinen Traum als Unternehmer.

Ende 1994 verbrachte ich sechs Monate damit, mein eigenes Star-Xer-Team zu managen. Ich habe mich gefragt, ob das Managen von Xern sich für mich selbst paradoxerweise als frustrierend erweisen würde. Würde ich dieselben Probleme mit Xern haben wie so viele der Manager meiner Interviewpartner? Würden die von mir gemanagten Xer beim Kaffeeklatsch über mich herziehen?

Diese Fragen tauchten anläßlich meines ersten Projekts mit Rainmaker auf, dem Management einer Kampagne zur Senatorenwahl in West-Connecticut.

Ich wußte, daß diese Herausforderung ein ideales Versuchsgelände für meine Ideen bot, das perfekte Laboratorium, um meinen in „Generation-X-Management" umrissenen Approach zu testen. Hielt das Schicksal ein Lächeln oder ein hämisches Grinsen für mich bereit? Wie sich im Laufe des Geschehens herausstellte, wurden meine kühnsten Erwartungen noch übertroffen, und ich war von der hervorragenden Leistungsfähigkeit unseres Teams begeistert.

Mein Kandidat war ein Xer, ein neunundzwanzigjähriges Stadtratsmitglied der demokratischen Partei. Er war ein Anwalt mit großer Familie, ein wortgewandter, doch noch unerfahrener Kandidat mit einer glänzenden Reputation als Stadtrat und einem großen Potential als zukünftiger Senator.

Xer GEGEN Xer in der politischen Arena

Das Problem war unser Gegner – ebenfalls ein Xer, ein dreißigjähriger republikanischer Abgeordneter im Repräsentantenhaus des Bundesstaates, der 1992 mit siebenundsechzig Prozent der Stimmen gewählt worden war. Er hatte ein Fundraising-Talent bewiesen, das seinesgleichen suchte und, noch schlimmer für uns, große Bekanntheit mit einer Klage gegen den Bundesstaat erlangt, mit der er eine Limitierung der Staatsausgaben erzwingen wollte. Noch dazu war der Bezirk, in dem wir uns zur Wahl stellten, eine republikanische Hochburg, und wir schrieben das Jahr, in dem die Republikaner allgemein historische Gewinne bei den Wählern verzeichnen sollten.

Allerorts fürchteten die Demokraten den Zorn der Wähler, die sich für ihre Unzufriedenheit mit der demokratischen Führung auf nationaler Ebene an den regionalen Kandidaten rächen wollten. Ein harter Schlagabtausch war zu erwarten.

Die erste Aufgabe jedes Underdogs besteht darin, Beobachtern zu demonstrieren, daß kein Rennen gelaufen ist, bevor es überhaupt noch begonnen hat. Wir mußten Glaubwürdigkeitspunkte sammeln und unsere Siegeschancen beweisen. Die Herausforderung war zu groß, um auf Altbewährtes zu bauen – nur durch außergewöhnlichen Einsatz würden wir ins Rennen eingreifen oder es gar gewinnen können. Ich wußte, daß ein Team von Star-Xern, das bereit war, seine Talente und innovativen Ideen voll dem Wahlkampf zu verschreiben, unsere Geheimwaffe sein konnte.

Ich wollte ein Team, das imstande ist, das Unmögliche mit links zu erreichen, ein Team, das in der Lage ist, eine noch nie dagewesene Kampagne hinzulegen und die gesamte politische Landschaft einer Gemeinde umzukrempeln. Es war ein hochfliegendes Ziel, jedoch aus Not heraus geboren.

Wie sollte ich so ein Team rekrutieren? Jedes Mitglied des Teams würde fünfzehn Stunden pro Tag, sieben Tage pro Woche auf Monate hinaus arbeiten müssen, ohne Bezahlung und ohne Pause, bis die Wahllokale am Tag X schließen würden.

X Das Bedürfnis nach SELBSTWERTSTEIGERUNG hervorheben

Ich hatte nur eine Form der Entlohnung zu bieten – Selbstwertsteigerung. Ich begann nach Xern Ausschau zu halten, die einen Karrierewechsel anstrebten, Xern, die an Politik beziehungsweise Öffentlichkeitsarbeit Interesse hatten, Xern, die das Wahlkampf-Business kennenlernen wollten, Xern, deren Interesse, ihr Repertoire an Fachkenntnissen, Fähigkeiten und Erfahrungen zu bereichern, über ihren unmittelbaren Geldbedarf hinausging. Ich fand fünf unglaubliche Stars, im Alter von einundzwanzig bis dreißig Jahren, deren bisherige Arbeitserfahrungen komplett unterschiedlich waren und von Wendy, die frisch vom College kam, bis Richard reichten, der bereits neun Jahre gearbeitet hatte – zuerst in der Werbung, dann im Grundstücksmanagement.

Die anderen drei waren alle Mitte Zwanzig – Meghan hatte gerade fünf Jahre als Angestellte einer Versicherungsfirma hinter sich, Jeff hatte fünf Jahre als Computer-Consultant in der Informationsindustrie gearbeitet und Ted zwei Jahre als Vor-Ort-Organisator einer Organisation für Öffentlichkeitsarbeit (der einzige, dessen Lebenslauf etwas dem Wahlkampf-Business Ähnliches aufzuweisen hatte).

Keiner von ihnen war je an einem Wahlkampf beteiligt gewesen, aber alle waren lernbegierig und bereit, den auf sie zukommenden Herausforderungen mutig entgegenzutreten.

Mein erstes Ziel war die Bildung eines selbstwertsteigernden Umfelds, in dem jedes Teammitglied wertvoll war, in dem jedes Teammitglied seinen eigenen Handlungsspielraum hatte, in dem jedes Teammitglied Zugang zu einem Maximum an Informationsressourcen hatte, in dem jedes Teammitglied die Gelegenheit hatte, bedeutende Beiträge in Form von greifbaren Endresultaten zu leisten. Wir mieteten ein riesiges Büro – jeder bekam sein eigenes Zimmer.

Jedes Teammitglied erhielt den Titel Stellvertretender Wahlkampfmanager und war für ein spezielles Teilgebiet der Kampagne zu hundert Prozent verantwortlich – Fundraising, Recherche & Zeitmanagement, Computerdaten-Management, Organisation von öffentlichen Auftritten und deren Durchführung. Jedermanns Lernkurve zeigte steil nach oben – meine Tür war immer offen, und ich bemühte mich nach besten Kräften, Informationen aus jeder nur erdenklichen Quelle bereitzustellen.

In Null Komma nichts war jeder ein Experte auf seinem Gebiet. Jeder legte seine eigenen Ziele und seinen eigenen Zeitablauf fest und setzte den Rest des Teams bei den allmorgendlichen Round-Table-Meetings davon in Kenntnis. Wir bestimmten unsere Prioritäten gemeinsam und trafen unsere Entscheidungen gemeinsam. Jedes Teammitglied definierte individuelle Aufgabenstellungen für sich selbst und erarbeitete entsprechende Lösungen.

Unsere Arbeitszeit war kein Klacks, manchmal fingen wir schon um fünf Uhr früh an, oft ging es bis nach Mitternacht, und ab und zu machten wir rund um die Uhr durch. Wir konnten unseren Erfolg an der unglaublichen Wirkung messen, die wir erzielten. Wir waren so gut, daß die Journalisten und die politischen Beobachter uns bald mit einem Spitznamen der Extraklasse belegten – man nannte uns nur mehr „The Victory Team".

X Dieses X-Victory-Team brachte INSTANTRESULTATE hervor

Die Resultate des Victory Teams waren einfach schwindelerregend. Als wir die ersten Zahlen im Juli der Wahlbehörde offenlegen mußten, hatten wir bereits mehr Geld aufgetrieben als jedes andere Team im ganzen Staat bei diesem Senatswahlkampf – mehr als jedes andere Wahlkampfteam je bis zu diesem Zeitpunkt auf sein Konto verbuchen konnte. Wir waren sogar schon weiter fortgeschritten als der Wahlkampf des führenden demokratischen Gouverneurs-Kandidaten. In der Hauptstadt des Staates begann man zu munkeln, daß wir das Unmögliche möglich machten und ein aussichtsloses Rennen um den Senat in eine hitzige Schlacht verwandelten.

Es dauerte nicht lange und Lobbyisten, Gewerkschafter und Senatoren pilgerten gleichermaßen zum Sitz des Victory Teams, um zu sehen, ob die Gerüchte wahr seien – um zu sehen, ob wir wirklich einen Wahlkampf auf die Beine gestellt hatten, wie er noch nie dagewesen war. Bald waren wir die heißeste Nummer im Senatswahlkampf, obwohl sich nichts daran geändert hatte, daß alles gegen uns sprach, daß unsere Chance auf Sieg verschwindend gering war.

In der nächsten Phase des Wahlkampfs konnten wir eine starke Truppe von tatkräftigen Freiwilligen um uns scharen. Der Geldfluß hielt unvermindert an. Wir erhielten Dutzende von Unterstützungen, von gewählten Funktionären, Polizisten, Lehrern, Ärzten und Krankenschwestern, Gewerkschaften, ausgewählten Führungskräften, Frauenverbänden und Organisationen für Öffentlichkeitsarbeit jeder Sorte. Das Victory Team definierte die Politik und die Kunst des Wahlkampfes neu – jeder, der unser Büro besuchte, rief aus: „Ich habe sowas noch nie gesehen."

Auf jedem Gebiet fand das Victory Team neue Lösungen für alte Probleme. Wir waren einfach überall besser – ob es sich um die uralte Tradition der Schilderwerbung oder so ausgeklügelte Techniken wie die Wählereinteilung per Computer handelte. Während Jeff Software kreierte, die die Technologie des Wahlkampf-Managements möglicherweise revolutionieren wird, kam Joe – ein anderes Teammitglied – auf die Idee, Halloweenkostüme für unser morgendliches Ritual anzuziehen, das darin bestand, im Stoßverkehr an strategischen Kreuzungen Schilder hochzuhalten.

Nachdem ich bei mehr als zwei Dutzend Kampagnen mitgearbeitet habe, kann ich mit gutem Gewissen sagen, daß kein anderes Team dem Victory Team in punkto Effektivität das Wasser reichen konnte. Unsere harte Arbeit veranlaßte US-Senator Christopher Dodd in einem Regionalblatt zu der Aussage, daß wir „den besten Senatswahlkampf in Connecticut liefern" würden. Am Wahltag erhielten wir 49,1 Prozent der Stimmen und setzten uns damit vor alle anderen Kandidaten auf der demokratischen Wahlliste unseres Bezirks.

Am Ende waren 49,1 Prozent jedoch nicht genug. Der Republikaner gewann.

X Von kurzfristigen Niederlagen zu BLEIBENDEN SIEGEN

Das Victory Team ließ sich von dieser Niederlage aber nicht beirren. Unser Kandidat ist noch immer ein erfolgreicher Anwalt in seiner Heimatstadt. Meghan ist jetzt ein Fundraising-Profi in einer Benefizorganisation. Wendy und Ted nahmen nach dem Wahlkampf einen Job bei einem sehr prominenten Unternehmen für Öffentlichkeitsarbeit an. Richard trägt sich selbst mit dem Gedanken, für ein öffentliches Amt zu kandidieren. Und Jeff ist nun einer meiner Partner bei Rainmaker.

Meine Erfahrung mit dem Victory Team erbrachte für mich den endgültigen Beweis, den ich brauchte, um den dritten und letzten Entwurf für das „Generation-X-Management" zu schreiben – den endgültigen Beweis für mich, daß die Maximierung der einzigartigen kreativen Power dieser Generation die Zeit und Energie jedes Managers und jeder Institution wert sind. Während meine eigene Firma sich prächtig entwickelt, geht unsere stufenweise Erforschung der Generation X unaufhörlich weiter – jede neue Umfrage, jede neue Projektgruppe, jedes neue eingehende Interview bringt mir die Gewißheit, daß jeder Xer ein Star und jedes Xer-Team ein Victory Team sein kann.

Für weitere Informationen über Bruce Tulgan kontaktieren Sie bitte:

Rainmaker, Inc.
53 Lawrence Street
Suite One
New Haven, Connecticut 06511, USA
Telefon: 001-203-772-2002
Fax: 001-203-772-0886
E-Mail: rainworld@aol.com
Web-Site: http://members.aol.com/rainworld/rainmake.htm

GLOSSAR

Added Values
(engl.: hinzugefügte Werte) Eine Tendenz im Marketing, die davon ausgeht, daß auf zukünftigen Märkten Produkte ohne Zusatznutzen keine Durchsetzungschancen mehr haben. Dabei geht es nicht allein um Qualitätssteigerung oder Multifunktionalität, sondern insbesondere um markenferne Zusatzleistungen. Das können Clubmitgliedschaften oder Know-how sein, aber durchaus auch Beratungs- oder Dienstleistungen.

Account Executive
(dt.: Kundenbetreuer) Mitarbeiter einer Maklerfirma, der Kunden berät, Aufträge für sie bearbeitet und die Rechtsbefugnisse eines Beauftragten hat. Jeder Kundenbetreuer muß bestimmte Prüfungen ablegen und bei der National Association of Securities Dealers (NASD) zugelassen sein, bevor er bei Kunden um Aufträge werben darf. Auch zugelassener Anlagebetreuer genannt.

Analyst
Person in einer Brokerfirma, Vermögensverwaltungsabteilung einer Bank oder einer offenen Immobilienfondsgruppe, die eine Reihe von Unternehmen untersucht und Kauf- oder Verkaufsempfehlungen zu den Wertpapieren bestimmter Unternehmen und Branchengruppen abgibt. Die meisten Analysten spezialisieren sich auf eine bestimmte Branche, einige untersuchen jedoch alle Unternehmen, die sie interessieren, unabhängig von deren Sparte. Manche Analysten haben beträchtlichen Einfluß und können daher durch Abgabe einer Kauf- oder Verkaufsempfehlung auf den Aktienkurs einer Gesellschaft einwirken.

Approach
(engl.: Ansatz, Herangehensweise) Magischer Begriff zur Eroberung neuer Denkwelten im modernen Unternehmensbereich. Da ist Kreativität gefragt.

Atomisierung
(psych.) Der Zusammenbruch aller Gruppenbindungen innerhalb von Primärgruppen (Primärgruppe: zwischen den Mitgliedern finden direkte, persönliche Kontakte von Angesicht zu Angesicht statt, z. B.: Familie, Clique, Nachbarschaft etc.) mit der Folge, daß die weitgehend bindungslosen Individuen soziale Beziehungen nur noch in Sekundärgruppen haben (Sekundärgruppe: betrifft nur einen Ausschnitt aus dem Leben ihrer Mitglieder und dient der Vertretung spezieller Interessen).

Babyboomer
Jene sechsundsiebzig Millionen Amerikaner, die nach dem Zweiten Weltkrieg geboren wurden und bis jetzt im Mittelpunkt der Werbestrategien standen. Dabei spielt ein traditionelles Problem der amerikanischen Gesellschaft eine Rolle: Älteren-Dominanz in der Politik und ökonomische Lasten für die Jüngeren. Ein Dilemma, das sich bei den Babyboomern verschärfte. In den USA nennt man sie die „erste Verlierergeneration". Aus dem Schatten der Babyboomer lösen sich jetzt die Babybuster (auch Generation X), junge Leute im Alter zwischen achtzehn und neunundzwanzig Jahren.

Babybuster
(engl. to bust: vertreiben, verscheuchen, erschrecken; auch Twentysomethings, No-Brand-Generation und Generation X) Die Nachfolger-Generation der Babyboomer.

Big Six Accounting Firms
(engl. accounting: Rechungswesen) Die nach Ertrag größten US-Wirtschaftsprüfungsgesellschaften. Sie erledigen die Rechnungslegung und Buchprüfung für die meisten großen Kapitalgesellschaften und unterzeichnen das Testat, das in jedem Jahresabschluß erscheint. Darüber hinaus bieten sie zahlreiche Beratungsleistungen an. In alphabetischer Reihenfolge sind dies: Arthur Andersen, Coopers & Lybrand, Deloitte & Touche, Ernst & Young, KPMG Peat Marwick, Price Waterhouse.

Blue Chip
(econ.) Stammaktie einer landesweit bekannten Gesellschaft, die eine lange Erfolgsliste von Gewinnsteigerungen und Dividendenzahlungen und einen guten Namen für hochklassiges Management, Produkte und Leistungen aufzuweisen hat. Einige Beispiele für Blue-Chip-Aktien: IBM (daher der Name: IBM wird auch „Big Blue" genannt), General Electric, Du Pont; (fig. als Beifügung) hervorragend, erstklassig, Spitzen-.

CEO
(engl.: Chief Executive Officer) Leitender Angestellter eines Unternehmens, der Hauptverantwortlicher für die Geschäftstätigkeit einer Gesellschaft ist. CEO ist gewöhnlich ein zusätzlicher Titel des Chairman of the Board, des Präsidenten oder eines anderen bedeutenden Angestellten, etwa des Vice Chairman oder des Executive Vice President.

CFO
(engl.: Chief Financial Officer) Leitender Angestellter, der für die Mittelverwaltung, Scheckunterzeichnung, Führung der Finanzaufzeichnungen und Finanzplanung einer Gesellschaft zuständig ist. Er hat in großen Unternehmen in der Regel die Position des Vice-President-Finance oder Finanz-Vizepräsidenten, in kleineren Unternehmen die des Finanzleiters oder Controllers inne.

Convenience Store
(engl. convenience: Bequemlichkeit, Komfort; mitunter auch „Neighbourhood Store" genannt) US-amerikanische Betriebsform des stationären Einzelhandels seit Ende der fünfziger Jahre, die nach Standort und Angebot auf die Bequemlichkeit eines zeitlich flexibel wahrzunehmenden Einkaufs von kurzfristig unverzichtbaren Konsumgütern innerhalb des Einzugsgebietes der unmittelbaren Nachbarschaft abstellt, ohne deswegen schon vom Leistungsprofil her mit dem Typ des traditionellen deutsch/österreichischen Nachbarschaftsladens identisch zu sein. Features: Selbstbedienung, Ladenöffnungszeiten von 7:00–24:00, eigene Kundenparkplätze.

Couch Potatoe
(engl.: Stubenhocker) Tief im heimischen Sofa vergraben, diverse Fernbedienungen, Cola, Chips und Freund(in) in Reichweite – Herz was willst du mehr?

Fundraising
(engl.: Spendensammlung, Geldbeschaffung) Auftreiben von Mitteln für einen guten Zweck. In den USA und England – das Charity-Bewußtsein ist in diesen Ländern tief verwurzelt – ist es völlig normal, daß man offensiv und auch mittels klassischer Werbung Gelder für wohltätige Zwecke einwirbt. Sowohl das Geben als auch das Sammeln genießen großes Ansehen.

Generation X
Seit Douglas Couplands 1991 (deutsch:1992) erschienenem gleichnamigen Roman ist dies das Etikett für die in den sechziger Jahren Gebo-

renen. Die Generation X wird üblicherweise vom Jahrgang 1963 an gerechnet. Damals setzte die Pille eine scharfe Zäsur im Bevölkerungswachstum. Und die Generation erhielt wirklich eine völlig andere soziale Prägung als die Babyboomer, die Nachkriegs- und Aufbaugeneration zuvor. Die Generation X ist die erste Generation, die in dem Bewußtsein aufgewachsen ist, daß die Ressourcen zu Ende gehen und die Erde in Müll, Giften und Abgasen zu ersticken droht. Unter dem Eindruck von atomarer Bedrohung (kalter Krieg!), beruflicher Perspektivenlosigkeit (Jugendarbeitslosigkeit!), zerrütteter Familien (Scheidungsgeneration!) und dem dauerlaufenden Fernseher (Mediengeneration!) hat die Generation X ihre Illusionen verloren, ist polit- und autoritätsskeptisch. Sie hofft nicht auf eine bessere Zukunft, ist aber optimistisch, was ihr persönliches Fortkommen betrifft. Sie ist aber vor allem eine Generation, die extrem viel Wandel erlebt hat und daher ein großes Kompetenzpotential im Umgang mit Veränderungen, stets wechselnden Phänomenen, neuen Einflüssen, Trends und Chaos hat.

Incentive
(engl.: Anreiz) Jargonbegriff aus dem amerikanischen Labertopf des gehobenen Angestelltenwesens, der das Schmackhaftmachen eines Produkts, einer Arbeit bezeichnet. Zum Beispiel: Für das Kaufverhalten müssen wir einfach mehr Incentives geben. Soll heißen: Wir müssen etwas tun, daß mehr Leute das Zeug kaufen.

Ironisierung
Bezeichnet die Tendenz, gesellschaftliche Sachverhalte und Widersprüche durch Ironie und Zynismus darzustellen und offenzulegen. Wird hauptsächlich der sogenannten Generation X zugeschrieben, die bestimmte Lebenserfahrungen nur noch in dieser Form wiedergeben kann. Wird auch als Antwort der Jugendlichen auf eine immer düstere Realität, immer bescheidenere Berufsaussichten usw. interpretiert. In einer Welt, die man nicht verändern kann, könnten – prosaisch ausgedrückt – Ironie und Zynismus als „letzte Waffe" bezeichnet werden.

Just say NO
Slogan einer staatlichen Kampagne zur Bekämpfung des Rauschgiftmißbrauchs, Mitte der achtziger Jahre unter Schirmherrschaft von Nancy Reagan gegründet. Der Slogan wurde von vielen Betroffenen als zynisch empfunden, vor allem seitdem diverse Stars und Starlets (u. a. LaToya Jackson) ihn zur Selbstprofilierung mißbrauchten, und wird oft in anderem Zusammenhang zitiert.

Käufermarkt
Marktsituation, in der mehr Angebot nach einem Wertpapier oder einer Ware besteht als Nachfrage vorhanden ist. Gegenteil: Verkäufermarkt

Lean
(engl.: mager, hager, schlank) Lean Production, Lean Management, Lean Communication, alles wird schlank, abgespeckt, beweglicher. Verkürzte Entscheidungswege und flachere Hierarchien erlauben den Unternehmen, bei reduzierten Kosten schneller auf Marktströmungen und Trends zu reagieren. Gleichzeitig brechen aber auch magere Zeiten für die Angestellten an, da im Zuge der Umstrukturierung viele Arbeitsplätze abgebaut werden, die „Workforce" also abgespeckt wird. Und so werden beide, Menschen wie Unternehmen, zu „mean, lean, fighting machines" (engl.: gemeine, schlanke Kampfmaschinen), um im härter gewordenen Wettbewerb bestehen zu können.

Learning by doing
(engl.: Lernen, indem man es tut) Modernes Management-Schlagwort für die praktische Ausbildung im Großbetrieb (siehe Trainee).

Lessness
(engl. less: weniger) Die Kunst, aus wenig möglichst viel zu machen. Haltung der „neuen Bescheidenheit". Typisches Phänomen in der Übergangsphase von der Überfluß- zur Überdrußgesellschaft.

McJob
(engl. Ableitung von McDonald's) Minderwertige, der Ausbildung nicht entsprechende Arbeit, die aus Stellenmangel angenommen werden muß und die Arbeitslosenquote verschleiert. Einer der zahlreichen Neologismen in Douglas Couplands Roman „Generation X"; leitet sich von den McDonald's-Restaurants her, deren Mitarbeiter bekanntlich für minimale Stundenlöhne aushilfsweise arbeiten.

Nerds
Mathematisch-naturwissenschaftliche Intelligenzbestien, im wirklichen Leben sozialpathologische Fälle, Einzelgänger von wenig attraktivem Äußeren und abartigem Benehmen. Zum Klischee des Nerd gehören die fünfzehn Vierfarbkulis in der Brusttasche, das bis oben zugeknöpfte Hemd, die Hasenzähne und die mit Klebeband umwickelte Brille. Diese Spezies Mensch ernährt sich hauptsächlich von Instantfutter und kalter Pizza und bekommt beim anderen Geschlecht keine Chance – höchstens aus Mitleid. Den Nerd gibt's in den Größen „untersetzt" und „ha-

ger", als sportlich-athletische Variante ist er einfach undenkbar. Klassische Medien-Nerds sind Jerry Lewis, Paul (aus der TV-Serie „The Wonder Years") und der Comic-Held Dilbert.

Pep-Talk
(engl.: aufmunternde Worte) In der modernen Betriebsführung Ritual zur Steigerung von Motivation und Selbstbewußtsein der Mitarbeiter, in dem der Chef ihnen einbleut, sie seien die Größten, Besten und Wunderbarsten.

Portfolio Manager
Professioneller, der für das Wertpapier-Portefeuille eines einzelnen oder institutionellen Anlegers verantwortlich ist. Auch Gelddisponent oder, wenn persönliches Service dazugehört, Anlageberater genannt.

Rat-Race
(engl.: Rattenrennen, Pöstchenjägerei) Der Kampf ums Dasein, um Pfründe und Posten – unter Zuhilfenahme der Ellbogen.

Slacker
(engl. slack: schlaff, träge) Aus der Gattung der Couch Potatoes. Leute, die die ganze Zeit mehr oder minder untätig in der Gegend rumsitzen (slacken), dabei mit Vorliebe einen bequemen Haus- oder Jogginganzug (slacksuit) tragen und den Müßiggang nicht als aller Laster Anfang, sondern als die schönste Sache des Lebens ansehen. Geprägt vom gleichnamigen Film des Regisseurs Richard Linklater als Gegenbewegung zum Fitneß- und Schönheitswahn.

Trainee
(engl.: Auszubildende(r), Praktikant(in)) (Ironisch-abwertend wird der weibliche Trainee auch Traineuse genannt). Seit Mitte der achtziger Jahre Bezeichung für eine(n) Azubi mit abgeschlossenem Hochschulstudium (möglichst mit einem MBA = Master of Business Administration), der in großen Firmen bei geringem Gehalt für höhere Aufgaben im eigenen Management herangezogen wird. Die Zauberwörter der Ausbildungsart heißen on-the-job training, learning by doing, Job-Rotation.

Twentysomethings
(engl.: Zwanzig und etwas) Die Generation der heute Zwanzig- bis Dreißigjährigen (siehe Generation X).

Voice-Mail-System
(engl.: Sprachspeicherbox) Indirekte Kommunikationseinrichtung per Te-

lefon. Teilnehmer der Funktelefonnetze D1, D2 und C-Netz können zusätzlich zu ihrem Anschluß eine Sprachspeicherbox schalten lassen, was einem Anrufbeantworter im Netz gleichkäme, einer Art elektronischer Briefkasten. Über vorab definierte Verteiler können Sprachinformationen z. B. an beliebig viele Außendienstler verteilt werden. In der Sprachbox hinterlegte Nachrichten können auch an andere Voice-Mail-Nutzer weitergegeben werden.

Wellness
Der deutsche Wellness-Verband bietet folgende Beschreibung: „Wellness zu leben, bedeutet eine ausgezeichnete körperliche Verfassung zu erzielen – plus beruflichem Werdegang, der verspricht, aufregend und sinnvoll zu sein (. . .) plus Humor und guten zwischenmenschlichen Beziehungen." Trendwort der Freizeit-, Fitneß- und Psychoindustrie mit eigener Zeitschrift („Wellness") und „must"-Kolumne in allen Lifestyle-Magazinen.

Yuppies
(engl. young urban professionals: junge, berufstätige Großstadtmenschen) Verfügen über gutes Einkommen und ein ausgeprägtes Konsumbedürfnis. Die Yuppies bzw. der Diskurs über sie haben die Achtziger-Jahre-Kultur nachhaltig geprägt. Yuppies richten ihr Leben im wesentlichen an Werten wie beruflichem Erfolg, Luxus und Materialität aus. Der Yuppie ist und war in Österreich und Deutschland immer ein eher seltenes Phänomen, diente aber als Projektionswand für die Wertedebatte. Seit sie in New York nach dem großen Börsen-Crash 1987 alle ihren Porsche verkaufen mußten, ist es auch hier stiller um sie geworden. Noch heute aber gilt der Yuppie als Schimpfwort, analog zu „Geldsack".

SPRACHE, LIFESTYLE & ETHOS DER GENERATION X – EINE KLEINE LITERATURAUSWAHL

BECKER, Ulrich u. a.: Top Trends. Die wichtigsten Trends für die nächsten Jahre. Metropolitan 1995.

BLASK, Falko: „Ich will Spaß!" Eine Generation jenseits von Gut und Böse. Das Zeitalter der kreativen Willkür. Heyne 1996.

COUPLAND, Douglas: Generation X. Geschichten für eine immer schneller werdende Kultur. Aufbau 1992.

COUPLAND, Douglas: Life after God. Die Geschichten der Generation X. Aufbau 1995.

COUPLAND, Douglas: Microsklaven. Hoffmann & Campe 1996.

COUPLAND, Douglas: Shampoo Planet. Aufbau 1994.

DEESE, Uwe u. a.: Jugend und Jugendmacher. Das wahre Leben in den Szenen der Neunziger. Metropolitan 1996.

DIEDERICHSEN, Diedrich: Freiheit macht modern. Das Leben nach Rock'n'Roll 1990–1993. KiWi 1993.

DOWNES, John, GOODMAN, Jordan Elliot: Fachbegriffe Finanzierung und Kapitalanlagen. Über 3000 Fachbegriffe des US-Amerikanischen Marktes. Englisch-Deutsch. Gabler 1993.

EHMANN, Hermann: Oberaffengeil. Neues Lexikon der Jugendsprache. C. H. Beck 1996.

HERMS-BOHNHOFF, Elke: Hotel Mama. Warum erwachsene Kinder heute nicht mehr ausziehen. Goldmann 1995.

HORX, Matthias: Trendbuch 1. Der erste große deutsche Trendreport. Econ 1993.

HORX, Matthias: Trendbuch 2. Megatrends für die späten neunziger Jahre. Econ 1995.

HORX, Matthias: Trendwörter Lexikon. Von Acid bis Zippies. Econ 1996.

HORX, Matthias; STEILMANN, Britta: Millennium Moral. Wirtschaft, Ethik & Natur. Metropolitan 1995.

JANKE, Klaus; NIEHUES, Stefan: Echt abgedreht. Die Jugend der 90er Jahre. C. H. Beck 1995.

KNOKE, William: Kühne neue Welt. Leben in der „placeless society" des 21. Jahrhunderts. Signum 1996.

KONSTROFFER, Oluf F.; DRÖLL, Dieter: American Job Titles – und was sie bedeuten. Handbuch für Studierende, Personalfachleute und Führungskräfte. Societätsverlag 1996.

KOSCHNICK, Wolfgang J.: MANAGEMENT. Enzyklopädisches Lexikon. Walter de Gruyter 1996.

KOSCHNICK, Wolfgang J.: Standardwörterbuch für die Sozialwissenschaften. Band 1: Englisch-Deutsch. K. G. Saur 1984.

KREISEL, Uwe; TABBERT, Pamela Ann: Net Jargon. Englisch für Internet. Rowohlt 1996.

MAHEDY, William; BERNARDI, Janet: Generation X. Erben einer kalten Welt. Projektion J 1996.

MUCHNICK, Marc: Naked Management. Bare Essentials For Motivating The X-Generation At Work. St. Lucie Press 1996.

PALZER, Thomas: Ab hier FKK erlaubt. 50 schnelle Seitenblicke auf die neunziger Jahre. C. H. Beck 1996.

RUST, Holger: Trendforschung. Das Geschäft mit der Zukunft. Rowohlt 1996.

SCHECK, Denis: King Kong, Spock & Drella. Was Sie schon immer über amerikanische Popkultur wissen wollten. Knaur 1995.

SCHÖNFELD, Eike: Alles easy. Ein Wörterbuch des Neudeutschen. C. H. Beck 1995.

SHAPIRO, Eileen C.: Trendsurfen in der Chefetage. Unternehmensführung jenseits der Management-Moden. Campus 1996.

SPRINGER, Udo: Young. Knaur 1996.

TULGAN, Bruce: Rainmaker, Inc.-Internet-Homepage: http://members.aol.com/rainworld/rainmake.htm

VAHLENS GROSSES MARKETINGLEXIKON: Hg. v. Prof. Dr. Hermann Diller, C. H. Beck, Franz Vahlen 1992.

WÜLLENWEBER, Walter: Wir Fernsehkinder. Eine Generation ohne Programm. Rowohlt 1996.

INDEX

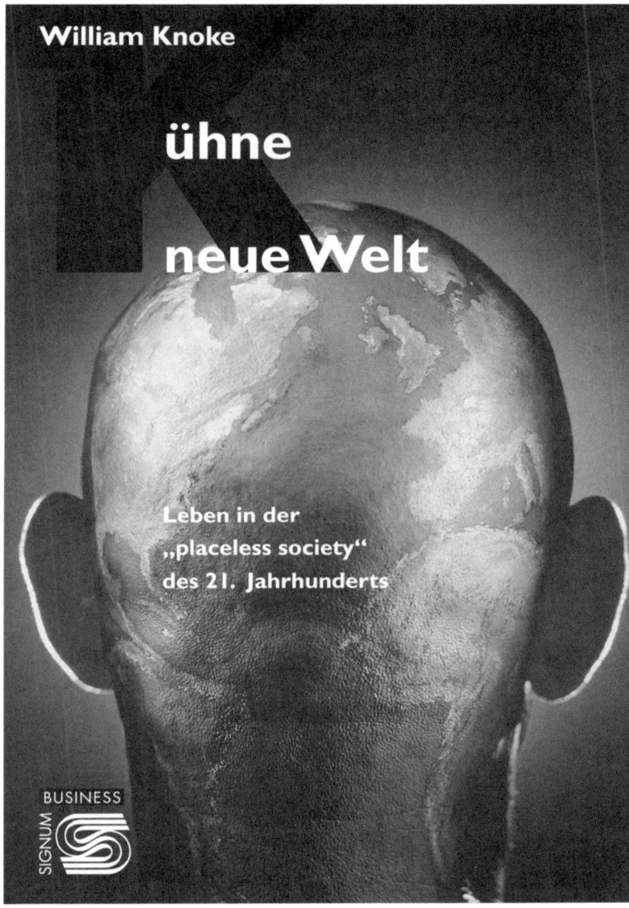

William Knoke
KÜHNE NEUE WELT
Leben in der „placeless society“ des 21. Jahrhunderts
*ISBN 3-85436-**200-5***
448 S., 1996
DM 54,– / öS 394,– / sFr 49,–

Countdown für eine neue Gesellschaft! Noch nie dagewesene gesellschaftliche Umwälzungen – digitale Kommunikation, eine Welt ohne Grenzen, Internet-Terrorismus und wuchernde internationale Konzerne – stellen jeden einzelnen vor ungeheure Herausforderungen. Werfen Sie einen Blick in die Ihnen bevorstehende Zukunft.
Ein Buch, das unter die Haut geht!

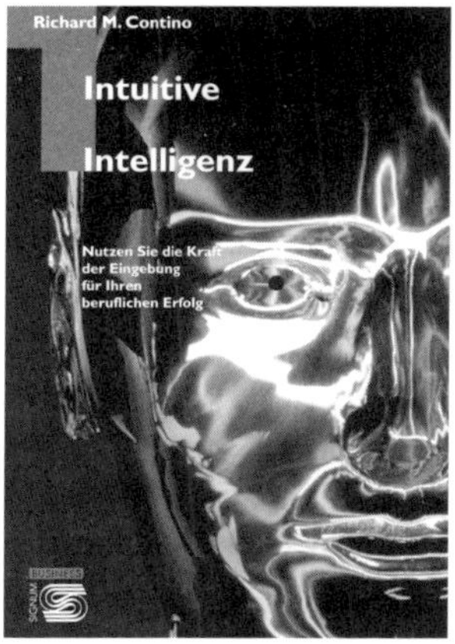

Richard M. Contino
INTUITIVE INTELLIGENZ
Nutzen Sie die Kraft der Eingebung für Ihren beruflichen Erfolg
*ISBN 3-85436-**214-5***
216 S., 1997
DM 39,80 / öS 291,– / sFr 37,–

Die Intuition gehört zu den wirkungsvollsten Fähigkeiten des Menschen – viele wissen das jedoch noch nicht oder wollen es ganz einfach nicht wahrhaben. Dieses Buch bietet eine sorgfältig durchdachte Anleitung in sechs Stufen, wie man die Kraft der Eingebung entdecken und entwickeln kann. Entspannen Sie sich, experimentieren Sie, und haben Sie Spaß dabei.

Alexander Wagandt
NLP FÜR MANAGER
Abschied von der Durchschnittlichkeit mit dem PowerPotential
*ISBN 3-85436-**213-7***
192 S., 1997
DM 39,80 / öS 291,– / sFr 37,–

Haben auch Sie schon versucht, mit altbackenen Methoden bahnbrechende Ergebnisse zu erzielen? – Nehmen Sie mit Peter Jansen, dem Ex-Beamten, der es zum Vorstandsvorsitzenden brachte, der Hauptfigur dieser Business-Erzählung, Abschied von der Durchschnittlichkeit. – Mobilisieren Sie Ihre brachliegenden Reserven – Ihr PowerPotential.

Dale Dauten
DIE MAX-STRATEGIE
Wie ein Geschäftsmann in einem Flughafen festsaß und dadurch seine Karriere zum Abheben brachte
*ISBN 3-85436-**203-X***
144 S., 1996
DM 29,80 / öS 218,– / sFr 27,50

Sind Sie glücklich in Ihrem Job? Nein? Dann unterhalten Sie sich mit Max Elmore. Experimentierfreude, Abenteuerlust und Mut zum Anderssein sind für ihn die Schlüssel zum Erfolg. Die Gefahr liegt nicht in der Blamage, sondern darin, wunderbare Gelegenheiten zu versäumen.
Beginnen Sie zu experimentieren – auch Coca Cola hat einmal als Hustensaft klein angefangen.